THE INTUITIVE WAY

其實你都知道答案

啓動直覺導航，無往不利的萬用手冊

作者

Penney Peirce

潘妮·皮爾斯

譯者

謝樹寬　李郁淳

目錄

推薦序：啟動人生內建導航，車怎麼開都很順

動物溝通師 Leslie

現在很流行的人類圖，被譽為每個人的人生使用說明手冊，了解自己的原廠設定，知道怎麼好好操作自己的人設，人生自然無往不利。

我則認為本書《其實你都知道答案》，提到的「直覺」，就像是每個人大腦裡早已「內建的自動導航系統」。

你相信嗎？其實一切的一切，你都早有答案。不管是機車的主管、總是為難你的客戶、找不到的伴侶或是難解的原生家庭，**其實你都知道答案**。

在身心靈的世界，很容易把直覺的呈現方式，跟一些高靈做綁定，但我傾向相信，那都是你自己。是的，你的直覺就是你自己，所有的答案都只須內求，不須外尋，而啟動直覺、訓練直覺的方法，也很簡單，只要有意識地傾聽它們，搭配時常沉澱的心靈，還有本書分享的許多小技巧，我相信都能在生活中很快上手。

試著學習傾聽直覺給你的答案，讓直覺開車，放手把駕駛方向盤交給直覺，許多難解的題、困頓的局、黑暗沒有出口的隧道，都莫名有了出口、看見了光亮。

我作為專業動物溝通師多年，從一開始對靈性溝通的困頓，疑惑無法連結的高靈、無法傾聽的水晶，到一步步按照自己的直覺，找出原本有別於靈性動物溝通的系統，打造全新的理性直覺動物溝通系統，也是我一路走來「傾聽直覺」，按照直覺給我的小鈴鐺指示，走出現在的人生軌跡。而這，我想就是一種直覺路徑的最佳人生展演。（尼坎坎～我可是花了十幾年做直覺人生示範呀～）（甩頭髮）

許多舉世聞名的商業成功人士，他們飛黃騰達時接受許多媒體採訪，總有人問他們：「當初為什麼會選擇反方向操作／不符市場期待／更花成本／不合常理的做法？」這些人常常只有一個答案：「我的直覺告訴我必須這麼做。」而結果往往超乎預期，且改變了人生（或世界）。

如果你現在對人生有點迷惑，對許多卡住的僵局不解，或是你只是想要簡單地更了解自己，我都覺得此書很適合你，好好靜下來學習開啟自己人生的內建導航，車怎麼開都很順，偌大的人生地圖，從這裡開始馳騁。

附註：直覺也能應用在很簡單的生活小事，像我前陣子過年前跟我先生去不熟悉的南門市場，過年的傳統市場像作戰，我跟先生說，我買火鍋生鮮、你買餃類。說完便各奔東西，我買完後想著

先生在哪裡，欲前尋，懶得 LINE 他（想說他應該也無暇顧及），我便用直覺感受下一下他的位置，立刻腦海裡一個答案：往前走兩個路口（？），右轉。

我甚至在腦海裡看到他把我們兩歲兒掛在肩膀上的畫面，我循著直覺給的答案前往，不偏不倚，他就站在那兒，叮咚叮咚～

先生看到我很驚訝地問：你怎麼知道我在這裡？

我：直覺啊～！（笑）

動物溝通師 Leslie
Instagram：Leslietalks2animals
官網：tinybot.cc/leslietalkstoanimals/

推薦序：踏上直覺導引的嶄新旅程

文／卡羅・雅德里安（Carol Adrienne）

當你拿起這本書時，你的人生將從本質上產生變化。原本就具有強烈直覺的你，請準備好展開一場全新的發現之旅。為什麼這麼說呢？

藏在你內在深處的目的，正無止境地拓展中。這個目的，讓你不會在渾噩昏沉中虛度此生。或許你已經注意到身邊發生越來越多共時性（synchronicity）的事件，似乎正告訴你，要做一些跟以往不一樣的事。你可能已經注意到，自己渴望參加更有意義的活動或是團體。你也許感覺與身邊的死黨有些疏離，或是想離開目前的工作並展開新的事業。但是，要做哪些事？又該怎麼做才好？

你的疑問，也是千萬人想要的答案

這些問題是我們許多人，如今也許達到千百萬人正想要問的。你與其他有類似想法的人，正從個人的道路上覺醒，雖然不知道實質該做什麼事情，卻已意識到自己好像有很多事情等著你去做。你必須相信，在這個創造力爆發的轉化時代，你是其中一位參與者。

作者潘妮・皮爾斯的這本書在這個時刻出版，絕非偶然。本書和其他討論靈性工作的書籍會出現，都是在回應目前人們從內心和心智提出的疑問，例如：「這一切是怎麼回事？生命的目的是什麼？我如何充分善用時間？哪些是我該專注的？我能否真的做出改變？」

我們與這些個人的生命問題共生共存，往往覺得無人能理解這些相當模糊，卻持續存在的問題。我們最希望的是有人能告訴我們該怎麼做。我們為能求一條明路而對外高喊。在我個人的作品裡最常問的問題是：「我知道我的生命正在改變。我知道有些新的東西即將出現，但我不知道那是什麼，又該如何踏出第一步？」

由於社會教導我們要去達成別人對我們的期待，因此我們常以為答案是來自外在世界。我們習慣從外在的來源裡尋找線索，例如來自父母親、配偶、朋友、宗教領袖和導師、專業團體或工會領袖的建議，並且根據任何一個有權威的組織或團體所定的規則來行事。我們可能查閱就業的統計數字，告訴自己目前最熱門的行業是什麼，或者試圖預測市場上的新趨勢，讓自己與我們認為最強大的力量連結在一起，如此我們才能變得更強。

「將真相投射於外在世界」的想法，讓我們在困惑、懷疑與焦慮中躊躇不前。擔心自己脫隊、趕不上的恐懼，督促著我們必須前進。在媒體當道的時代，我們被廠商置入性的行銷策略洗腦，被眾多要我們拿出信用卡來消費的資訊所淹沒，幾乎完全沒有自覺。完全受行為動機理論和自我提升體系所左右。日常生活中，充斥著關於他人的恐懼、殘暴及缺失的報導，讓人很容易迷失自我。

過度的市場行銷，導致我們對於生命中的每個事件，都是以消費或是尋找處方作為回應，我們總覺得生活處於消極的不安狀態，期待所有的事情最後都會得到解決。到最後，如果幸運的話，生命終究會痛苦到讓我們不得不脫離原本已知的道路，而轉向未知的領域。當我們開始朝向未知的領域，踏上較少人走的路時，我們面對旅程的心態便會開始提升。一旦理解到我們的內在需要更豐富、更真實、更能呼應我們靈魂的事物，就會開始尋求不同類型的滋養。自己的個體性（individuality）便開始長成。

你距離個體化的時刻已經不遠，否則這本書也不會在此刻找到你。閱讀本書是提供滋養你靈魂的養分，並讓你相信自己，以及選擇未知的道路。

用簡明的方式解釋複雜的直覺

我想不出有比皮爾斯更好的導師，可以談論這些內容。皮爾斯和我幾年前曾經有共時性的相會，當時我們同時受邀擔任來賓，上電視討論有關直覺的議題。我們一見如故，比如說，對生命靈數（numerology）都有強烈的興趣。我們的友誼一直圍繞在討論兩人從個人生命故事中看出的模式，以及發掘出教導「形上學原理」最有效的辦法。不止一次，我們會開玩笑說，兩人屬於同一個「靈魂團體」，彼此也很感謝可以互相查驗我們直覺的理解力。

這種夥伴關係對我而言相當珍貴。皮爾斯和我曾經合組團體，協助人們運用詹姆士．雷德非（James Redfield）的《聖境預言書》（*The Celestine Prophecy*）中所提到洞見的方法，培養直覺的引導，作為讓生活更加充實的第一步。皮爾斯指導初學者和進階學員探索培養直覺的技巧，非比尋常。皮爾斯對工作的投入，以及她用簡明的方式解釋複雜的概念，讓各種背景的人都能理解，一直讓我印象深刻。

皮爾斯不止是傑出的教師和直覺的諮詢顧問，同時還有掌握更廣泛進化趨勢的能力。舉例來說，她曾邀請我參加她對未來趨勢的演講，在聽講的同時，我忍不住記錄她的預測和對現實事件的詮釋。最後，我把當晚大部分演說的內容，收錄在我和詹姆士．雷德非合著的《第十個洞見：經驗指引》（*The Tenth Insight: An Experiential Guide*）中。我推薦許多個案讓皮爾斯為他們做生命解讀，也喜歡聽她講述全美各地以及海外的個案，尤其是日本的個案。我們曾經多次討論來自不同文化的人所展現出獨特的心靈結構特質，也一起觀察過集體與個人意識的原型。

這是上天指引你生命的航線

對我而言，精神與靈魂的先驅研究領域是最讓人興奮的。我們擁有深具力量和實用的工具，就是接受直覺導引的能力，其實已存於我們內在，而且將直覺能力與我們理性和感性的過程連結，在當下根據最真實的反應付諸行動。在直覺和邏輯思考並用之下，運用靈感和信任來面對出現的情況，讓我們可以清楚地看出需要什麼，並準確做出必須做的事。我們的世界或許充滿了疑問、不安，以及日新月異，而且在我們離開這個世界之前會持續充滿混沌。不過，我們活在一個凡事皆有可能的世界。我們渴望迎接挑戰並獲得成功，我們要在這個充滿神祕的世界中生存。

一旦我們轉換了觀點，就不會再回頭。運用直覺，我們就像小鹿嗅聞著風向，充滿生命！運用內觀的方式尋找方向、查看細微線索的新方法，我們看到我們之間的關係對於靈魂與彼此是多麼重要。我們理解到，我們不止能給世界帶來不同，同時這也是我們在這個地球出生的真正理由。當我們能掌握到，萬物既非恆定不變、宿命注定，也不是隨機及偶發的，就代表我們已經轉化，要活出我們真正的使命。我們已經開始看見自己的角色是要投入生命，去參與、享受並活出樂趣。

我們生來就是要創造，運用我們生命的細節作為藝術媒介。在這個美妙而不可預測的生命中，我們永遠有內在的指引，這是上天要給生命指引的航線。我們從不孤單；永遠與內在的本源有直接的接觸：不論我們正在開車、運算高等數學、推著嬰兒車、為廚房油漆或是在地鐵站睡覺。我們需要做的就是與直覺能力接軌。

你就開始帶著直覺去探險吧！

作者序：直覺，隨時可恢復，再老也能啟動

直覺是失傳已久的能量，可讓我們生活順遂與歡樂，並立即得到答案，以及無所不知的豐富知識。靠直覺生活是一門藝術，駕輕就熟後，會使你覺得無與倫比的暢快。本書就是要導引你進入這種生活體驗，並運用直覺。

你會挑上這本書，是因為你感到思考受阻；或許你已經徹底迷失或喪失信心；可能無法從你生活裡自在或不自在的框架中找到出路；可能是長期的生活乏味讓你感到困擾；或是心智、或情感暫時呈現僵化。請不用擔心，這算是直覺理解力自然起伏的一部分。直覺的美妙之處，在於它隨時都可以恢復，在任何年齡都可以完全啟動。直覺是靈魂與生俱來的天賦；你可能暫時忘記直覺的存在，但這項能力絕不會全然喪失。本書會幫助你消除自我懷疑和障礙，並找到你直覺前進的道路。

你可能因為各種不同理由，對直覺感到興趣。或許你正在尋找更深一層的答案。或者，你想要對人生方向有更清楚的看法，或是想要更了解你與某人的關係。或許，你希望發揮創造力，想增強夢境的鮮活度，以培養更神奇的「共時性」；甚至，你可能只是想提升找到停車位的能力。我有一個個案想要加強他的直覺，好讓自己成為拉斯維加斯的職業賭徒。還有一位專門物色人才的人力資源業務，想增強自己能力，以「解讀」客戶的實力，並察覺對方真正適合的工作。直覺在所有領域

都可以提高成功率和滿意度，不管在物質、情感或靈性上，同時也可以帶來很多樂趣，不管是小小的歡樂或極大的喜悅。

在瞬息萬變的世界裡，你更需要直覺的引導

直覺可以讓你的生活更平順、更有樂趣，但可能也是未來的一種關鍵技能。不管到何處旅行，我常常與人對話，那些人的身體和情緒都陷入困擾，他們的工作、人際關係或是財富，再也無法為他們提供意義，他們似乎感覺到在表象之下，有強烈的事物正在蠢蠢欲動。他們過去所認同的「正常」信念和形式，就像撒哈拉沙漠中的沙子一般，正在快速改變中。除此之外，資訊急速散播，即使我們擁有個人電腦和手機（或者正因為有了它們），資訊仍然迅速地淹沒並癱瘓我們。現今的社會比以往充斥了更多意見、更多要求，以及更多犀利的媒體專家。我們在生活中更需要直接且明確的答案。此時唯有直覺可以穿透這些雜音，才能在混亂中帶來平靜。

直覺是提升自我和實現自我的催化劑，因為當個人生命出現深刻且恆久的改變時，只有主觀的經驗才是真實的。不過，當我傾聽內在的聲音，靜默地接受內在的洞見，並以同樣的靈性分享觀點時，我往往會發現自己並非獨一無二，因為其他人也已經感受、思考或夢到類似的事情。當彼此分享時，直覺往往變得特別強烈，因此我們發現分享直覺的理解力，比博學的學者閱讀書本所得到的知識，具有更強大的真實效力。

本書將提供給你簡單的真理，是關於我自身通往豁然的蜿蜒道路上所歷經的點點滴滴。這將賦予你能力，讓你在需要的時刻，看清你需要了解的事物，幫助你成為愛與真理之聲的一分子，並且擴展你的覺察、提升清明度，讓你重新感受生命的神奇。你將發現，在直覺的幫助下，奇蹟不只是機率上的可能，而且是「必然」的可能。

打破迷思，其實每個人都能啟動直覺力

關於直覺有很多錯誤的迷思，其中一個是你必須具備與生俱來的「天賦」。其實，你不需要任何的天賦異稟或是擁有通靈能力，才能夠成為有技巧的直覺者，我自己就是活生生的例證。我的直覺開啟得非常晚，在孩童時期，我完全沒有令人驚訝的直覺經驗，從未見過天使、沒有假想出來的朋友、不會敲敲腦袋就出現靈視力，也沒有瀕死的經驗。我的命運從未發生過戲劇化的變化。我內心有時候希望，關於自己直覺的起源，可以有奇特怪異且神祕豐富的故事，但我其實從未發生過。多年來，我看見的真實世界就是一個美國中西部的鄰家女孩樣貌，成長歷程非常普通。我學習到的直覺過程或是所謂的「直接認知」，是一種人類自然的能力，而不是少數特異人士所專屬。既然我能學會運用直覺，你們同樣也能做得到。

當你思索開啟直覺的問題時，一定會遇到另一個迷思。許多人把直覺與通靈聯想在一起。你是否認為在開啟直覺之後，就有辦法選出樂透的中獎號碼，或是知道大地震會在何時何地發生？直覺

能力並非只是預測股市的漲跌，或是與靈體溝通而已。所謂通靈的現象，往往是即將擁有更高、無所不包智慧的初兆。我們會先注意到這些超自然的認知方式，是因為通靈充滿了戲劇性。如果你堅持追尋更洗鍊、更有效、更有愛、更讓人振奮的認知方式，你將隨直覺不斷深入生命。最後，你將發現我已得到的結論：直覺不止是知道誰正要打電話給你，而是關於如何獲得更加明徹的覺察。

你將會了解，直覺並不是邏輯的相反詞，而是一個循環的過程、一個全盤認知生命的方式，同時包括了左腦的邏輯思考和右腦的交流狀態。這個神奇的過程有許多不同的名稱：創造的過程、自我發現、進化、轉化，甚至開悟。到頭來，直覺的道路其實是一條靈性的道路。追隨你的直覺，最後你將體驗在身體內的靈魂，也就是你的個性。直覺是一個強大的工具，可以療癒我們塵世肉體與永恆靈體之間分裂的痛苦。當了解到靈性的知識，正存於我們的內在，而且永遠都在，我們就會充滿了光——內心光明，通往開悟。

我的直覺如何進化：信任自己興趣的牽引

在二十多歲時，我開始熱衷追求直覺，這源自於我對藝術、攝影、動物和自然的愛好，以及對生命有無法止歇的好奇。這條道路一開始導引我成為平面設計師和公司的藝術總監，運用直覺來創作廣告、文宣小冊及商標，構思什麼樣的象徵符號最能捕捉產品或企業的精髓。後來，在過去的二十年間，為了更精進我的直覺能力，我投身於自我認識與覺察的工作，接著，在我的工作室教導直覺發展課程，並運用我後天開發的直覺能力，解讀人們生命的屬性與目的，並且在個別諮詢課程中，提供指引及療癒。

如今了解到，「信任自己興趣的牽引」有多重要。我幾乎毫無遲疑地從素描樹木和小鳥，轉向攝影，再轉到平面設計，接著受到「筆跡分析」這類預言體系所吸引，開始閱讀身心靈的書籍，學習靜心，進行生命解讀，一直到成立教學工作室與執筆寫作。直覺有很重要的一部分，就是信賴目前的狀態會帶你通往你的命運，或達到目標。在進行的過程中，我學習到過程本身就是我的導師。

對我而言，總是有太多的問題，卻沒有足夠讓人滿意的答案。我擔任設計師所受到的訓練告訴我，要有原創的思考並成為能解決問題的人；我想要的是根本的解答，而不是外在或是表象的答案。終於，為了找尋感覺對的答案，我進入了形上學的無形世界，想要知道意識與世界是如何由內在向外運作。

我研究了事件與人們生命的內在動能，並發現到當我密切注意時，如果我能放輕鬆，進入較柔軟、較不局限的身分，就能「變成」一個具有全新知識領域的身分，這個身分懂得的資料，比我在現世「潘妮．皮爾斯」的人格還多。我一再練習進入這個領域，將我發現的訊息轉譯成文字形式，提供給成千上萬來自許多國家和各種領域的個案。

我對人類如何長成、認知、創造和發展的隱形機制越來越著迷。我變成了靈性偵探，透過直覺觀察來重新發現世界各地的神職人員與賢者早就知道的事。我們的生活基於自然法則而發展，我們所知的一切都在這些法則內發生，而進化則遵循著本質和諧的數學模式前進。我開始用幾何學的方式思考，我能感受知識的**模式**。結果我發現，神聖幾何學與平面設計並沒有相差太遠。

我也開始到世界各地旅遊，長期與日本的接觸帶給我徹底的改變。日本人讓我深刻地認知實相秩序的絕妙方法，而幾乎每個細節都與西方的思考截然不同。隨著讓自己融入東方文化，我的思考和身體都重新排列組合，進入新形態的直覺認知。

我的直覺成長，融合來自各種宗教和多樣文化的洞察力。每個洞見都有其道理，而且從不相互衝突，有如調味料一般，我只需要把它加進我的菜色裡。

遇見幸運之龍

直觀的感知方式，總能讓我與生命那種無憂無慮的本質產生連結，並向我展示，當我們以孩童般的純真與敬畏之心來面對種種經歷時，奇蹟會不斷發生。例如，當我在考慮寫這本書時，我有了一個非凡的經歷，可以說是一種流動，對我來說，這種流動通常意味著更大的實相意義，或是重要的教誨，試圖從我的深層心智中浮現。直覺以它奇怪的預兆、夢境和共時性的語言和我產生對話。

幾年前，我對一個內在呼喚做出了回應。它說：「開車去新墨西哥州的聖塔菲市。」當時我正和作家朋友卡羅．雅德里安參加一個實驗性研究小組。她正在為《聖境預言書》一書的體驗指南開發練習，這本書是她與詹姆士．雷德非共同撰寫的，而我只是去當一隻實驗鼠，以直覺的角度給予她反饋。我們特別討論了共時性與巧合的概念，以及浮現我們腦海那些主題的含意。這次旅行雖然帶著更多非理性與其他維度的性質，卻提供給我們相當完美的機會，得以實踐過去一直在學習的事物。

在聖塔菲的第一晚，我做了一個簡單有力的夢。我騎在一條巨大海蛇的背上，置身大海深處。除了我以外，還有很多人也和我共享這條盤旋的巨蛇，大家一起乘風破浪，好不開心。每隔一段時間，這條巨蛇會慢慢轉過頭來，用一種和藹的表情看著我們，好像在說：「你們後面這幾個都還好吧？」當我醒來時，心裡浮現的第一個念頭是：「夢境是這趟旅行的象徵！」但，它到底是什麼意思呢？

兩天後我和朋友一起去峽谷健行。我走在隊伍的最後面，一條有著美麗花紋的蛇在我眼前經過，牠突然停在路中間盯著我，為我帶來巨大的能量衝擊。這個生物讓我想起一些古老神話般的永恆之物，就處在我意識的邊緣。後來我心想：「為什麼只有我看到牠？牠是不是想對我說什麼？」

隔天，我與一位作家開了一場高度共時性的會議，他是幫助我出版這本書的貴人。我還去看了電影《相約在今生》（*Sirens*），裡頭不斷有條蛇穿梭在各個場景。然後，我耳邊又傳來了催促的命令之聲：「開車去丹佛找妹妹。」後來我在丹佛郊區和妹妹與兩個外甥女共度了一個星期的時光。

有天我為女孩們租了一支錄影帶，是我一直以來很喜歡的電影《大魔域》（*The Never Ending Story*）。這部老少咸宜的神奇作品，講的是一個神話英雄的奇幻之旅。故事中，主角騎著一隻可愛的幸運龍佛克穿梭在幻想國，面對各種可怕的怪物，通過無數的生死考驗。當我和三歲的外甥女茱莉亞一起二刷電影時，她說「接下來很可怕」，然後身體開始緊繃起來。幾分鐘後她說：「但佛克很快就會來了，牠是一隻**幸運龍**。」我感覺她再度變得放鬆了，因為只要她知道有朋友相隨，她就能度過所有可怕的時刻。

開車穿越沙漠回家的路上，我想著我的書、想著共時性，以及我將告訴卡羅的事。突然間，我看到車子儀表板上那堆我蒐集來的岩石中，有一條玩具橡膠蛇竄起來向我打招呼。我突然意識到，蛇的意象貫穿了整趟旅程，而佛克就是夢中那條海蛇！我不知道這表示什麼，但對這不斷出現的主題感到很有意思。

「這個嘛，潘妮，你難道不明白嗎？」卡羅在電話中驚呼：「幸運龍就像體驗共時性與直覺的過程！非常神奇有趣，又充滿智慧，具備了我們一直在討論的能量。潘妮，這一定是你書中精神的體現，也是你個人的直覺吉祥物。」

卡羅充滿熱情地讚歎著，讓我感受到深刻的悸動。對我來說，這就是真理的跡象。這個幸運龍的形象深植在我內心，帶著孩童般的純真力量。看看茱莉亞怎麼靠著佛克的陪伴來克服恐懼就知道，嘿，我得承認，**我也想騎在佛克身上到處飛**。因此，在我想像中，幸運龍和我成為夥伴，我練習著如何把牠代表的本質加以顯化。如果我忘記怎麼感受牠的智慧和快樂能量，世界會以某種獨特的方式提醒我。

自從第一次出現的夢境和預兆以來，龍的形象一直緊跟我不放。無論我往哪看，都會看到有關龍的電影、咖啡杯、兒童書籍、木偶、雕像。一個朋友送我一幅觀音乘飛龍的畫像，而在東京一間博物館，我看到一個快樂的小佛像坐在龍背上。我甚至在一本目錄中看到來自西藏的繩龍，旁邊圖說寫著：「在我腦海中，我正騎在這位強大朋友的身上。你心中也有一條龍嗎？」就在今天早上，我正準備開車去吃早餐時，我注意到後面那輛車的車牌是IM DRACO（意即「我是天龍座」）。

好的，好的，我聽好了！出於某些原因，我的直覺聲音一直圍繞著這個主題發表高見。幾世紀以來，特別在東方，龍一直是轉化力量、不朽、智慧和好運的原型象徵。牠結合大自然的所有現象：盤踞在土地或水中，飛越空中，噴吐著火焰。牠代表了我們生命力的能量，或昆達里尼（kundalini）的基本、螺旋、正弦波運動，從地球深處升起，貫穿我們的脊柱，從頭頂竄出，帶來智慧，往天空翱翔而去。在亞洲，龍爪握著的珍珠代表生育力與開悟。龍盤旋起伏的移動方式，也代表了我們必須在人生高、低潮中擁抱和諧平衡。

既然跟著意象走，可以讓直覺開花結果。那我不得不同意卡羅的看法。想要運用直覺，還有比龍更好的象徵嗎？一旦我在想像中與龍融為一體，我發現我的直覺流動性大有改善，而這本書透過出版圈的各種曲折管道流傳開來，為我的心智與心靈找到出口。我與你分享這個故事，是想告訴你，出現在我身邊的這個形象，也可能會對你說話。若是這樣的話，請把它具體表現出來，讓它指引你。若不是的話，在你使用這本書裡的素材時，請打開眼睛和耳朵，找尋與你共振的象徵，讓它帶領你生活與學習。雖然直覺是實用的工具，可以運用在各種日常大小事中，但我們也別忘了，它可以讓我們保持純粹與直接，帶給我們孩童般的喜悅。到頭來，對靈魂來說，最重要的可能是我們深層內在經驗的本質，而不是人生走這一遭，到底完成多少事。

電影《大魔域》主角巴斯提安，開心激動起來。「這是真的嗎，佛克？」他問：「你不介意載我嗎？」

「當然不介意，全能的蘇丹。」佛克向他眨了眼。「跳上來，抓緊喔。」

> ……巴斯提安直接從騾子跳到龍背上，當佛克起飛時，他緊抓著佛克銀白色的鬃毛……騎著一隻白色幸運龍又是不同凡響的事。如果說，騎在凶猛獅子的背上橫掃天空，足以讓人發出狂喜的呼喊，那麼當龍調整姿勢隨著氣流上下起伏時，那感覺就像一首歌，溫柔甜美，又充滿力量。尤其當佛克不斷盤旋時，牠的鬃毛、尖牙和四肢上的長毛像白色火焰在天空一閃而過，看在巴斯提安眼裡，就像風也一起進行了大合唱。
>
> ——麥可・安德（Michael Ende），《永不結束的故事》（*The NeverEnding Story*）

致讀者：如何充分利用本書

當你感覺怪怪的，就真是怪怪的

馬庫斯曾過著神奇的生活，他歸功於內心的「微小聲音」，每當關鍵時刻它必然會出現。第一次是在二次世界大戰期間，馬庫斯還只是一位少年，有個聲音告訴他要離開家裡。他在夜晚騎著腳踏車穿過德國邊境，最後輾轉逃到加拿大。他在加拿大擔任製作道具的木工，直到微小聲音告訴他要開始創造木雕，而且還把他該雕刻作品的造型顯現出來。接著，微小聲音告訴他要開藝廊，結果非常成功。然後，微小聲音要他去讀心理系。在大學畢業，又有成功的事業後，又催促他：「去加州！」如今，他在治療師的工作上善用直覺。他無法想像如果沒有直覺，生命會是什麼樣子。

就邏輯思考而言，聽取「微小聲音」不是合乎道理的作法，但是馬庫斯能夠傾聽自己直覺的聲音，也樂於冒險去相信。然而，我聽到太多全然不一樣的故事：他們為什麼「沒有」聽從內在的聲音，循著自己的預感或是證實夢境中的意象，接下來他們是如何立刻遇到阻礙，情況每況愈下，像是得了憂鬱症或生病，甚至失去寶貴的身分地位或財產。這經驗還滿常發生的，所以有人會常常拿自己否定或推翻直覺的判斷來自嘲：「我什麼時候才會學乖！」他們還會一邊說、一邊翻白眼。

我的學生莉告訴我，她剛剛才了解到：「當我感覺到有奇怪的事會發生，通常真的就會發生。因此，如果我一直覺得某個情況很怪，我就會開始提高警覺。」莉是靠比較辛苦的方式學會信賴身體的直覺。家庭背景教她要否定自己的直覺，即使自己不願意，甚至對自己沒好處，仍然要去做「你應該這樣做才對的事」。其實，她從來不知道什麼事「應該」對自己最好。多年來，莉不知不覺犧牲很多歡樂，終於開始學習如何辨識身體所發出微妙的訊息：「這不是我想做的。其實，不做這些所謂「你應該這樣做才對的事」也無妨。莉的直覺已經甦醒，她承認要勇敢做自己，讓她既興奮又有些害怕。

學習傾聽身體，你會得到以下好處

不管你是像馬庫斯一樣能夠接收直覺給你的訊息，或是像莉一樣用新的方式學習傾聽身體發出的信息，將直覺運用在生活上，都會帶來許多好處：

- 你將學會放慢腳步，活在當下，從人生經驗裡注意到令人驚嘆的巧妙過程。
- 你會發展出正向、提升生命的態度。
- 你與生俱來的天賦將會展現。
- 對細節和細微差異的感知將會更加敏銳。
- 不會浪費時間和精力在不必要的想法和行動上。

- 會找出生命的目標和課題，並維繫下去。
- 更加明白你的靈性道路。
- 你的創造力和想像力將會提升。
- 你會體驗到更多恩典、共時性和幸運，甚至奇蹟。
- 夢境會比以往更快應驗。
- 有更多的信心和個人力量。

保持初學者心態，垃圾堆也能翻出好禮物

本書讓你獲得最大的好處，就是以最佳的「直覺態度」踏上學習之旅。那些成功的人多半具備「初學者心態」，暫時拋開原先所知，用孩童般的天真，去傾聽、行動、接受及處理新的訊息。抱持初學者的心態，既不用擔心自己無知，也不會因個人經驗與常規不同而受影響。你對任何事都會感到新奇，並保有真誠的心。你將相信自己、相信學習的過程、相信接下來任何需求都會以你能理解的方式向你顯示。如同小孩般抱持初學者的心態，才是「充滿自我」的最佳方法，才不會質疑他人的觀察和成果是否正確。

當你開始學習前，先體察一下你的人生基本態度。你是樂觀還是悲觀的？一個樂觀主義者，當求職失敗或是被心儀的對象拒絕，會很快找出方法，將這個經驗轉換為一種收穫；相反地，一個悲

觀主義者會把挫折當成藉口，再次印證自己負面的人生觀。在進行直覺過程中，悲觀的態度可能斷絕資訊和能量的流動，因此要當心這種不必要的負面態度。相反地，凡事都「要求」正向，也可能導致容易受騙，樂觀正面的態度雖然能維持直覺的流動，卻可能讓你無法分辨到底是有用的直覺，或只是異想天開。因此我們需要用些許的懷疑來調整開放的態度。如果缺乏一般常識，直覺可能變成妄想。不過，話說回來，如果沒有樂觀的態度，直覺就很難顯現。

態度評估

問問自己，如何看待下列問題，並且把最先想到的答案寫下來。根據自己的情況從1到10填寫內在的感覺：10代表最高的程度，1則代表最低。

1. 當有新資訊時，你能接受這些概念的程度有多少？
2. 在判斷新資訊是否有效時，會先從自己對事物的理解來做判斷？
3. 你希望得到的答案，可以讓你變得正向？
4. 對於新資訊，你抱持懷疑的程度有多少？

你是否願意放下原本對直覺的看法，進入初學者的心態？是否願意再次成為孩童，在創造嶄新而有原創力的事物，全神貫注地感受和學習？你是否樂於遵照本書所提供的方法，讓你的靈魂幫助你體驗——既不看輕這些體驗也不貶抑自己？你越能接受意外驚奇，學習直覺的過程就有越多的樂趣。另一方面，你對自我越是誠實，你的直覺準確度就會越高。你是否想知道什麼東西可能阻礙你清澈如水的直覺洞察？你是否願意檢視經驗中的高低起伏，尋找隱藏在「垃圾堆裡的禮物」？

三階段開發直覺，一步步循序漸進

直覺是很即時的，而且以不同的形式出現。不過，直覺技巧的開發是有秩序的，洞見的自然進展是輕鬆的、是「全息」整合直覺認知與邏輯認知。

本書將帶領你一步步經歷這些順序，內容分成三部分：

第一步：讓視野清明

- 直覺的過程與三種形式
- 直覺是選擇的，不是湊巧的
- 與創造循環和諧一致
- 察覺你的潛意識，把障礙變助力

第二步：提升察覺能力

· 察覺無形事物，擴展直覺來源

· 察覺身體對你說什麼

第三步：讓直覺變得有用

· 駕馭想像，孵個給你答案的夢

· 接受超意識的指引

· 日常生活中如何利用直覺

· 讓直覺來去自如

第一階段開發直覺的焦點；創造清明視野。如果你的望遠鏡鏡片骯髒或是被蓋子遮住，不管景象多麼奇妙，你都無緣欣賞或得到益處。在討論直覺時，清明之鏡指的是明淨的心智。

為了使你清明，第一章會幫助你了解自己過去運用直覺的情況，以及你抗拒擴展直覺的原因，同時說明你可以開發直覺的能力。第二章則帶你更進一步，協助你理解自己的態度和世界觀會如何影響你的感知，以及你會如何讓它在生活中成真。你會開始學習直覺數字「三」、構成意識的三個部分，如何自由地在心智間轉移，藉由改變觀點來改變實相。

第三章將勾勒出理想的、不會有損傷、最具有創造力的知覺運用。並且，讓你了解如何隨著自己的直覺創造循環流動，如何辨識出提醒你逆流將至的直覺訊號。第四章則協助你處理在直覺的道路上必然會遭遇的阻礙和扭曲；同時，提供你簡單的程序，可以把負面的事物轉化為直覺的洞見。

一旦你能夠創造並維持心智的清明，第二階段的直覺開發將要你開始準備擷取直覺的訊息。第五章會教導你如何建立開放的心胸、保持中立的技巧，及如何提升感官的知覺以掌握微妙的訊息。第六章則帶領你進入自己的身體，這是直覺的來源，同時也要幫助你增強掌握和解讀非文字訊息的能力。

在開發直覺過程的第三階段，我們會用多種方式練習運用直覺。第七章將幫助你相信及打造你的想像力，運用想像來創造並解讀符號和意象。這是直覺的主要「語言」之一。你將會學到擴展夢境的技巧。第八章教導你運用直覺，如何為自己和他人取得明確的指引。第九章幫助你運用直覺來改善溝通、做決策、提升創造力、自我療癒，以及讓你的需求應驗。最後，第十章還會提供一些提示，讓你避免落入直覺過程裡常見的陷阱，並維持你清明的狀態。

旅程中常見的遭遇

開始直覺發展的過程，就像把一艘獨木舟放入一條急流中。你打算穿越它，進入一個之前聽聞過位於前方某處的廣闊平緩水域。首先，你檢查裝備是否齊全，讓船和槳一起下水。你先在平靜的水域練習划槳，然後逐漸往下游前進，探索未知。水流會帶著你走，如果你仔細觀察，會發現水流將引導你避開岩石，學會辨識漣漪的紋路。當你進入急流時，必須放下恐懼，依靠體內的智慧，與河流合而為一。你如此投入，以至於時間幾乎停止。當你從第一道急流穿越而出時，已經開始對自己有一些了解，但前方還有更大的挑戰！準備好了嗎？保持專注，再次出發……

本書將帶領你進入全新的領域。當你完成每一章的練習與功課時，就可以隨著閱讀的過程自我整合。就像每個冒險家都經歷水流的急流和彎道，你會很自然進入直覺的下一個過程，循序漸進到下個階段，這些練習會和你生活中發生的事情有不可思議的共時性。每一章都討論一個特定的主題，在你進行這些方法的同時，這些主題也將成為你回顧生命所看到的縮影。進行泛舟之旅的每個人，都渴望有屬於自己的獨特路徑，通過這一連串一會兒湍急、一會兒平順的水流。同樣地，你也會發現通達直覺發展過程的路徑，完全屬於你自己，所以請不要和其他人做比較。

巧合和共時性將開始不斷發生

當你的生命不斷調整，進入了本書所勾勒的成長階段，你會注意到，你生活裡的巧合和共時性的經驗會增加。你將會看到奇特的語句、符號、事件及主題一再出現。在一週內，你認識的人同時都會感到疲憊與無法入眠，到了下一週，大家都在聊最近好多認識的人突然結婚了。也許你會在一週內，看到兩個不同的人都拿著一束氣球，你還會在雜誌上看到氣球的圖片，這是什麼意思呢？也許有個朋友問你為什麼認為她後腳跟長了骨刺。你直覺的反應是：「因為妳腳跟站得很直。」隔天，你碰到一位男士跟你描述他的工作狀況時說道：「我『腳跟站得很直』，拒絕被調到國外。」你很久未曾聽過「腳跟站得很直」這個俚語了，但這兩天內你就聽了兩次。為什麼？因為神奇的奧祕正開始對你說話：要提高注意力！某件事情需要你「站直腳跟，堅定立場」。

願望應驗

你可能注意到，你的洞見和願望如今更快速地在現實中應驗。你才剛說想要學法文，一位法國朋友就打電話給你邀約吃午餐，她可能是你在城裡的朋友的朋友。或者，你對你的合夥人有些模糊的疑慮，隔週你就發現他正密謀要惡意併吞你的股份。也許，你默默期待有更多安靜的時間，可以在家寫一些企畫案，接著下週電話幾乎沒響過，讓你好奇到底大家都到哪裡去了。你負面的信念和行為也可能自行顯化，例如在說一個朋友的閒話，結果馬上被發現。你對動作慢吞吞的收銀員感到不耐煩，結果那天下午，你就被老闆責怪辦事不力。

你越是向靈魂尋求指引，並根據直覺來行事，你的外在生命就越展現出你的內在思想、信念及指令的直接結果。

打開潘朵拉的盒子

儘管你希望開啟直覺所帶給你的都是甜美和光明，不過在展翅翱翔天際之前，或許會短暫深陷在泥濘中。當你隨著章節一步步學習，尋求更多真理、更多愛、更多「實相」，一切對你不再真實的事物、一切失去用處的事物、一切虛幻的事物，都會從你的深層潛意識浮現到意識心智的表面。這些舊觀念會以兩種方式出現：一是成為在你腦海反覆盤旋，讓人焦慮崩潰的那些想法。或者，化成一些實際的情況或事件，背後象徵著你正在理解的信念。這些就是你必須拿出全心全意來導航的「急流」，也是再尋常不過的事。從第二章到第四章的方法，將幫助你度過你遭遇的各種亂流。

也許你一直因為自己「抓不到感覺」而心生挫敗。當你打開直覺，讓洞察力變得更清晰時，你會從真實性獲得力量。而這種真實的能量和忠於自我，會引起人們的注意，可能招來一些欣賞與讚美，也會有嫉妒或害怕你的人。你可能得應付一些不安好心，或因眼紅而背叛你的人。你可以不陷入這些自我懷疑、失望與憤怒的黑洞，繼續前進嗎？曾有一位芭蕾舞者告訴我，如果她在演出的關鍵時刻摔倒了，雖然感到羞恥與震驚，但她沒有時間顧影自憐，在那個當下，最值得問的問題就是：「接下來該怎麼做？」

停止毫無幫助的自言自語

隨著你進入直覺過程，如果你沒有維持初學者的心智，可能會忍不住與自己的靈魂討價還價。你可能會說：「既然要我信任你，最好給我一些重要內容……否則我要回到尚未認識你時的思考模式。」或者說：「如果我開啟直覺，最好不要給我任何可怕或醜惡的訊息，我只接受揚升大師和天使的訊息。」這種想法必然招引來你最想抗拒的事物。信任是不能有條件的。

當你接受洞見和指引時，可能會忍不住挑剔，你內在的「懷疑者」會從陰影中浮現，導致你被一大堆「是的，不過……」的內心對白所包圍。「沒錯，我的確告訴彼德我作的夢，不過直覺卻告訴我，這是一個預言性的夢境。我又怎麼會知道呢？」或是「好，我提出疑問，也得到答案，但這不是很好的答案。」或者「是的，我想在日誌裡練習，但我沒時間。」或「對，我確實洞察到解決問題的方法，不過這可能只是我心智的投射。」或「對，我發問了，卻什麼答案也沒得到，你看，這招對我不管用。」請小心過多的內心小劇場，還有產生靜電的自我對話。卡斯塔尼達（Carlos Castaneda）[2]的巫師老師唐望說：「一個戰士會知道，只要他停止在內心自我對話，世界就會改變。」

航行於急流

本書前面幾章的方法會提供你開發直覺之旅的地圖，並教導你如何應付所有順流而下會遇到的問題。你可能希望向前躍進，馬上就學會怎麼激發有用的直覺，但請別這麼做，你如果現在能慢下來做好基礎工作，就會得到較好的結果。前面的章節應該會喚醒一些記憶，讓你知道何謂無意識的抗拒以及正視恐懼。要記得，任何過程在起步都需要堅定的**信念**與**承諾**。

隨著逐步學習的過程，你將學會放下控制、保持中立，並且安於接受。這時，你才會發現原來這顆「靈長類腦袋」有多靈巧，你可能會感到脆弱、易怒和焦慮，並經歷懷疑、恐慌、妄想、自負和自貶、腎上腺素激升和百無聊賴等各種情緒。保持平穩，繼續前進，在第二階段感受**勇氣**與**努力**的體現。

最後，當你衝破湍流，會發現新的權威、新的技能，與關於生命的嶄新知識，都在對你閃閃發光。你會想把這些能力發揮在更廣大的領域，承擔更大的挑戰，把它們應用到實際的生活情況裡。你可能會想和其他人分享知識。針對這一點，練習、練習、再練習是不二法門。小心不要陷入虛榮的自命不凡中。第三階段，是關於**誠實、謙遜**與**再次投入**。

一旦完成這些過程，你可能會重新再來一次。在每次順流而下的過程中，因為水流永遠不同，每次都有不同的特殊轉折。同樣的，在每次擴展直覺的過程中，你也會以不同的方式引導它，你的技巧與能力會隨之增加，注意力和參與度也會更加全面。請記得。生活不是靜止的，它永遠帶有流動性，你可以在任何時候選擇進入並停留在其中。

1 編注：Dig in your heels. 這句俚語有堅持己見的意思。

2. 編注：卡洛斯・卡斯塔尼達（Carlos Castaneda, 1925-1998），祕魯裔美國作家和人類學家，以唐望書系列而著名，共有十二本書和許多短篇故事，書中記載了他拜印第安薩滿唐望（Don Juan）為師的經歷。

致讀者：如何閱讀及練習

騰出時間與空間

你需要每天花一小時專注研讀本書。或許，你可以每週完成一章，或者你需要更長一點的時間。決定好如何分配自己的私人時間，接下來就要持之以恆。你的身體會喜歡遵循慣性規律。

完成三大重要活動

仔細讀完每個章節

首先，每週閱讀一章。在閱讀時，你的身體也同時投入。標注頁數、在段落底下畫線、在頁邊的空白處寫下評語和問題，並檢查你完成的練習。要在書上留下印記，因為在未來幾個月，本書將是你的好友。搭車、上餐廳、上班工作、去外地出差時，都帶著它。你也可以讀一小段，做一個練習，再讀一點，記下一些東西，再繼續閱讀。

靈性的有氧運動：做練習

本書的每一章都羅列著一些練習，許多練習需要用到筆記本。其他有些則是體驗性質的，需要在實際生活或是靜心狀態中進行。在你完成體驗性質的練習之後，在日誌裡得把經過記錄下來。你獲得什麼洞見？接收到什麼訊息？遭遇到什麼困難或是意外的驚喜？

每天做靜心、靈視等練習，就像是靈性上的有氧運動。伸展你的能力並強化自我，包含完全的想像力和「現實感」的直覺練習，也會給予身體上的刺激。你將會運作更高頻率的能量通過你的腦和神經，在習慣這能量之前，可能會感覺「通上了」能量，之後又疲倦想睡覺。能量的衝擊，會隨著身體和心智開啟新的迴路時出現。有昏昏欲睡的感覺，是因為你的意識吸收已達到飽和，需要一點時間來消化。總之，透過練習，你的直覺會變得更「強健」。

按時記錄：專屬你的直覺日誌

在日誌中寫下你的日常觀察。這些寫作練習就像彩色織線，可以織成一張直覺發展的地圖，上面記載著專屬你的獨特圖紋。日誌也是一種強大的工具，它記錄你內在心智活動的內容軌跡，記錄你的節奏與隱晦的行為模式。它記錄你的成長，向你內心那個懷疑主義者證明了直覺能力的可信度。由於直覺過程是心智與身體合而為一的一種功能，因此在學習的過程中，必須把身體也包含進來。身體像是一個單純的動物，喜愛肉體、感官、重複及儀式的活動。身體喜愛有衝擊的色彩、大膽炫目的線條、漩渦般的流水、強烈的氣味和任何形式的運動。如果要讓你的身體願意信任你，並且樂意提供大量的知識寶藏，你必須花時間和身體共處，就像你陪伴一個三歲孩童一樣。

要開啟你的直覺並保持直覺的流動，就必須建立儀式。你需要你身體得以依憑的刺激：某種你每天會持續進行的事物。就像貓狗會記得你餵食的時間，你如果忘記餵食，牠們便毫不罷休地纏繞你，同樣地，你的身體也會很習慣從靈魂傳遞訊息給你。你詢問，然後接收到解答——「只要」你建立一個可靠、持續的接收方法。給你的身體一本筆記和一枝色筆，用這枝筆做些有趣的事，接下來你就等著看有什麼訊息。建立一個新的習慣：寫字、塗鴉、素描或列清單。使用你最喜歡用的筆，有的筆可以畫出粗濃線條，有的筆可以流暢滑動。不同的時機配合不同顏色的筆，像是有特色的水性筆、製圖設計的筆。看看不同的筆尖能夠流露出什麼樣的創意。

買一本頁數較多的筆記本，以便將全部的過程記錄在同一本日誌裡。無須太花俏、精緻或是貴重，除非你真正受到內在聲音的驅使。過於強調完美的形式，可能影響到內容的即時性。在直覺的過程中，自由就像黃金一般珍貴。不用在意太凌亂、寫錯字、畫圖、寫幾首詩、隨意寫滿整行字。正如寫作教師布蘭達·厄蘭（Brenda Ueland）所說，要「寫一本不修邊幅、隨心所欲、誠實單純的日誌」。[1]

排解疑難的提示：

引導你進行靜心練習

找一個不被打擾的安靜角落。把練習步驟讀幾次，感受其順序。深入研究指示步驟，直到能把它背熟。

閉上眼睛，把所有步驟跑一遍。先粗略地練習幾次，然後正式開始。

在內心培養出權威的「靈魂之聲」。當它對你發出指示時，同意跟隨指示，靜待結果。讓這聲音引導你進入靜心。

將靜心過程錄音下來，當做替代技術。留下足夠的空白時間，讓直覺可以在沒有壓力的情況下回應。然後跟隨你錄下的聲音繼續。

請朋友把指示步驟讀給你聽，偶爾停下來，讓你有時間得到需要的結果。

把日誌放在身邊，這樣你就可以迅速記錄練習的過程。

寫下啟動你的直覺幫浦

章節練習

每個章節的練習都應該激發你的想像力，把主題帶到意識心智之中，並啟動你在進行練習時的進展。你可以趁每天寫日誌時，在開頭記錄這些練習。如果你在任何一週錯過幾個練習，可隨時回頭補上。每個時機都是最好的時機，如果你想多練習，可以嘗試附錄中條列的額外練習，「深入探究」。

直接書寫

「直接書寫」是直接從你最內在的部分，進行自我書寫的一種方法，在沒有刻意書寫、重讀的情形下，讓字串湧出，把它們當成即時湧現的評論。在每一章的最後，你都會發現列了七個問題的清單，這是作為「磁鐵」來吸引你心智更深層部分的回應。在進行完每章的練習之後，翻到最後面來查看哪個直接書寫的建議感覺「最有料」。當你運用這個方法，將會驚訝地發現你寫的內容很新鮮、直接、怪異，但卻直指目標。

這是直接書寫的運作方式：保持安靜和集中。剛開始，你可能想像書寫的夥伴是來自內在的小孩，或是靈魂本身。例如，你的心智引導你在筆記本寫下一個「磁鐵」問題：「為什麼我的工作未受認同？」

調整進入誠實、明智、單純的你，並鼓勵答案出現。讓你內在的聲音直接對你說話，接著讓文字逐字浮現。思考不要超前，也不要分析這些內容。如果某個奇怪的字出現在腦中，馬上寫下來。不論接下來出現什麼字，都自然會出現，不要停下來或重新閱讀你寫下的東西。這樣就能啟動睿智真我：「當你把自己投入世界的懷抱，卻沒得到應得的結果，這不表示你不夠努力，或做錯了什麼事。你必須繼續前進，繼續行走，跟隨來自內心最深層的衝動。唯有靠力量，才會讓別人注意到你與你的工作表現，而你還沒累積足夠的力量。力量，是透過持續運用你的天賦，透過在世上反覆做著自己喜歡的事而累積而成的。每天都要發揮創意，努力當個藝術家，創造藝術品。不要把能量分散給其他的活動或人事之中。培養說服力，你必須忠於自我，才能充飽你的能量電池。」

「直接書寫」就是一種「靈魂書寫」。不管是用對話的方式或是以第一人稱的書寫，不要經過推敲，只要直接將源自身體的訊息寫下，就會接受到最清晰的洞見。布蘭達．厄蘭說：「如果在日誌裡書寫得很快，彷彿把思想傾吐到紙面上，將只會接觸到讓你感興趣的事。」[2] 我的個案珊卓拉，平常很體面講究，我發現直接書寫幫助她放鬆，並且清除了創作上的障礙。她的日誌包含以下這段看起來像是瘋狂外星人所寫的文字。她的文字潦草、龍飛鳳舞、不只超出了格線，甚至畫到筆記本外面：「我手寫的字體有好多毛病！我討厭這樣！我很想讓我的字清楚易讀，就像小學老師所要求的。但是，我的內在有某些東西在造反！但誰會在乎？現在，就是現在，我的字想怎樣就怎樣！使用電腦讓我失去和身體的連結，而這種和身體的連結賦予我獨一無二的思考形式，就如同我手寫的文字滿載了身體神經的力量。看到了嗎？我可以更用力地寫，就像現在一樣。哇！但這太花時間，而且我感覺自己像科學怪人。我可以輕輕地寫，幾乎完全不施力，可是我感受不到紙張。這就像在水上滑行一樣，不過我發現它很輕鬆流暢。這很棒——我現在知道傾瀉壓力，可以解決我的文思枯竭，還可以改變我的腦子，還有我內在的韻律！能否看出我的字體有什麼改變？它變得更大，越來越清楚易讀，還更漂亮。哦哦哦哦哦哦！」

記錄你的直覺過程和觀想所得

你也可以運用直接書寫，來描述你開啟直覺所帶來的愉悅或驚奇，以及你在認知中遭逢的障礙和突破。直接書寫為直覺的進程提供一個流動、不拘形式的描述方式。每天花一些時間來記錄你依序出現的洞見，目標是建立一個自發的意識流風格。一些古怪的小經驗或知覺都可能引起你的注意，不過可能要一直等到用這種方式記錄下來，才會明瞭它的重要性。從書寫一段有趣的軼事開始，接下來直接書寫：「當我在派對裡遇到帕蜜拉，與她分享我的夢境時，奇怪的事情發生了……帕蜜拉上週在夢境裡也曾出現完全相同的意象！我們開始討論這事怎麼可能發生，接著彼此都理解到我們可能進入某個全球性的主題。而且可能有其他人會有同樣的夢，於是開始意識到，我是如何和每個人有著相互的連結……」

寫下一些小小的奇蹟，接著透過直接書寫，來看看這些事為何發生：「昨天我正想到需要一臺健身飛輪，今天上班時，史蒂夫就說他有一臺健身飛輪想要用合理的價格賣掉。為什麼我會遇到這種事？這經驗告訴你，心有所求就有可能實現！告訴你生命的供應沒有限制，也告訴你想法多麼快就可以成真實。」

關於能量，寫下：「我已經一週無法入睡。感覺我一躺下就有某種電流在我體內流竄。」寫下你在夢境和靜心中所見，寫下人們在完全意想不到的情況下，對你說的怪事。身旁的人問你在寫什麼，你回答她，你正在開啟你的直覺。她說：「哦，我每天早上做靜心！三次深呼吸，從鼻子吸氣，從口中吐氣，慢慢數十下。就像是咒語一樣。」所有這般發生在你身上的事，都可能觸發深深的洞見。

你與自我的協議：專注

要求自我做一件只有自己知道的努力，也就是一件你不需要與他人分享的事情。本書的內容專為你設計。我邀請你與你的靈魂和身體做個協議，承諾以絕對的專注來對待彼此。請你莊嚴起誓，在未來幾個月內，要給予自己、他人，甚至世上所有無生命的物體，過去你一直抱怨「你」得不到的東西：愛、無私的關照、專注力。

為了成功達成協議來完成本書所勾勒的過程，你必須了解並沒有任何外在的權威需要抗拒。本書不會跑出來要你就範；作者也不會因為你不遵守每一條指引方針而懲罰你。你是自身的導師，只有你感知的權能賦予你生命的意義。你想把權威賦予誰呢？如果你能從內在，以及所有其他人身上看出這一點，你將可以毫無疑問地做出承諾。你沒有需要抗拒的人或事物！

「我＿＿＿＿＿（姓名），承諾在未來幾個月，將信任並注意我得到的微妙洞見、情感及預感。我同意完全參與、思考所有我發現到的事物之中更深層的意義，並且尋找我個人生命過程的智慧。」

1. 作者注：Brenda Deland, *If You Want to Write* (St. Paul, Minn.: Graywolf Press, 1987), 133.
2. 作者注：Brenda Deland, *If You Want to Write* (St. Paul, Minn.: Graywolf Press, 1987), 139.

記住　唯有在真心喜愛之物中，才能找到終極權威。

PART 1

讓視野清明

開發直覺的第一階段，重點在創造清明的視野。
如果你的望遠鏡鏡片髒了或是蓋子沒打開，
不管風景多麼美妙，
你都無緣欣賞或從中獲益。
關於直覺，清明之鏡即代表清明的心智。

Chapter 1

直覺的過程
與三種形式

直覺並沒有脫離生命。為了找到直覺，你必須完全進入生活，並學會隨著生活的波流而移動。你每天都在運用直覺，只是你可能不知道它何時或如何發生。本章將協助你評估目前直覺的活躍程度，並對激發直覺提供一些概念。任何過程的第一階段都像是孵芽，種子往上推擠泥土，但仍置身於黑暗中。本章的概念就像種子，觸發你注意新的認知方式，並保持輕鬆開放的態度。

超越資訊過載的資訊時代，用直覺開啟智慧

早上一起床，你是否馬上在腦海中開始列工作清單，擔心自己今天能完成多少？你是否覺得有壓力，希望自己更快、更俐落，以消化掉工作所需的所有資訊？你的心智是否是個小暴君，必須控制你周遭的人事物才會感到安寧？生活中，我們已習慣受到理性的左腦所操弄，以至於把這些充滿壓力的狀況視為正常。有些時候我想要大喊：「救命！我已經成了自己線性思維的俘虜。」

也許你像辛西亞一樣，她是矽谷一家電腦軟體公司的共同創辦人，事業相當成功，經常仰賴直覺來做出決定。但是，辛西亞每天收到上百封的電子郵件、傳真及電話，幾乎連分類郵件的時間都沒有，更別說要整理、研究。一團亂的資訊，讓她忙到喪失了敏銳的直覺。

隨著生活步調加快、問題日益複雜，很重要的是要培養認知能力，不依賴資料的追蹤，不受制於倍增的訊息。想像一下，假如我們克制囫圇吞棗的資訊，轉而信賴自己的直覺，並且相信自己的第一印象，依據深層和諧做出行動，那麼我們原本必須知道的便會自然發生，而應該負責工作的人自然成為率先去進行的人。

柯琳是一家高科技公司的系統分析師，她表示當心智處於開放狀態時，每個走到她辦公室聊天的人似乎都與她有共同關聯：約翰恰好有她完成報表所需要的報告，莎拉提供了重要的洞見，而霍華德則知道問題該打電話問誰。

我們正在開發一個不受左腦控制，讓事情進行得更快、更和諧、更有效率的方法。**是否「資訊時代」之後，就是「直覺時代」？**

不管我們蒐集到多少訊息，如果只死守著邏輯，便只會用到自己認知能力的極小部分（有些科學家說只有百分之十，認識的只是相對較小的世界。相較於我們直接的直覺認知、啟發及智慧，左腦的知覺顯得平板而無趣。直覺來自經驗，像是來自更強大力量的魔法般介入。我相信，直覺是我們其餘百分之九十的腦力。透過直覺，我們掌握更大的視野，把自己以及與自己有關的所有訊息，連結到超乎自身之外的事物，明白這些人事物的共時性。我母親的朋友在六十多歲時開始接受自己的直覺本性，她總結道：「現在倒退，以老方法來生活——好吧，就像變成了一條『蟲』！隨著本性反而更快活！」

直覺往往與女性、藝術家、神祕主義者、詩人、預言家，甚至是瘋子及其他社會邊緣人連結在一起。雖然直覺仍被許多知識分子斥為無知和自以為是，但大眾的看法正在改變。約翰．布雷蕭（John Bradshaw）[1]、瑪麗安．威廉森（Marianne Williamson）[2]和卡羅琳．邁斯（Carolyn Myss）[3]等作家正在推廣一種內在導向的哲學，鼓勵我們審視如何透過思想來創造實相。超感官知覺和其他維度體驗的倡導者，如太空人艾德加．米切爾（Edgar Mitchell）[4]、醫師狄帕克．喬布拉（Deepak Chopra）[5]和瀕死經歷的專家雷蒙．穆迪（Raymond Moody）[6]，鼓勵我們探索超個人意識領域，以提升我們的生活品質。

此外，就像物理學家佛里提約夫・卡普拉（Fritjof Capra）[7]告訴我們的，想要理解「全息」的宇宙，並解決今日的複雜問題，必須超越機械式的思考。直覺似乎終於變得有用了。

找到直覺的根源

訊息，是通向更偉大知識的入口，訊息有時候可能以奇特而不合邏輯的方式出現。我們認知及確定直覺的真實性，不像我們認知及確定科學證據那般習慣。舉例來說，你是否從未看過某個地方或某人，卻有似曾相識的印象？你是否曾很想認識某些人，只因為從他們的照片中看出某種特質，或是他們姓名的發音在你內心引發強烈迴響？有時候，我們只需要接近某個人、拿起某件物品，或是站在某個特定地點，某種知識便從你的內在啟動（或做出回應）。突然間，我們心中出現圖像，或是身體傳遞出安全或危險的信號。

直覺的洞見，往往不涉及我們平常的時空或身分概念。一開始，我們或許不理解。當我開始研究古埃及和艾賽尼教派（Essenes）[8]這類古代文化和靈性社群時，感受到時間的錯置，我好像成了那時候的人，明確感覺到自己已明白所有正在閱讀的東西。當時，我只是個年輕的藝術總監，無處發揮我發現自己所具有的神祕洞見能力，不過對於這個領域的試探讓我好奇：「如果我能重新整合我的一切直覺，不知道結果會怎樣？」這個奇特的直覺認知最終給了我信心，讓我離開廣告公司，成為靈性導師與直覺諮詢師。

如果我們有耐心，等待更大的脈絡浮現，最終所有碎片將拼湊在一起，以令人讚歎的方式顯現意義。

直覺是怎麼出現的？

在你的日誌裡，談談你的直覺認知裡兩、三個最奇特迷人的經驗：「我有一個夢成真了。我有驚無險躲過一個＿＿＿＿的意外。我正想到喬治，然後就在電影院碰到他。」每個經驗在你的心裡觸動了什麼問題？

你對每個經驗有什麼情緒上的反應？

直覺有時給我們的是特定、瑣碎的答案，像是我們該信任誰或別吃什麼東西，也可能讓我們即刻理解複雜的智力模式。數學界和化學界的許多重大突破，是來自夢的啟發或是意外偶得的洞見。舉例來說，數學家雅克·阿達馬（Jacques Hadamard）[9]曾說：「被外頭的聲音吵醒之後，一個苦尋許久的解答立刻出現在我面前，完全未經我內心的片刻思索。」據說連畢達哥拉斯（Pythagoras）[10]也經驗過直覺的跳躍，他注意到鐵匠用不同鐵棍敲打時的聲音差異，發現琴弦振動的音階是根據弦長的比例來決定。

記住 直覺無所謂正確或錯誤的方式！

即使你不曾有過不尋常的直覺經驗，還是可以安心，因為直覺就在你的眼前，「已經」活躍在你的日常生活裡。直覺是認知這個世界的正常方式。為什麼你今天早上挑黃色的衣服穿，而中午發現和你相約吃飯的人也選穿了同樣的顏色？為什麼你選擇風景優美的那條路回家，結果躲過了快速道路上十輛車的連環車禍？這是巧合？或是直覺呢？

或許我們該說，「純屬巧合」的經驗是一種我們還不太習慣的人類知覺。畢竟，在正常情況下，預先知道能在你希望的地方、你希望的時間，會見或聯絡到你想見到的人，這是否算是正常情況？而立即能知道自己想知道的任何事情，這是否只是「正常」情況？

每當你專注到忘記時間，直覺就變得活躍。你小時候可能在畫動物或飛機時，著迷於自己筆下畫出神奇的線條、形狀及顏色。如今，什麼活動會讓你這般著迷？你是否曾在院子裡整理花卉而忘我？做木工或是在製圖桌、電腦前專心到忘記吃午飯？每當你完全投入於自我表達時，直覺就一飛沖天。你不會質疑自己下個步驟的選擇和見解，或是整個過程如何收尾，你進入自然的流動之中。當你能夠在直覺展現出來時，辨識出其中的細微感受，你很容易就能將這些經驗特質，延伸到生活的其他領域。

回想，直覺浮現時的感官細節

1.花片刻時間，回想一個你著迷的活動所帶來的所有感官細節。在想像的過程中，你要重建自己身體和情緒上的美好感受。慢慢來，重新回味你喜愛的活動的各個階段。比如說，你喜歡園藝，就聞一聞泥土和肥料的味道，看一看、摸一摸發亮的小鏟子和植物的葉片，注意豐富的顏色和紋理，感受陽光灑落在你的臉龐和背上，戴上園藝手套，想像自己在翻掘泥土、播種、灌溉及鋤草。

2.現在，想像一個你不喜歡的活動，例如上臺對大家說話。想像你的焦慮心情所連結的所有感官細節。

3.最後，當你想像自己要上臺講話時，重建自己做園藝時的豐富感受，並且將這些感受放在演說活動上。注意你變得多麼輕鬆，你如何開放自己，接受來自觀眾和演講廳的感官訊息。想像公開演說的每個步驟，都像園藝一樣有趣且令人滿意。你是否覺得時間比較從容？壓力變小了？你注意自己說話時，新的想法是如何自動湧出。回答問題或展現幽默又變得多麼不費力。

4.記錄你創造出什麼樣的內在態度和狀況，讓自己變得從容、流動、有直覺。

觀察直覺運作的方式，讓我們正視以下的原則：

運用直覺，在我們需要知道的時刻，我們會知道自己該知道什麼。宇宙似乎不會浪費時間或能量，直覺在我們需要時發出訊息，既不會太早也不會太晚，而且會以任何可用的方式傳達給我們。

我有位學生莫莉，她運用所有正常的管道，已經找工作一個多月了。莫莉擬訂詳細的每週計畫，並且遵照執行，卻沒有效果。她陷入憂慮：「這週我要向幾家大公司的人資部門推薦自己，拿三份求職廣告，打十二通應徵電話，參加五次面談……」不過，在求職的過程中，莫莉強烈的本能驅使她決定參加一個詩歌的創作課程。之後，她又追隨下一個本能，把自己寫的詩分享給坐在隔壁的女士。她們開始交談，發現彼此有共同的興趣，同時也經歷類似的人生轉折點。那位女士在某家知名企業上班，知道「剛好」有個職缺，因此莫莉有了優先應徵的機會。

如果莫莉早知道可以信任直覺，引領她遇見所需的機會，便可以卸除不必要的壓力。不過，她也抱持開放心態，跟隨自己本能的渴望來創作詩歌，沒有因為寫詩與求職無關而放棄。當你信任自己潛在的直覺，解決之道也許超乎你的想像，而經驗也不再有所謂對或錯——就是這麼剛好。

當你用直覺看待世界，問題和解答永遠會並存，而且會在同一個時刻浮現。開車時，你無緣無故想到：「不知道我的朋友南茜過得如何？好久沒和她說話了。」當你回到家，便發現她在答錄機裡留了言。你腦中之所以出現這個想法，是因為她打電話來嗎？還是因為你想到了她？設計師的心思都放在地板的複雜設計上，突然間波浪的圖案一閃而過，這正是完美的答案：他要的是彎曲而不是直線的牆面。是否他更高的心智已先有了「答案」，為了具體地顯化出來，才把「問題」置入他邏輯性的心智？邏輯性的心智認定時空之中必有因果，但是我們運用直覺，瞥見了意識的更高特性——共時性和無所不在。

直覺穿透正常的時空限制。我們的意識可以把過去與未來當成「此時」來理解。或者，我們也可以身在別處，卻當成是在「此地」。我們可以獲取所有的知識。直覺認知是直接的認知，也就是不耗費時間、不是依靠線性理解、不借助外在證據的認知。運用直覺，此時此地你的經驗氣泡會擴張和收縮，涵蓋較大或較小的時空範圍，如同相機的變焦鏡頭。你總是這麼做，只是自己不曾了解。前一刻你專注撰寫一份書面報告，你的世界是緊繃且以工作為主。下一刻你往椅背一靠，看著窗外，凝望著風景，心思在時空中流轉。幾分鐘之後，你腦海中迸出絕妙的方法來說明接下來你想說的重點。

運用直覺時，如果你將焦點放在更廣闊的視野，抑或更貼近個人觀點，那麼你所掌握的真相和知識也會隨之改變。

記住　凡事皆有可能。

如果我能增強我的直覺……

如果直覺開啟、活躍，並聽任你的差遣，列舉十個你會正面運用直覺的方式：「我拿起話筒前就知道是誰打電話來、我會徒手幫人治病、我記得自己的夢並有能力控制夢境、我會做更多藝術創作。」追逐夢想，你得點亮你的想像力。

直覺不是魔術

直覺不只是靈光一閃、被繆思附身，或是直接掌控無限的知識。直覺的過程最多是讓你平常的意識更加清晰、明確，引領你進入自己神性本質的驚異體驗。然而，直覺卻往往被貶低到魔術表演的層次。

如果你運用直覺來玩「二十個問題」[11]的益智遊戲，或是解讀過去與未來，你就成了我所謂的「通靈者」。通靈者有時候正確，但是所追求的往往是形式而非過程，也就是說，他們追求的是「什麼」，而不是「如何」或「為何」；當我們一味崇尚形式時，很容易錯失了形式之前與創造形式的體驗過程，也錯失了生命過程中蘊含的存在狀態，以及更深層的靈性經驗。在這種偏見下，我們會很快找出似乎可信的答案，卻錯過了那賦予答案更深意義的整體脈絡。如果只著迷於形式，通靈（或稱作超心理學）的現象很容易蠱惑我們，讓我們錯失了活出更有創造力的學習過程。

排解疑難的提示：當新現象讓你不知所措時

假如你突然進入陌生的知覺領域，或是接收到讓你害怕的訊息，試一試以下的技巧：

1.認定你不可能在事情準備就緒之前就先知道。放鬆心情去體驗感受。給自己多一點時間「停下來想一想」。慢慢來，你無須立刻知道如何處理。

2.認定自己內心深處的某個部分知道要如何做，在你的認可下，這部分的你很快會進入意識心智。

3.設想你自己的經驗或看法可能是真實的。或許，以往的經驗只是要解放你身體和情緒上的能量。你要設想三、四個可能的解釋。

4.在靜心或是書寫日誌時，向你自己的靈魂請求，協助你了解要如何做。當心底發出的指示通過你的身體時，要注意傾聽並將它們記錄下來。

通靈的能力，諸如念力、星座分析或是靈媒，都是直覺過程的一部分，但並非主要的部分，也不是直覺的必然目標。直覺的過程中你可能經歷過不尋常的通靈，若是如此，你並沒有發瘋。隨著你的直覺和靈性的覺醒，你會進入一個比較神祕的溝通狀態，對於緊密連結所有知識、所有既存維度，以及顯化和創造過程的各個階段，會逐漸感到自在。你將了解這些通靈能力是自然現象而非超自然現象。實際上，通靈的能力往往會穩定並融合成生命的技能，成為你靈性道途上的副產品。

過程未必是解答，而是神聖之事。直覺的過程是一種生活方式，校準自己與真實世界的關係。從東西方宗教擷取靈感的偉大靈性導師尤迦南達（Yogananda）說：「直覺非常難以界定，因為它與我們所有人都太貼近……透過直覺，人得以達到神性……這種直覺是世上所有偉大的智者和先知都具備的。因此，藉由直覺，上帝得以展現祂所有的面向。」[12]

要成為直覺過程的專家，你的心智必須平靜，並且訓練到能校準普遍性的真相。恐懼會削弱身體的自然感受性，必須激勵自身，讓恐懼浮出情緒水面，然後必須透過內心的仁慈和理解加以消解。我們如果能夠清除外在的干擾，就不會因為朦朧的鏡面而不當扭曲了真相，我們也不至於只因為會通靈就想要中止。正確的直覺是佛教徒稱之為「諦見」（skillful perception）的一種能力，而諦見需要努力和耐心培養。研究腦與心的科學家羅伯特．歐恩斯坦（Robert Ornstein）說：「弔詭的是，發展立即感知能力需要時間，對於一心求快的人來說，這過程太微妙、難以掌握。」[13]

當你超越通靈，持續發展直覺，並且練習對自己、他人及未知事物保持真誠和覺醒的態度，神奇的結果將會出現。生命將出現新的維度，你的心理層面將變得更成熟，生理層面將變得更健康。無須辛苦生存，生命將優雅而精確地自然流動。

運用直覺，你對自己和他人的信賴都會增加。對於過去和未來，不會因為失望和希望而帶來焦慮，同時對於周遭的事物會有更敏銳的感知。你的共時性情形變多、靈感增強、熱誠擴展了，因為在事物流動的狀況中，你感受到快樂。當你感到快樂，創造力和生產力會大為增長，滿足感也更加深厚。舉例來說，在上班、陪伴孩子及整修住家的忙碌中，你擠出時間衝進雜貨店進行每週例行的購物。如果仔細注意食物和包裝的味道、形狀及顏色，還有周遭人們的情緒差異，這個經驗可能變得愉快而神奇。你會享受到購物車的平順滑動，或是剛好注意到哪個水果是你想要買的。

這是否代表你可以一生悠哉徜徉，活在當下而放棄目標？或是代表不用再管帳簿的收支平衡或不必再存錢？當然不是。我們在世上要完全投入，觀照所有的細節。這是個行動和成就的世界；從事、享有及存在，都是創造的一部分。

總是有些地方需要邏輯、區隔，並且根據目標來管理。但是，直覺的過程會擴展你認知的範圍，在你創造過程的每個階段提供更清明的視野，提升後勤的效率，並帶來統一的世界觀，為每個任務與成就帶來新的喜悅。

記住 每一個被充分感知的時刻都包含著永恆。

列出一份
我的「成功」清單

在你的日誌裡保留幾頁，做為我的「成功」清單。記得提醒自己，哪些已做的事情符合你內心卓越的標準，並讓你感到快樂。要樂觀看待已裝了半滿的杯子。這一週你有多麼信任直覺？是否經常根據預感行事？在說出自己的期待後，是否真的做了繽紛、有象徵意義的夢？在尋求內在自我的指引後，是否馬上得到突然的洞見？未來幾個月，隨著更有意識地運用直覺，你將持續擴充清單，內容可以很重大或是平凡無奇。

直覺有三種形式：三個V

在直覺過程的初期階段，直覺的訊息和其他訊息一樣，是透過我們的五大感官（視覺、觸覺、嗅覺、味覺、聽覺）而來。直覺的洞見通常以三種方式出現：意象（vision）、聲音（voice）及振動（vibration）。一開始，其中之一往往會主宰你的知覺。

意象（vision）

在你的夢境、幻想或是靜心中是否曾看見某種意象，讓你接收到關於你自己的生命、他人的未來或是地球未來的訊息？你是否曾與某個朋友不期而遇之前，腦海中已閃現他的形象？你是否曾突然發覺，眼前所見的一切似曾相識？

詹姆士是正在實習的諮詢師，經常根據前一晚夢中見到的意象，來決定要進行哪一部分的療程。他從事藝術療癒，在他的小組進行中，他會注視小組成員所製作的拼貼、面具及雕刻，記住這些意象，幫助他對同伴產生深遠的洞察力。

聲音（voice）

是否曾經有「微小聲音」告訴你不要離開屋子，但你還是出門，結果發現忘記帶皮夾。或者，「微小聲音」曾經告訴你：「不要和那個人有瓜葛。」但你還是和他來往，結果他傷了你的心、偷了你的錢和車子？你是否曾經被電話或是敲門聲吵醒，卻發現根本沒人？你能否從一個人聲音的語調聽出緊張？你是否曾隨意哼一段曲調，突然發現歌詞正好是個解答，解決困擾你一整天的問題？你是否聽過超過耳朵頻率的音樂？

藝術總監亞倫總是運用聽覺感官的直覺，來放緩創作廣告和繪圖的過程，以察覺工作中的錯誤。他敲打節奏時，可能會感覺有個聲音對他耳語：「亞倫，這一版印刷有些問題，是不是把光面紙改成亞光紙了？」或者說：「這個客戶將要求許多特別的處理。」

振動（vibration）

你是否曾經一進入某個陌生的房子，就感到寒意逼人？是否有些人還沒有講話，你就覺得憤怒或高度緊張？你能否分辨出寵物不舒服？你是否曾經漫不經心地壓揉朋友的肩膀，她卻說出：「喔！沒錯，就是那個地方。」你是否曾覺得有人碰觸你，但你回頭卻空無一人，一種有人在看你的感覺？

黛安在幫顧客按摩時，運用她觸覺感官的直覺；她的手指能感應到對方痠痛確切的部位。此外，黛安也運用她的「掃描器」偵測可能遭遇的危險。她形容自己會感受到全身的「體感」，判斷在郵局前朝她走來的乞丐，是普通的遊民還是個毒蟲？自己是否要拿錢給他？

透過感官發揮直覺

直覺的訊息也可能透過嗅覺和味覺傳遞。你是否曾在朋友打電話來的片刻之前，聞到他特殊的古龍水味？你是否說過：「這件事流露出一股古怪的氣味！」、「我嗅出這裡有麻煩」，或者看著團購網頁說過「好甜」、「我好想要這個，我已經嘗到它的味道」或「那個東西真是難以下嚥」我有個朋友熱愛美食，總是形容某些人或新的主意「很可口」或「真美味」。

你或許有自己偏好的感知方式，而當你開始運用直覺時，那個感官使你收到的訊息有了色彩。在正常情況下，隨著某種感官的能力提升，你其他的感官會發展，最後達到全面的感知。之後，你的直覺越來越複雜敏銳，你會發現這些感官融為一體，形成一種難以界定、更直接的體驗。我的許多學生稱它為「心照不宣」(knowingness)。

我的直覺發展始於強烈的視覺感應。當第一次為個案進行生命解讀時，我看到圖像和奇怪的符號，包括一個芭蕾舞者、一顆橄欖、一支手電筒及一張沙發，疊置在個案身體的各個部分。有時候，我會看到不同字體所拼成的答案，重要的訊息是粗體字、斜體字或大寫字，日常瑣事則是小寫字。這種視覺上看見象徵物的方法，問題在於需要花時間去解讀每個象徵物的意義。

逐漸地，我開始聽到有人在我耳邊細語，開頭往往是：「告訴他們，對抗______的時候，他們正在學習勇氣的課程。」或是「告訴他們，母親主宰了他們的成長過程，但如今他們可藉由______取回自己的空間。」我會將這個訊息傳達給個案，而在過程中，這個聲音會突然停止，而我的話語繼續滔滔不絕。

一段時間之後，連這樣藉由感官而感受到直覺的方式也似乎太慢，於是我只掌握訊息的要點。接著，我開始感受到人體和他們周圍能量的脈絡：覺得對方的皮膚像砂紙般滿是痘疤，是濫用藥物的人；覺得對方的能量如洗碗水般灰白，是情感耗弱的人；易怒、有帶電能量的人，不是焦慮就是

記住 戲劇化的誇張不見得好解讀。

容易自我批判。

後來，這種感應的模式轉化為對生命更高振動形式的細微辨識。如今，一個洞見出現時，我往往無須辨識它是由哪種感官傳達的，它就來自我心智最深處。而當洞見出現時，我感受到心智均衡擴散到整個身體，各種不同的形式刻印在我的整個場域，我無法分辨自己使用哪個感官感到直覺。

透過五感，你也會有自身的發展途徑。一開始要注意自己感知的偏好，以及主要的感知在何時活躍。傾聽你使用源自感官的形容詞和動詞，是否會說：「我看到」、「我聽到你」、「我感覺」、「聽來像是」或是「很感人」？接下來，更有意識地運用所有的感官，例如用聞的而不用看的，來發現你對某人的家或是某家商店了解多少。

你的感官偏好

在你的日誌裡，描述世界如何給你某個印象。你主要是靠視覺、聽覺或是觸覺？你有多頻繁感受到周遭微妙氣息和味道的變化？談話中以哪些感官為主？列出你常用的一些語句。

接下來，想一想讓你印象深刻的直覺經驗，這些是透過意象、聲音或振動？還是嗅覺或味覺？描述與你直覺相關聯的感官細節。

現在，注意你的直覺感知力的發展途徑。你是否已經探索兩種以上偏好程度不同的感知？排在第一的是什麼？接著又是什麼？你下一個想探索的感知是什麼？描寫一下你的過程：「在我小時候，我＿＿＿」或者「當我停止苦思、放鬆心情時，我的直覺經由＿＿＿出現」或者「上一次我注意到我夢中的聲音時，我是在＿＿＿」等，諸如此類。

由於我們可以從眾多管道輕鬆取得直覺的訊息，因此我經常好奇為何我們還會這樣自我懷疑。我們擁有內在的工具，可以去知道任何時間、任何地點的任何事。我們的先天能力永遠比電腦、衛星天線及手機更加複雜精密——如果我們鍛鍊自我的程度，能比在高科技上投入的努力還要多。現在你應該能對於未曾使用的百分之九十腦力，以及可發展出什麼樣的能力，有初步的概念。我們已經埋下種子。現在，我們要灌溉、耕耘，並且耐心準備，讓發芽中的直覺能力有存活的條件。

今天就要有直覺！

從意象、聲音及振動尋找導引

今天要注意，直覺的訊息會透過你視覺、聽覺及觸覺的感官，傳達給你。

1. 根據你對某件事的視覺來做決定。這個狀況是否充滿光亮？它的顏色對不對？它是否有令人愉快的構圖？
2. 根據你對某件事的「聽覺」來做決定。這個狀況聽起來是尖銳、刺耳、悅耳、安靜、空洞或和諧？

3.根據你對某件事的「感覺」來做決定。這個狀況感覺起來是平順、粗糙、尖銳、柔軟、冰冷、火熱、滑溜或黏滯？

直接書寫，讓直覺不斷湧現

拿著你的日誌坐下來，保持安靜，放空你的心。選擇以下其中一個問題，思考片刻。懇求自己能從最深層的真實，獲得創造性的洞見。讓問題扮演磁鐵的角色，促使心中跳出第一個字，把它記下來，再讓另一個字跳出來，然後記下。任由想到的字出現，無須評判，無須多想答案會往何處去。不要衝過頭。在順隨筆意停止之前，不要停下，也不要回去看自己寫下了哪些字。輔助的技巧：用自我的靈魂、赤子之心或是未來的自我來書寫；用第二人稱，用自己的名字來稱呼自己；不要把它看得太嚴重！改變你的字體、改變速度和節奏，或是用非慣用的另一手來寫。

「此刻，我的靈魂在生命的哪個領域，例如工作、情感、靈修、運動、休閒等，花費最大的心力？為什麼？」

「如果我擁有全世界的時間，沒有期限或是無須負擔責任，我會最先做什麼？接著做什麼？在做每件事的時候感覺如何？這個活動如何改變我目前的心智狀態？從每個活動中會學到什麼？」

「我需要知道什麼，才有辦法理解我與＿＿＿之間問題背後的『好理由』？」

「此刻，我無意識地詢問我生命中的主要問題是什麼？」（比如說：「我想知道為何找不到好的情感關係。想知道家人為何一直排斥我。為何這麼多人死於愛滋病。」）回應每個問題，並繼續問：「關於＿＿＿我需要知道什麼？」

「我的赤子之心（＿＿＿），喜歡做什麼？為什麼喜歡這樣做？」像三歲小孩一樣，你想像自己做最喜歡的事，並詳細描述你的經驗。

「如果我能正確回答十個問題，它們會是什麼樣的問題？」

「要讓我的直覺更強，需要放棄哪些觀念？這些觀念如何干擾我直接的認知？」

1. 編注：約翰·布雷蕭（John Bradshaw, 1933-2016），美國教育家、勵志演說家、主持人和作家，著有《回歸內在：與你的內在小孩對話》（*Homecoming: reclaiming and championing your inner child*）等六本書。

2. 編注：瑪麗安·威廉森（Marianne Williamson, 1952-），美國知名心靈導師，著有《愛的奇蹟課程》（*A Return to Love*）等書，常受邀出席歐普拉主持的談話節目，傳遞愛與和平的訊息。

3. 編注：卡羅琳・邁斯（Carolyn Myss, 1952-），美國作家，出版十本與神祕主義和健康有關的書。
4. 編注：艾德加・米切爾（Edgar Mitchell, 1930-2016），是第六位登陸月球的太空人。
5. 編注：狄帕克・喬布拉（Deepak Chopra, 1946-），印度裔美國作家和另類醫學的倡導者，是新時代運動的傑出人物。
6. 編注：雷蒙・穆迪（Raymond Moody, 1944-），擁有哲學和醫學雙博士，探討死亡與瀕死經驗，著有《死後的世界》（*Life After Life*）等書。
7. 編注：佛里提約夫・卡普拉（Fritjof Capra, 1939-），奧地利出生的美國作家、物理學家、系統理論家和深層生態學家。
8. 編注：艾賽尼教派活躍在西元前二世紀到一世紀，推崇禁慾主義、安貧樂道、每日清潔。
9. 編注：雅克・阿達馬（Jacques Hadamard, 1865-1963），法國數學家，以質數定理證明聞名於世。
10. 編注：畢達哥拉斯（Pythagoras, 570-495 BC），古希臘哲學家、數學家和音樂理論家，以畢氏定理聞名。
11. 譯注：《二十個問題》是美國老牌的益智問答節目。
12. 編注：帕拉宏撒・尤迦南達（Paramhansa Yogananda, 1893-1952），來自印度的瑜伽士、上師，著有《一個瑜伽行者的自傳》（*Autobiography of a Yogi*）等書。引文出自：Yogananda, *The Science of Religion* (Los Angeles: Self Realization Fellowship, 1982), 83.
13. 編注：羅伯特・歐恩斯坦（Robert Ornstein, 1942-2018），美國心理學家和作家。引文出自：Robert Ornstein, *The Evolution of Consciousness* (New York: Prentice Hall, 1991), 278.

Chapter 2

直覺是選擇的，不是湊巧的

心智與車子不同，開車可以不需要知道汽油與活塞或輪軸的關係，但是你必須深切了解心智，才能發展出持續清明的直覺。第二章教導你世界觀的力量、找出扭曲你直覺的障礙、認識個人意識的三種類型，以及你的兩個重要選擇。

態度決定生命力度

有件簡單的事，可以立刻讓直覺成為你生命中一致、穩定的一部分，那就是正面期待和信賴的態度。你要不斷提醒自己，直覺的狀態是靈魂自然的狀態。心智和情緒的困惑、混亂並非與生俱來。每當你失去直覺能力時，「期待」深呼吸之後，直覺就會回來。你唯一要做的，是有意識地選擇最好的世界觀，一個可以提升連結、信任及愛的心智經驗，這種心態無疑地永遠能啟動你的直覺。

我們每個人都遵循某種看待世界的特定方式，它受到愛和恐懼等整體信念所影響，幫助我們決定如何開展自己的生命。要發展清明、有意識的直覺，必須熟悉這個可以擴展和局限生活經驗的無意識心智結構。就像水龍頭可以讓水流出來或關閉，你的態度可以開啟或關閉直覺，讓直覺只在你集中注意或是你想要的領域提升。

伊蓮對於自己在生命中的需求，過程都抱持開放的態度。她輕鬆看待，認定命運或多或少站在自己這一邊。當車子故障時，她雖然買不起新車卻不慌張抱怨。伊蓮保持直覺的開放，相信自己的預感。跟客戶聊天時將自己的處境告訴這位有錢的客戶，正巧他的車庫裡放了一輛平常不用、他妻子也不喜歡的紅色跑車，因此把車借給伊蓮使用。伊蓮以愛和信念的方式看待世界，因此提高了共時性和奇蹟發生的可能性。這樣的世界觀就是自我賦能（self-empowering），促進了直覺的拓展。

相反地，如果你的世界觀是由恐懼的負面經驗所塑造，那麼直覺可能只會帶來危險和負面的警告訊息。這會讓你不容易相信自己的洞見，更別說相信他人的洞見了。

達琳向我預約一個生命解讀的療程，我在電話裡聽到她的聲音，就知道她很擔心這個療程是否不值得花錢。之後，在與她約定面談的前一晚，我僅有的一臺錄音機壞了，但我知道在我與她約定見面的書店裡有錄音機。隔天，我提早到書店，卻發現那裡也都沒有。當達琳抵達時，我向她道歉並提出其他可行的辦法，但她卻雙臂緊緊地在胸前交叉，站著反感地嘆氣：「唉，我的人生就是這樣……」後來一個店員解救了我們，在倉庫裡找到庫存的錄音機。

當我與達琳談論她的生命模式時，她不停地瞄手錶，想知道：「付了鐘點費，我是否會把完整的鐘點用完？」我說的每句話，她都會回說：「這對我不適用；我完全聯想不到。」當我準備描述她目前生命的轉折時，她先打斷我：「好吧，我現在遇到什麼情況？」達琳的丈夫幾年前跟她離婚，另外再娶。從此，她陷入嚴重的憂鬱。她主要關注在：「我何時能再找到對象結婚，不再孤單？」然而，達琳對遇到的男性總是尖酸挑剔。她談到自己試著認真約會，參加社交活動，甚至去擔任志工，但是每一次為了找對象而做的嘗試，結果都非她所願，全世界似乎都跟她作對。達琳辭去了城市裡收入可觀的工作，如今擔任服務生。她抱怨沒有足夠的金錢和時間，可以做真正喜歡的事。

記住 當你的世界觀能幫助成長、連結及信任，你的直覺能力便會增加。

達琳陷入了自己安排的困局：她心裡深深相信，自己永遠得不到想要的東西。她不斷告訴自己：哪些嘗試不會有用；她不會喜歡其他人的；她不可能擁有哪些東西；她未來的日子會有多可怕、悲慘、孤單。然而，達琳本人其實完全相反：她溫暖、慷慨、有趣、會照顧人，但她卻看不到自己的這些部分。當我試著向達琳說明這一點時，她就會把話題硬拗回來：「你說得沒錯啦，不過我什麼時候可以找到一個老公？」

與達琳談話，一整個鬼打牆，每一句話都是在驗證她負面的世界觀，在釋放她的負面情緒。達琳離開時，惱怒我沒有告訴她下個男朋友的名字，以及他們的結婚日期。達琳被自己的潛意識心智所箝制，陷入斷定自我失敗的羅網中，以致無法享受日常生活的美好，感受不到一般人給予她的愛，更別提珍惜時間以發掘自己內在本質。她的直覺受到嚴重阻礙，導致刻意放棄一份好工作，並不斷挑到性格不佳的對象。當我拿錄音機去修理時，我不禁好奇，或許是達琳強烈的執念，害我的錄音機當機。

你認知世界的方式，或許就介於伊蓮與達琳之間。不過，和大多數人一樣，你「舊的程式設定」，或是埋在潛意識心智基於恐懼所做的決定，影響了你。要開啟直覺，你必須知道，有多少無意識的負面想法塑造了你的生活觀，你是多麼依賴自我局限所帶來的虛假安全感，而你又準備讓自己擁有多大的喜悅和自在。你可以發展的有用技巧之一，就是在出現負面的世界觀時有所掌控，讓你可以即刻避開它。

一念天堂、一念地獄，寫下你的感知

1. 寫下關於你自我挫敗的世界觀。他人的哪些行為會讓你惱怒？為什麼？你一直告訴自己「我一定得不到」的東西是什麼？你是否認為自己正在犧牲生命中的某些部分？你不允許自己去做的事情是什麼？你最糟糕的可能情境是什麼？你的哪些信念會引發憤怒、批判、驚慌或逃避？有什麼成語可以描述你負面的世界觀？
2. 寫下關於你自我賦能的世界觀。什麼樣的事情是你「知道」有可能辦到的？你歡喜、欣賞他人的哪些行為？你一直告訴自己「我目前擁有」的東西是什麼？你對施與受的信念是什麼？你人生中最棒的情境是什麼？有什麼成語可以描述你正面的世界觀？

你的心思和態度由你自己主掌。以上的練習，幫助你辨識正、負兩面世界觀的信念。從現在開始，當你被負面思想所接管時，傾聽你內在的自我對話。當陷入負面感知時，你能否掌控自己，使其停止？接下來，為了發展更強大的直覺感知，當每一種世界觀啟動時，要清楚自己身體實際進入的實際狀態，也就是你的「內在姿態」。你抱持著某一種世界觀時，說話的聲音會是什麼樣子？當

記住 你自己推辭掉的禮物，你當然看不到。

你身處正面或負面的「立場」時，你的站姿、臉部表情、呼吸、肌肉收縮或是走路的樣子，會有什麼變化？一旦你辨認出自己源自恐懼的內在姿態，以及隨之出現的肢體感官，你就可以選擇轉換，變成另一個可以啟動直覺能力的世界觀。藉著肢體有意識的覺醒，要回到正面世界觀、進入自然流動的舒適感，也比較容易。

流動還是緊繃？

你的身體有何感受？

1. 回想過去，你曾對某個東西強烈地感到害怕、抗拒或挫折。在你的腦海中假想，並感受一下。讓你的身體進入應對每一種狀況的「內在姿態」。
2. 盡量用最多的形容詞，寫下你身體的感受。你是否緊繃、發冷？你能否感覺到下半身？上半身呢？你身體的哪些部分、哪些肌肉受到影響？你的呼吸出現什麼情況？你的臉、眼睛、下巴及脖子感覺如何？這時候你能否信賴直覺？
3. 釐清你的心智和身體，休息一下。回想過去，你曾體驗到的共時性、一切事情似乎都輕鬆不費力。讓你的身體進入符合這種狀況的「內在姿態」。
4. 盡量用形容詞寫下身體的感受。你是否感覺輕鬆、興奮？能否感覺到身體的下半身或上半身？身體的哪些部分、哪些肌肉受到影響？呼吸出現什麼情況？臉、眼睛、下巴及脖子感覺如何？這時候你能否信賴直覺？

5. 回到那種感覺緊繃所導致的內在姿態。做個有意識的決定，再轉換到讓你感覺流動的內在姿態。仔細找出兩者微妙的內在變化，複習幾次轉換的階段，直到可以迅速轉換為止。

為了幫助你從阻礙直覺的世界觀，轉換到增強直覺的世界觀，我們要發覺心智所隱藏的動力，學習去辨識一整天下來流出、流入的不同意識。了解心智的三個部分，你對於感知所具備的龐大而難以駕馭的機制，將有更大的控制力。如此一來，你將知道如何讓自己時時保持清明的狀態。

每個人都有三種心智

心理學把意識分為三個部分：潛意識心智、意識心智、超意識心智。這三者大致對應了形上學裡相同觀點的術語：身、心、靈。超意識與潛意識心智其實就是感知世界的經驗或環境，也是不同類型記憶的貯藏庫。在另一方面，意識心智是覺醒和選擇的流動點，它不包含記憶。

超意識心智

你曾否有過超越的經驗，你平時細瑣的心智突然開闊，發掘出某個困境裡隱藏的益處？也許，你看出了離婚對於你與你的前伴侶，都是人生成長的關鍵，因此忘卻了所有的怨懟。或者，你瞥見了森林和海洋對地球未來重要性的宇宙觀，或是預見自己職涯如何發展。這些情況是從你的超意識心智所認知的。

在許多靈性傳統中，超意識的領域被稱為「天堂」、「上界」或是「淨土」。它是所有生命形式的集體意識，特徵是自發的流動、調和完美而恰如其分。超意識心智沒有畏懼、窒礙，也沒有愚昧，是你擁有更高的目的、以上帝視角（God's Eye View）觀看的部分，在這裡所有的經驗都是共時且無所不在的。我們或許可以將超意識心智等同於靈魂的覺悟（我將「靈魂」定義為意識裡連結個人性與普遍性

圖 2-1 三種心智

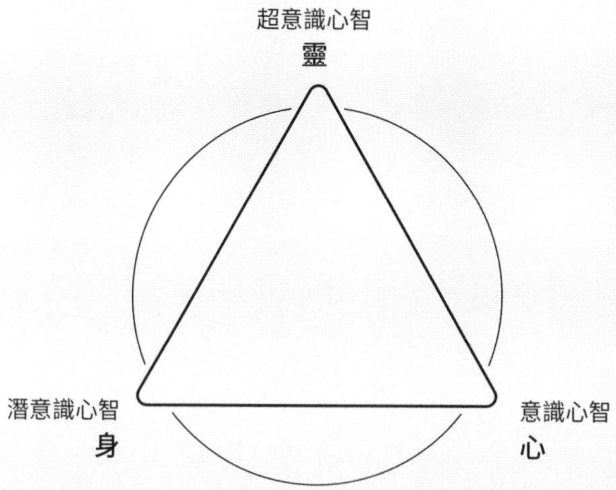

的功能）。在身體上，特定的焦點是心臟、大腦的新皮質，以及上半身的四個脈輪或能量中心（頂輪、眉心輪、喉輪、心輪）。

超意識這個較高層的心智，可以看出時空中萬物的關聯性、相互包容性，以及我們如何不斷湧現與返回靈性的層面。它涵蓋所有時間和所有事件的記憶，因此你行動時完全能覺察到你身為神性存有的真實本質。超意識心智的相關記憶是發自愛的行動，與那些以恩典、福報、流動及喜樂為特色的普遍原則調和一致，你天生的才能由此開始。

當直覺源自你的超意識心智時，你經常會感覺自己的腦中靈光一閃。你感受到的可能主要是意象的，通常是抽象的幾何圖案。超意識的直覺往往也融合所有感官，經常是一種伴隨著開放心態、全面的「直接領悟」。

潛意識心智

如同傳統部落民族和神祕主義者所知，萬物皆有意識，不論是哺乳類、鳥類、爬蟲類、昆蟲、植物，或是細菌、單一細胞，甚至水晶、金屬、塑膠、木材。潛意識心智則包含了地球上所有自然界和生物學的知識、所有的有機體和人格，以及人類進化過程所經歷的歷史階段表現。它知道生與死，轉型與戰爭。由於它的本質是原始的，因此潛意識心智所包含的訊息是關於存活以及人類的通過儀式。

潛意識包含所有經驗的記憶，在這些經驗中，你出自生存本能做出「反應」，以你對真實自我的部分理解做出決定，你不了解全貌，並非從超意識的「上帝視角」出發。恐懼、驚惶、困惑、自我保護、缺乏信賴，是這些記憶的特色。在實際效應上，它們凝結成你不想碰觸的「燙手山芋」。然而，每個潛意識的記憶實際上都是一個不完整的經驗，並未透過靈魂完整地理解及消化。如果我們看得到它們，這些僵硬成塊而無法獲致的知識，可能看似我們能量場裡的黑點。如果有太多這種黑點，能量上會顯得厚重、灰暗及不透明。在西方的精神療法中，這被稱為「潛意識障礙」；在東方宗教中，則被稱為「業」。在身體裡，潛意識心智集中在腦幹及爬蟲類腦[1]。以及下半身的三個脈輪（太陽神經叢、臍輪、海底輪）。

潛意識心智包含了生理學知識未曾探勘的寶藏，不過也有黑暗面，因為它是各種負面情緒的所在。我們經常稱潛意識為「下界」、「地府」、「陰影」或「烏雲」。在神話中，潛意識被描述成充滿了怪獸、危險障礙及人性試煉。要到達天堂（超意識），你首先必須完成理解這些經驗的過程，或是進行「英雄之旅」：在洞穴深處尋找寶藏，與毒蛇或噴火龍戰鬥，或承受吠陀聖者所謂的「偉大經歷」。

當直覺來自你的潛意識心智時，它會透過五種感官之一，往往帶有一些緊張或困惑，例如明顯感覺到焦慮、黑暗意象，或是令人窒息的氣味。潛意識心智的訊息並非全是負面的，因此你可能也會接收到關於自己身體，或是動植物原型意義的直覺。這種訊息來自全然生理的「感官知覺」。

意識心智

相對於超意識和潛意識心智，意識心智不存在記憶，也沒有任何知識。它是認知的的一個點、你所意識到的「我是」（I am）、觀點，或是靈魂之眼。意識心智是自由意志的代理人、選擇與個人認同的活動點，給予你身為個體的經驗。透過選擇不同的觀點，並認同這個觀點，意識心智決定你的經驗。或許，這就是愛德格．凱西（Edgar Cayce）[2]將它稱為「我們俗世存在的建築師」的原因。

意識心智是有關聯性的。一旦感知到原本意識之外的某個事物，不管是人、物品、狀況或地點，就會創建一個關係或連結，例如「我注意到東京」，接著形成意義「我住在日本」，最後定義身分認同「我是日本人」。然後，隨著意識四處移動，注意到其他事物，便會脫離第一套的想法。同時，隨著意義和身分認同的消解，又會連結其他新的事物：「我是個學生」、「我是個丈夫」、「我是個少棒隊教練」、「我是個嚴肅的企業家」。因此，意識心智創建了一部光影搖曳的電影，內含忽上忽下的影像、意義及動作。意識心智看著我們稱之為「生命」的環場電影，問道：「我是誰？」接著，意識看到某個事物並與其連結，給予一個意義並自我回答「我是這個」或「我是那個」。

我無法處理跑入我頭腦的想法，不過我「可以」處理留在頭腦的想法！

在身體上，意識心智集中於腦的中心。事實上，腦神經學家發現，摧毀該中腦的邊緣皮質，會造成自我意識完全喪失。然而，移除腦或身體的其他部分，對個人經驗幾乎毫無影響。

表 2-2 心智的三個類型

超意識心智	潛意識心智	意識心智
愛	恐懼	選擇的點或意志
統一、恩典	分離、防衛／攻擊	觀點或焦點
智慧、真理	愚昧	身分認同的點
完全的感知	部分的感知	「我是誰？我是彼。」
集體意識	孤立意識	允許個體的形體
信賴、供應	懷疑、依附	進入此世界的窗
創造力	存活、凍結的信念	二元論與運動的來源
自由	極端化與衝突	我們俗世存在的建築師
愛的經驗的記憶	恐懼經驗的記憶	沒有記憶
神性之端	物質世界	個人自由

我有多少種身分認同？寫下來

注意你意識心智的活動以及所構成的眾多聯繫，列一個我「諸多臉孔」的清單，描述透過你人格所展現的內在角色。清單中可能有一些明顯的角色，例如，你是個「評論家、苛刻的監工、啦啦隊員、古代智者、瘋狂的駕駛者、家當全放在身上的遊民、企業領導人、聰明科學家、天才藝術家、掃興鬼、改革者、解讀家、無法打入群體的旁觀者……」每個角色想對世界說什麼？每個角色想得到什麼？給予什麼？你扮演每個角色時，他人如何回應？請陸續擴充這份清單，增列一些你想扮演的角色。

兩種選擇：導引直覺的超意識及潛意識

意識心智是自由意志和選擇的載具，形塑了你的日常生活。你認同的態度與觀念，決定了你表現出來是哪種類型的人。幸運的是，導引的來源只有兩種選擇或兩種觀點、兩個來源。你可以選擇朝向超意識心智或是潛意識心智，直覺會從你認同的來源湧現出來。

意識心智會問：「我是誰？」當它朝向超意識領域時，會回答：「我是完全而整體的、有意圖、明智、有愛的，而且充滿真、美及和諧。我愛自己也愛世界。」當你選擇超意識的世界觀，你的直覺帶給你超意識的導引，你會感覺幸運而且充滿力量。

圖 2-3「我是誰？」意識心智以自由意志選擇基於愛或恐懼的身分認同

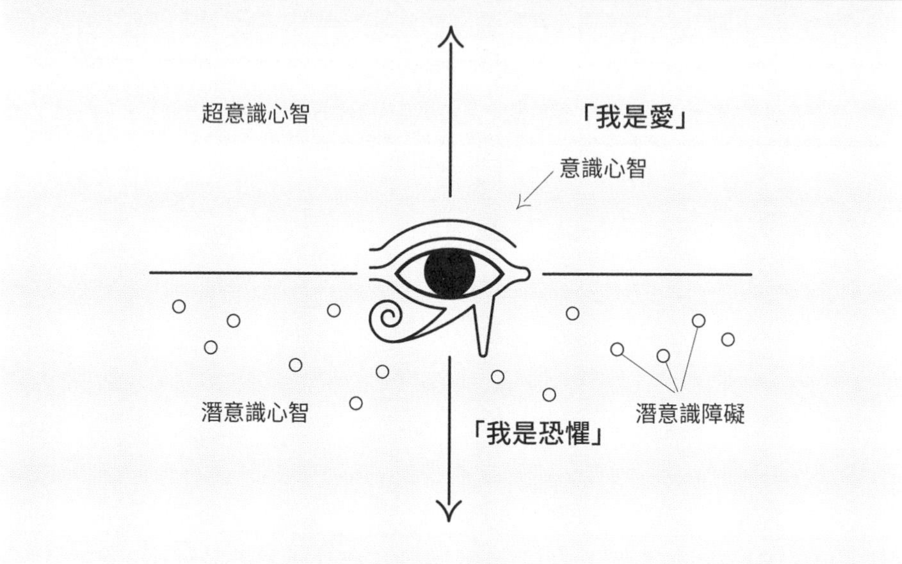

相對地，如果它朝向潛意識，意識心智可能會回答：「我害怕、我沒錢、沒價值、醜惡。我不喜歡自己或我不喜歡這個世界。」當你選擇潛意識的世界觀，你的直覺將導引出與恐懼相關的生命理解，你最終將成為受害者。

其實很簡單，有兩種生命的選擇：一個啟動了流動、愛及真理的經驗；另一個延續了停滯、恐懼及愚昧。靈修書籍《奇蹟課程》(*A Course in Miracles*)[3]強調了同樣的選擇，並指出兩種基本情感：愛和恐懼。如果你有愛，你就不會經歷恐懼；如果你有恐懼，你就無法體驗愛。它們是相互排斥的。我們可以總是注意這個世界的分離、恐懼和無知，或者我們可以做出一百八十度轉變，觀察完整、連結和愛。

記住　我可以選擇被干擾、激怒及傷害，「或者」我也可以選擇喜悅。

表 2-4　意識心智認同的感覺

潛意識心智＝恐懼	超意識心智＝愛
反作用的	做回應的
防衛的	探索的
對立的、躲避的	溝通的
肆意的	樂意的
拒絕的	接納的
擔憂的、懷疑的	幸運的、樂觀的
有壓力的、抑鬱的	興奮的、平和的
煩亂的、無聊的	感興趣的
局限的、囤積的	豐饒的、慷慨的
分離的	連結的
部分的、不完全的	整體的、完整的
無意識的、漫遊的	警醒的、專注的
依附的	超脫的
無法停止或開始	流暢的
怪罪、懲處	理解、寬容
烈士、暴君	能服務他人和接受服務
活在過去與未來	活在當下
「『應該』要這樣」	「這樣沒問題：要這樣改變沒問題」
「我不能擁有，做不到＿＿＿」	「我有資格」
沒時間、沒地方	有所需的全部時間和空間

在左邊的表2-4裡，哪一欄吸引你注意？

由恐懼轉為被愛

1. 瀏覽表2－4左欄的內容。對每個詞，記下引發你生命中這些反應的狀況：「我對自己（或他人）變得防衛的是＿＿時候；我感覺沉溺於過去是＿＿時候；我覺得自己做不到是因為＿＿。」
2. 對每一個情況，查看右欄相對應的詞。你如何運用相對的特點或態度，來面對這些狀況？例如，「我怪罪我的老闆不懂得體諒，而且從不認同我」，或許可以改變成「我理解我的老闆受到壓力，我可以原諒他過於忙碌，以至於無法注意到我的好表現」。
3. 如果要運用超意識的觀點，看待生命中的問題，你的下一步行動是什麼？結果可能是什麼？如果你能寬恕你主管所帶來的焦慮不安，也許可以送他一封感謝信，謝謝他出色的能力讓你學習良多，或許他會選擇你去執行下一個具有挑戰的任務。也許她下次就會把重大任務託付給你。

轉為超意識的世界觀

如果你年輕時發展出負面的世界觀，受困於各種局限，直到現在才明白，你也不用感到絕望。

你可以學著停止負面活動，即使短暫片刻也行。這會給你所需的瞬間，來了解你其實有另一種選擇。如果你已經練習去記住超意識世界觀所帶來的身體感覺，那麼你可以練習有意識地脫離自己不喜歡的狀態，進入自己渴望的狀態。你或許需要每天多次練習這種轉換，直到成為一種新習慣。轉換並不困難，但是記得去注意則有些困難。你需要放慢步調，更深層地感受何者為真，以及你想要如何去感受。

練習上帝[4]視角

閉目靜坐。把注意力集中在頭部的中心，並把你的能量置入皮膚裡。均勻地呼吸，覺察你正在此時此地。想像一個閃耀鑽石光芒的形體站在你後面，邀請祂進入，在此同時，輕柔地感受祂穿透、融入你。當祂充滿你時，你的緊張消除了，感受到嶄新的活力。想像這個形體是你的神性自我、是無限智慧的自我，現在你可以與祂分享你的現實狀態。

掃描你的身體和人格，把自己的每個部分都想像成神性存有。完全感受祂，並對自己說：「我的雙足是神的雙足，願神向我展示如何在世上立足，如何與土地接觸。願我傳遞神性的能量進入這個星球。我的雙腿是

和諧存在於萬物之中，只要你留心注意。

神的雙腿，讓造物主展示我生命中如何向前邁進，以及要走向何方。願我帶著神性的意圖來到這世界。我的情感是神的情感。願神向我展示如何感受；願我成為載具，向他人分享神的感受。我的胃是神的胃，願我享用神帶給我的任何東西並得到滋養，願我尊崇我領受的食物。

「我的活力和力量是神的力量。願神向我展示如何展現以及何時運用，好讓我以神期待的方式去影響他人。我的心是神的心。願我所理解的慈悲同造物主的理解一樣；願我將神性的平衡和理解擴展到他人。我的雙手、雙臂是神的雙手、雙臂。願造物主向我展示如何在適當時間，伸出雙手提供幫助；讓我的雙手發揮創意。我的聲音是神的聲音。願神向我展示如何說出真與美，如何溝通神要我說的話。

「我的雙耳是神的雙耳。願我聽到的世界如神所聽到的一樣。願我理解他人傳遞給我訊息的真義。我的雙眼是神的雙眼。願神向我展示該看什麼，並幫助我看得完全。讓造物主透過我來看世界。我的心是神的心。願神向我展示感受的方法、做選擇的方式，以及傳送思想的方式。願神透過我感受這世界，並教導我如何去認識。」

生命協助我們變得更清明。隨著日子一天天過去，拼圖的碎片持續在我們眼前出現。我們有很多成長並變得更加明智的機會，告別心胸狹窄的嫉妒和單純的答案，得到更大的包容力和尊重差異。我們開始理解，事件的發生是讓我們得以學習，了解到人們對待我們的方式，與我們對待自己的方式有關。

有時候，如果我們強烈認同某個特定的世界觀，就需要某種個人的危機，來促使我們選擇其他更好的方式。我們面對人類的脆弱所出現的洞見，往往引導我們去重新審視，並修正生命早期心智未成熟時無意識的恐懼信念。

我的個案麥特是位有競爭力的運動員，也是充滿活力的企業家。他曾經在美國華府擔任遊說團體的說客，三十幾歲就擁有許多財富。以前，麥特的世界觀是：「不計代價去爭取第一名，讓父親看到我比他做得更好。」他關注自我、迷人且強勢，雖然有很強的直覺，但只是為了生存和擴展自己。然而，我見到一場危機讓麥特幾乎失去了大多數的財富。最後，他退出這場似乎無止境的競爭，但發展出新的體悟，理解到生命在獲得注目與物質報償之外還有更多。麥特重建事業，學習授權給員工，表達感謝，懂得為別人創造機會。他從一個自我中心、欠缺自省的世界觀，進化到表達愛的世界觀：「第一名其實是最後一名，最後一名往往是第一名。」

記住　當你一無所有，至少你還有選擇。

誠實面對自己希望身體如何感覺、想投入多少信任，以及希望自己充滿多少愛，你便能加快正面世界觀的自然進化，直到變得恆常持續。同時，學著花更多時間專注於手邊的事而不去下判斷，也能提升維持超意識世界觀的能力。執迷尋找定義、草率跳到結論，或是滿足於簡單容易的答案，將導致你對動態多樣生命的理解變得瑣碎，並導向潛意識的世界觀。如果你很早就停止自我理解，你的世界觀也會變得狹小。

對於未知，如果保持開放的心態，將會發現自己的理解力增強，讓你更偏好愛和自然秩序所塑造的世界觀。你還會發現，以更多的愛和超意識去看待世界，直覺越來越準確。因為觀察生命時，隨著廣度的增加，你在靈性層面得

圖 2-5 你停止追求解釋的程度到哪裡？

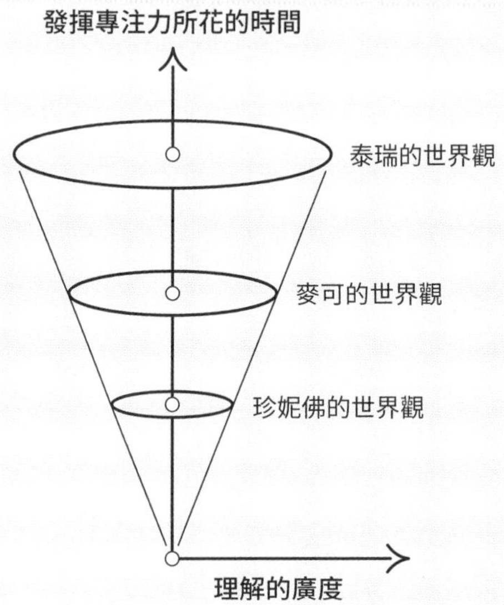

到的洞見將變得更寬闊、更準確。

如果對廣度相異的三個人提出相同的問題，你會得到三種不同世界觀的答案。舉例來說，如果你問：「愛是什麼？」相信生命基本上是關於存活的珍妮佛會回答：「愛就是結婚、生小孩。」相信生命的目標是克服苦難的麥可會說：「愛是主動關懷他人並服務社會。」相信每個人都有價值、同樣完美，而且生命是讚頌創造力的泰瑞則會說：「愛是生命中一切都完美契合在一起的體驗。」

泰瑞寬廣心態的世界觀，自然而慈悲地涵蓋了麥可和珍妮佛的世界觀。相對地，他們兩人可能認為泰瑞活在虛幻的世界裡。如果你也這樣認為，你也許會想到葡萄牙探險家麥哲倫（Magellan）的故事：他第一次抵達猶加敦海岸時，看到當地的馬雅人，但是馬雅人根本不知道什麼是大帆船，因此對他視而不見。

擴展你的觀點的練習

注意過去一兩天內，你匆匆略過或處理得太快的事情。你清理浴室是否草草了事？寫報告時沒細想過內容？你急著出門時，小孩是否想告訴你某些事？

回過頭來注意，更進一步。把你全副的意識都投入任務上，深深思考一番。注意你第一次處理時，錯過了什麼優點和洞見，並把注意到的事記下來。

今天就要有直覺！
從改變觀點開始，
進而改變你的感知

今天，做三次有意識的轉換，進入超意識的直覺世界觀。在你的日誌裡，記錄發生的情況。

1. 第一次，與他人或團體一起進行。在你轉換之後，立刻注意自己的觀察力和洞見，分享這些洞見中你覺得可以分享的部分。

2. 第二次，在覺得無聊時進行。在轉換之後，立刻注意超意識心智建議你採取什麼行動，並且去做。

3. 第三次，在覺得有壓力時進行。在轉換之後，立刻注意超意識心智試圖傳達給你什麼訊息。大聲對自己說出訊息內容，接著你若能採取行動，就開始進行。

直接書寫，
讓直覺不斷湧現

拿著你的日誌坐下來，保持安靜，放空你的心。選擇以下其中一個問題，思考片刻，懇求自己能從最深層的真實，獲得創造性的洞見。讓問題扮演磁鐵的角色，促使心中跳出第一個字，把它記下來，再讓另一個字跳出來，然後記下。任由想到的字出現，無須評判，無須多想答案會往何處去。不要衝過頭。在順隨筆意停止之前，不要停下，也不要回去看自己寫下了哪些字。輔助的技巧：用自我的靈魂、赤子之心或是未來的自我來書寫；用第二人稱，用自己的名字來稱呼自己，不要把它看得太嚴重！改變你的字體、改變速度和節奏，或是用非慣用的另一手來寫。

- 「對我終身事業的超意識願景是什麼？」
- 「我年輕時的『負面』事件，讓我學到什麼正面教訓？」挑出一兩次的經驗，並寫下「垃圾堆裡的禮物」。
- 「我的潛意識心智如何告訴我關於①金錢、②我目前的情感關係，以及③我的身體？我的超意識如何告訴我關於①金錢、②我目前的情感關係，以及③我的身體？」
- 「如果我能夠改變生命中的三個狀態或是長期習慣，它們會是什麼？我會如何進行？如此一來，我的生命會是什麼樣子？」
- 「我的超意識心智對於①我的命運、②良好關係的祕訣、③我應該住在哪裡，以及④如何更完整享受我的生活，有什麼樣的了解？」
- 「我生命中發生最糟糕的事情是什麼？為何會這麼糟？」想像它已經發

生，並寫下你的靈魂如何導引你去行動。

- 「①讓我憂心忡忡、②我無法忍受看不過去、③讓我衝動憤怒的三件事情是什麼？」寫下這些情緒背後的因素，你的潛意識可能會怎麼做，注意有沒有任何相關的意象，或是與其他主題奇特的關聯。

1. 編注：人的大腦由三個副腦所組成：爬蟲類腦（即腦幹）、哺乳類腦（即邊緣系統）以及靈長類腦（即皮質）。爬蟲類腦是最古老的腦，在演化上沒有太大的改變，主要負責人的維生功能，如呼吸、心跳、戰逃反應、生存本能。
2. 編注：愛德格・凱西（Edgar Cayce, 1877-1945）是公認二十世紀最傑出的預言家，能在催眠的狀況下為人解讀命運與治病，他的一萬四千多則案例都有紀錄。
3. 編注：海倫・舒曼（Helen Schucman）於 1976 年出版《奇蹟課程》一書，據作者說，此書是透過耶穌基督的「內在聽寫」過程逐字口述給她的。
4. 作者注：如果你排斥「上帝」這個字眼，請你用任何概念、術語或感覺，來表達這個更高層次、更有愛的意識。

Chapter 3

與創造循環和諧一致

本章幫助你學習駕馭意識之流，與你的靈魂旅程的流動融為一體，無論是下行到世間物質，或是上升到內在本質時皆然。如果你能學會了解自己在創造循環中所處的位置，以及創造循環所流動的方向，那麼你的直覺將無須費力。本章也要提供一些指導，讓你認知到這種創造性的流動，何時會出現逆流、導致停滯，並告訴你如何讓它再度流動。

學會駕馭意識的流動

當你有如活水流動般生活，擺脫了憂慮、「理所當為」及強烈的執念，直覺就會自然發生。如果你能輕鬆地轉移方向、調整速度，配合當下的需要付諸行動，擺脫陳腐的行為，那麼直覺就能夠永久成為生命的一部分。你的靈魂（你根本的意識）與生命本身的創造力，彼此緊密交纏，在最深層之處，兩者幾乎沒有差別。你和生命的流動，都隨一個簡單且與生俱來的運動模式，持續重複著基本的規律，就像心跳、呼吸、日出日落、四季循環，你的內在意識順著一種美妙循環的各個階段發展前進，一而再、再而三地創造與消解你種種的生命形式。當你學會辨識這個循環和各個階段，在驅動的同時感受它，了解它何時轉換以及下一步會往何處去，你的直覺就永遠不會受到阻礙。當你忘記在這個意識之流中校準自己，就可能會想橫渡甚至反其道而行，迫使自己逆流而上。每當你這樣做，就會失去與直覺的連結。

我的個案肯尼是位成功的企業人士，創辦了一家小型公司。這家公司不斷出現危機，讓肯尼不得不親自處理。但是，他救火的能力越好，就有越多的危機被點燃，他只好對公司持續投入，讓自己成了工作狂。

後來，肯尼計畫帶他的女友到他的船上，享受一個難得的週末假期。肯尼想像陽光、戲水、笑聲和美食。但是，當天上午他檢查船隻時，發現電瓶沒電了，必須開車到他父親那邊借充電器。當他們到湖邊準備開船時，女友卻發現肯尼把放食物和飲料的冰桶留在家裡了。肯尼一邊嘴裡嘀咕，一邊開車到最近的雜貨店補充飲食。他們走出超市時，肯尼發現他把車鑰匙鎖在車子裡。肯尼又得叫鎖匠來處理，女友只能垂頭喪氣地枯等。

長久以來，肯尼的靈魂一直傳遞一個訊息。他最深處的自我告訴他，要慢下來，不要時時刻刻都在處理緊急事務，不要強迫事情運作，而且要運用直覺來觀察生命之流的自然創造。但是，肯尼總是擔任解決問題的救火員，讓自己的心智衍生出一個奇怪的身分認同。他不願承認自己運作公司的方法其實不奏效，他理應做重大的改變，可是他卻不想面對未來可能的前景，也不願停下來聽一聽自己內在指引的聲音。結果，肯尼原本歡樂的一天，變成處處不順、充滿需要解決的麻煩。

我們所有人都歷經許多創造循環的流動；有些人花一分鐘，有人花一小時，有人花一天、一個月或一年。然而，在每個循環中，半途感到困惑，重回潛意識的世界觀，是很常見的事。學習分辨出流動何時會遇到阻礙，如何去除阻礙，讓流動朝自然的方向持續進行，是直覺發展的一個重要技巧。在這一章裡，你將學習去了解這個過程的動力。首先，我們要討論靈魂基本的擺盪運動。接下來，將這個運動分成創造循環的三個階段。

知道自己的意識擺盪到哪

如果你集中注意力，會發現自己持續在兩個世界或是兩種觀點之間擺盪。一分鐘前你認知到實在的物體，下一分鐘的心思則盪到空無之中；你的專注力會全然投入具體的任務，接著下一段時間又會分心。你某些時刻感受到愛與超意識，下一刻你又被焦慮和潛意識的「你說得沒錯，不過……」所盤據。你不斷地沉降到實體世界，然後又上升到天堂；物質化，然後去物質化；顯化，然後消解；投入其中，然後脫離進化。

當你的靈魂意識浮現並「登岸」時，你會突然覺察到自己的身體及個體性。當靈魂意識鬆開，並往上、往外移動時，你會憶起自己與生命、宇宙是如何緊密相連。當我們入睡時，會進入靈魂超意識的更高境界漫遊，早上起床則是再度「物質化」。我們在高速公路上開車時，可能會「放空」，下高速公路時，又突然「回神」了。

靈魂在振動中持續地往下行，會給予你「腳踏實地」或是「落實某個概念」的經驗。你是否經驗過「出現」在某個情境裡，卻感覺有如超現實的夢境，你不由得想「我怎麼到了這裡」；或者，你也許曾經因為某個念頭纏繞，而馬上做出行動；或者，你突然覺得「啊哈！原來如此」，明白了某個抽象概念的道理。如果你真的曾經這樣，表示你已經體驗到你的靈魂下行的一個小循環。

圖 3-1 靈魂進入與脫離世界的路徑

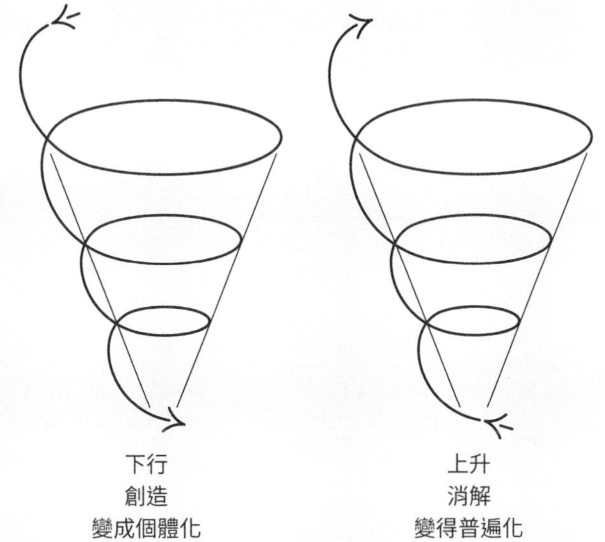

另一方面，你不用等到死亡或頓悟那天，才會升到天堂。你的靈魂在振動中本來就持續上升或向上移動。每次你放鬆原本集中的精神、對某個活動感到無趣，或是作了白日夢，你的靈魂就擴展進入超意識的領域，以獲取新的能量和訊息。每次你伸展注意力來理解可能性，感受過去和未來，你的意識就會擴大範圍。說話之前，先停下來，小寐片刻，靜心下來：每一次停頓都是一個小的上升。

你基本的意識持續在移動，進與出、上與下、出現與消失。就像我們懷抱嬰兒搖擺一樣，你的靈魂也是如此擺盪。我們擺盪進入清明，接著進入困惑；進入躍躍欲試，接著進入冷漠無感；進入針對特定的目的導向，接著進入擴展全貌的觀察。我們醒與睡、呼氣與吸氣。透過這種持續的節奏，我們牢記了自身本質的兩種極端。透過這種循環擺盪，我們將自己的靈性整合於人格當中。

你的意識擺盪到超意識的領域，取得了更高的視野與下階段表達自我的願景；接著，又擺盪到生理和潛意識的領域，以採取行動並將願景顯化，一次做一件事。每完成一件任務，它又擺盪回去，檢視集體意識，並查看有無必要進行小修正。

為了加強直覺能力，你要學習辨識出意識的微妙運動，並意識到自己所在的階段：正從有智慧的超意識境地往下行，準備進行具體的事務？或是正從生理具象的世界往上提升，準備接受啟發？一旦你了解之後，便能隨著這個運動，直到它自然地轉換到相反的流向。

擺盪：進與出

你在放空後回到現實時，抓住自己，自忖你去了多久？回到個人的現實時，第一個念頭是什麼？在變成無意識的前一刻，你在做什麼或是想什麼？

練習停止你內在的對話，讓腦筋空白，然後想像你被拉進超意識狀態。在某個片刻，一個想法就出現了，它比之前的想法都更加是超意識的。注意那是什麼，接著再次放空，然後想像超意識領域的集體智慧正在重新形塑你。注意下個自然出現的想法是什麼。花五分鐘重複進行這個擺盪的過程，隨著讓想法從超意識升起，而不從原先的想法中浮現，你會變得越來越有洞見。

你是否曾感覺壓力大到不堪負荷，或是感受到驚慌混亂、猶豫、長期倦怠、躁鬱或憂鬱？你是否有時對完成眼前的工作量感到有壓力？你的潛意識心智可能處於存活模式，想討好別人，不想搞砸，想固守自己的陣地。

我的個案麗塔是位股市交易員，她的專業是操作選擇權交易，壓力非常大。她來見我時，身心俱疲，接近崩潰的臨界點，迫切想知道如何趕上落後的進度。麗塔的意識完全專注於要在她所建構的實體世界中取得成功，以至於她在無意識中成為有天分的通靈者。

麗塔將所有的感應觸角完全打開，不斷掃描相關資訊，並檢查所有可能出錯的部分，為了達成目標，她的身體已操勞過度。麗塔不經意地運用直覺，從上而下俯瞰她的周遭和即將發生的未來，因此她可以回答：「我的行動路上會遇到什麼問題？在哪裡會碰到大麻煩？在處理一千萬件『必須』做的工作，要注意多少事？」這類問題。

記住 我感受到身體要讓我了解的所有事物。

麗塔持續接收到直覺所輸入的整幅願景大圖，但她已將迫切感內化成認知的一部分，因此她的身體覺得必須「立刻」將整個願景顯化！她的身體無法在短時間內完成這麼多的事，於是陷入恐慌狀態，走投無路。靈魂可以即刻了解一切，但身體卻是一次只能做一件事。麗塔活在這個令她耗弱的壓力中，原因在於她不知道如何優雅地迴遊於物質世界緊繃的焦點（即行動和結果），以及靈性世界寬闊的焦點（即目的和願景）。麗塔無意識地試圖將她所有超意識的願景，塞進她實體生活的某個片刻。

麗塔改善了自己的狀況，她知道自己要達成許多目標，以及趕上一些最後期限。這讓她有動機去從事工作，不再同時進行十項任務而打亂了自己。麗塔尋求寧靜，開啟自己的意識，去理解更大的願景大圖。她提醒自己，在更高的層次上，一切事物都是完美協調的，一定有一個方法讓事物和諧進行。她選擇超意識的世界觀。她在靜心時，保持身體輕鬆接納的狀態，知道自己在需要行動時，她自身更高的那部分會告訴她該怎麼做。麗塔以正念靜坐，直到感覺充沛而喜悅。然後，她感受到身體已準備好，可以做出某項行動。她請求概觀滲入她現在的狀態，進入她此時此刻的人格之中，以便採取正確的行動。麗塔知道，直覺會告訴她今天進行工作的順序。

突然間，麗塔強烈感覺到，今天應該先處理促銷手冊的廣告文案，於是開始採取行動，其實她原本計畫先去銀行辦事情。當她撰寫文案時，電話響起，對方是她必須聯繫的重要人物，而且平時很難聯絡到。如果她剛才去銀行，就會錯過這通電話。稍後，她開車去送印文案時放空自己，突然對如何解決一個複雜的問題，有了很犀利的想法，甚至可以在回辦公室之前先完成第一步！

在每個行動之後，麗塔會稍微停歇，再重組一番。現在會發生什麼事？她再次選擇超意識的世界觀，查看自己對整個概觀大圖的直覺，並放鬆身體。接著，當她感到充沛而喜悅時，嶄新的動力滲入她的意識心智，她憑著直覺，知道自己想要做什麼。麗塔充分享受每個肢體動作的樂趣，即使只是送一份訂購單或是鎖車門，她在查看概觀的同時，放鬆身體，將一天的時間擴充到最大。藉由共時性與自然的效率，麗塔完成了比過去純粹靠意志力和憂慮所做到的還要多，同時還意外發現，周遭的人變得更合作，同事也更主動分攤她的工作。

平衡你的兩個世界

要清楚你一天中展開一項新行動的時刻。在這些時刻，充分辨識你身體建立的一個宏大的時間表。專注於所有你正在做的事，生理上的身體就像三歲的小孩或是新生的小狗，他們滿足於各種感官刺激的喜悅。當你行動時，可能會忘記超意識的自我。不過，在工作完成後，你可能又會放空。

讓自己停駐片刻，擴張你的意識心智，感受並享受這種空曠、歇息及想像力的開放。你現在正在重新校準自己，為下個行動的計畫做安排。當你處於這種狀態時，可能感覺不到你的身體。然而片刻後，你會接收到想做某件事的意念或圖像，接著注意力將再次回到你的身體。

為了增強直覺，你要學習在意識的兩個階段之間能輕易轉換。在下行階段結束時，擁抱沉默與停頓；在上升階段結束時，擁抱好奇與勇氣。在流動進出的過程中，不要因為依附、著迷、恐懼或抗拒而凝滯不前。

創造的循環：靈、心、身

用身、心、靈三位一體的概念，來看待意識的運動，你將更了解你的感知如何創造你的實相。創造的過程，其實是直覺過程的同卵雙胞胎。如果你熟悉所有創造循環的三個階段，並能在其中流暢運動，將能幫助你直覺的流動。

要創造出任何事物，你的意識必須經歷三個階段：①從靈性往下流動做為靈感，並在你的心智形成概念和計畫；②從心智流出做為動機，並在你的身體升起成為結果和形式；③從身體往上移動成為圓滿，並再次在靈性中體驗做為更新。這個經過靈性、心智、身體，再回到靈性的運動，對應了三個簡單的動作：「是」、「做」、「有」，再回到「是」。在左頁圖裡，這三個動作說明了一個創造循環的三個階段。前兩條圓弧線，代表靈魂從「是」經過「做」再到「有」逐步下行，第三條圓弧線則顯示從「有」上升回到「是」。

創造始於靈性，或稱之為「是」。在這個超意識的領域裡，存在著目的；在這裡，我們要與人類和地球的集體智慧共鳴；在這裡，我們知道什麼是愛，並意識到願景大圖。這是我們的一部分，為我們肉體的存在提供資糧。

心智，或稱之為意識心智，與行動或稱之為「做」相對應，具有關於集中、區分、選擇、印象、連結、定義、執行、催化的知覺功能。心智是個人的意志，結合思想和渴望來創造行動。

身體與顯化的經驗相關，或與稱之為「有」相對應。在這個階段，行動促成了結果，並將想法化為結晶。在此之前，所有一切都還不是具體、實質或穩定的。身體是潛意識

記住 要信任開始與結束；這是你的靈魂正在轉變方向。

圖 3-2 創造循環的三階段：是—做、做—有、有—是

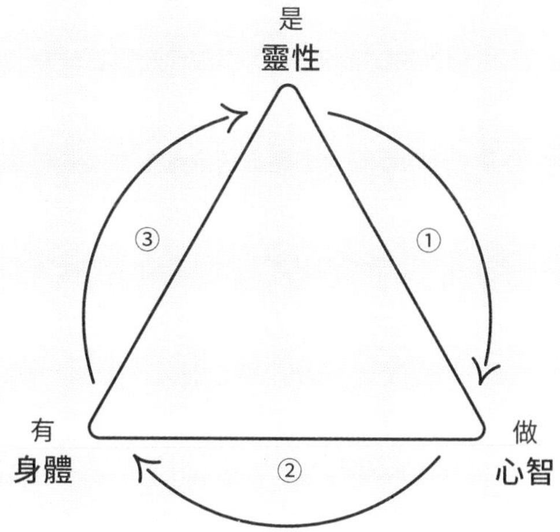

領域的一部分。

總之，在任何事物的顯化上，意識都必須遵循「是—做—有」這三個步驟來運行。

創造的下行階段：是—做—有

讓我們來探詢我們創造個人實相的過程。

過程的第一階段，由「靈性—是」下行到「心智—做」，這是靈光乍現的時刻！自發的、衝動的靈感湧入。教人們用書寫來靈性實踐的娜妲莉·高柏（Natalie Goldberg）主張，創作應該來自「第一個念頭」，而非被內在自我審查修改過的第二次或第三次的思考。娜妲莉·高柏說：「第一個念頭有著驚人的巨大能量，是心靈對某件事物第一次的靈光乍現……第一個念頭也不受自我的阻礙……如果你不帶自我地表達某事，它也會充滿能量，因為它表達的是事物的真實樣貌。」[1]

啟動創造循環的第一個階段

1. 列出五個讓你感到興奮的新想法。
2. 列出五個你對人們或情況感到的第一印象。
3. 列出五個你渴望的感官知覺經驗。

圖 3-3 下行：從「是—做」及「做—有」的顯化形式

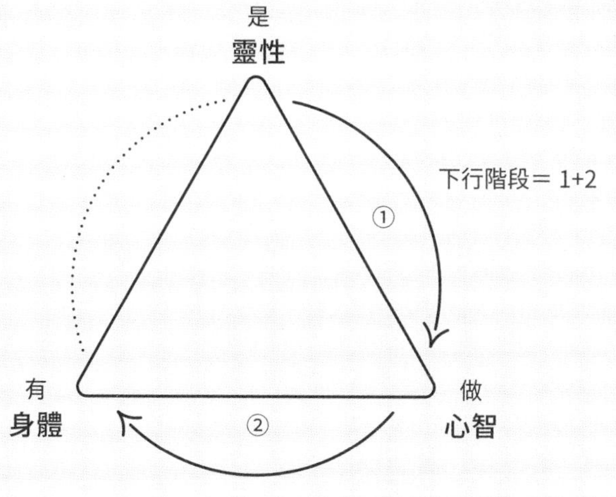

4. 列出五個你今天追隨的預感。

在循環的第一階段，我們充滿了超意識的指引、熱誠、意圖，以及擴展的渴望。我們充滿動機、好奇，懷抱孩童般的天真、沒有懷疑，就如同一位在咖啡館喝咖啡的畫家，注意到一位穿著浪漫洋裝的斜躺女性，被激發出靈感，立即提筆為她素描。在這種時刻，你的心智會釐清並定義想法，接著就要運用意志力來開始行動。

在過程的第二階段，由「心智—做」擺盪到「身體—有」，你的目標很清楚。你依據超意識的指引，開始採取行動而勤奮起來。你幾乎分不出這是遊戲還是工作，而進入某一個規律，把自己放入因果的過程中。就好像畫家向朋友要一枝筆，拿起餐巾紙就開始素描，振筆疾書，在畫完成之前完全忘記時間。我們體驗到熱切與專注力的增強，一旦到達臨界點，實體的結果便將顯化出來了。

也就是說，心智接受靈感的啟發，把這個能量化為想法，運用感官的想像，逐漸使它落實。藉由言語來定義它，透過意志力的集中凝聚，心智便可以投下更多的能量。這股能量接著往你的目標流去。隨著行動消耗能量，流動開始減緩。最後，當能量流動緩慢到凝結成實體的形式時，你得到你要的結果。由「是」經過「做」到達「有」的過程，代表靈魂下行的運動，也就是創造循環的顯化部分，同時也代表人類每天運作的動態表達力。

啟動創造循環的第二個階段

1. 列出五個你在生活中毫不猶豫採取行動的活動。
2. 列出五次你做某事時忘我的經驗。
3. 列出五個讓你感到驚喜的結果。
4. 列出五件你非常希望完成的事。

直覺滯塞：做—有，做—有，做—有

是—做—有。到目前為止，我們的直覺活潑而健康。前提是，要能跟隨流動的方向，完成這個循環運動。我們讓事情變得複雜了，情況如下：我們跟隨靈感和靈性的動機，做出決定，從心智做出行動，在身體上得到結果。

我的個案查克示範了這個過程。他在應用軟體的開發上有了靈感，隨後將其發展為產品，並進行生產與銷售。於是，他賺了不少錢，買了車子和房子。查克非常滿意，但是他需要維持這種好感覺與物質方面的成果，並且經營企業來養活他的員工。

在任務導向的世界裡，查克的覺察力專注於方法、成果和安全性。除了製作軟體，他已忘記做其他事的感覺：「『是』？那是什麼？『是』怎麼可能重要？整天坐著不動，不可能把帳單付清。」在這個階段，查克只能認知到實質可得的東西。他根本不考慮回到「是」的狀態，以完成創造的循環，因為脫離「做和有」的世界就代表失去，甚至是毀滅。查克的心智望著「是」的領域，看到的只有……虛空，心想：「選擇虛空，並且要我失去穩固的工作、婚姻、房子、存款？放棄我因事業成功而獲得的身分？打開我的可能性，成為劇作家或賽車手？辦不到！」

記住 帶著停滯不動的思想，走不通生命之路。

被潛意識世界觀所俘虜

雖然查克對於天天做同樣的事感到無聊，但是要他放棄或改變，卻似乎是瘋狂的想法。不過，他已經開始出現懷疑，因為以往的直覺變得沒有那麼可靠。隨著壓力的累積，他體驗到自己因為「逃避」、焦慮、不信任、挫折及囤積，出現了反動行為，他困在以恐懼為基底的潛意識世界觀當中。

查克與面臨這類問題的大多數人一樣，選擇了阻礙最少的道路，調頭回到過去。他倒退回去，違背了自然的流動：回到心智，回到做與思考，回到熟悉的信念、思考模式及習慣的行為。他認為：「製造軟體，讓我有了新房子和成就感。繼續生產，應該可以解決我的問題。」他擴大生產設備和增聘員工。查克在以往的成功當中困住了，在「做—有」、「做—有」、「做—有」之間來回往返，不再能表達靈魂真正的欲望。

在創造循環的下行階段，持續更多的「做與有」並不合乎自然，還會帶來損害。我們使用更多的意志、更少的能量，以展現我們所習慣的結果，但結果必然相對應地越來越少。查克一再抗拒完成循環，抗拒回到「是」的狀態，去尋找重新定位和開始。他耗盡自己的能量、動機及信念。一味重複當初的行動，是耗費巨大心力的工作。

那該怎麼做？必須「再度」倒退！但是這個時候，查克想要得到同樣的結果，他必須改變原本

圖 3-4 受困於「做一有」、「做一有」、「做一有」之中

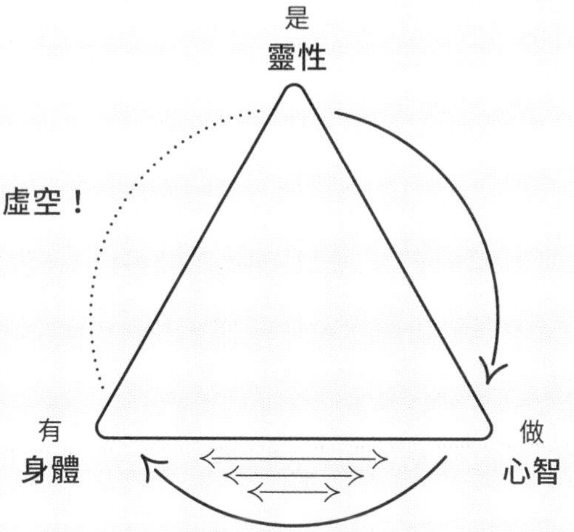

的計畫，以「不同」、「更好」的方式做事：「事業進展得不順，我也缺少動機。但是，我過去在軟體大獲成功，因此要改進生產技術或重新設計包裝。」他強化意志力，更加努力，卻沒有注意到身體越來越不自在。

查克隨著成功的頻率不斷下降，恐慌逐漸升高。查克拒絕承認絕望，開始變得沮喪。查克仍然害怕面對未知的情況，他開始下班後喝了幾杯酒並逐漸進入成癮的過程。查克逆流而行，終於導致活力消失，並且失去與真正自我的連結，查克自己阻塞了自己的直覺。

空無，讓人休息及充電

我們自己的觀點決定我們是誰。當我們處在創造循環的下行階段，我們就「是」靈性，我們就「是」整體。世界因此看起來豐沛、充滿可能性，我們有自信而且明智。我們喜愛自

我。不過，當結果顯化時，我們大部分的意圖和動能已經轉化成形式，並因此被消耗掉。

在這樣的時刻，在「身體─有」的位置，準備進入第三個階段，我們會透過空無的濾鏡去看，因為我們就「是」空。我們的積存已消失，無法再度了解普遍萬有的供給，虛無感籠罩。相較於其他任何時候，我們此時更容易從空無思考，談論失去的事物，告訴自己平凡無用，並且對未來投射負面的想法，似乎失去了自尊、自信。

在創造循環的這個部分，我們可以真正得到平和休息並重新充電。不過，經歷如此多次的「做─有」、「做─有」、「做─有」，生命變得如此具體，很少有人能記得如何辨知無形的事物，更不用說去感受空無或是無垠浩瀚中的喜樂。佛教把「空無」視為神性，但西方文化卻給「空無」負面的價值，將其等同於缺乏。一些極端保守的團體甚至把未知與邪惡連結在一起。我們需要一個新的生命技能：如何去認知、迎接並運用創造循環的第三階段。

進入創造循環的上行階段：有─是

當結果已經顯化，開始出現崩解的明顯跡象，諸如失去方向、動機及興趣、昏昏欲睡、焦慮來襲、感到無趣，對自己一向以來的選擇有成癮的渴望，以及想重回熟悉但能量已經消逝的事物上。

你該怎麼做？很簡單，就是「停止」！

是時候該放手了

你是否在想「我不知道能否再創造出東西」，或是「不懂為什麼我還在做這件事」？你是否努力過頭？推動或阻擋某件事或某個人？在時序上超前或落後？強迫自己或故意拖延？事情連結不起來？生活充滿困難且時機不湊巧？如果有以上狀況，你該改變策略，試試思考和行動之外的事。

如果你運用意志力，便會回到「做」的階段。如果你感到鬱悶，這表示你還沒有放掉舊思維或概念，只是硬套用在不合宜的現實上頭。告訴自己：「現在不懂或不做沒有關係。」放掉「該做」或「不該做」的執念，把你的想法從過去和未來拉回現在、當下，讓事

記住 我進入暫停，好讓我恢復活力。

圖 3-5 上行：透過「有—是」回到靈性

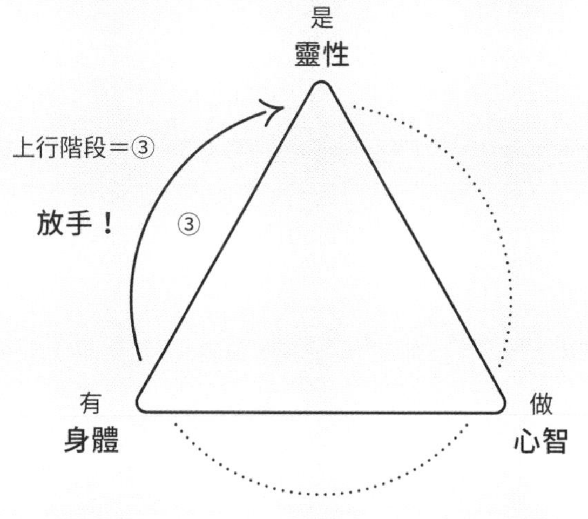

物保持目前的狀況。

我想起一個卡通：一個絕望的人掛在峭壁邊的小樹枝上，他大喊：「上面的人，救救我！」一個深沉宏亮的聲音說：「放手！」這個人看看底下的深淵，環顧四周。他再次往上看，尖聲叫道：「上面還有沒有其他人？」

什麼都不做，於是什麼都能做

當你讓自己進入不知、不想、不做的狀態時，就開始進入「創造的循環」的第三個上行階段。這會帶你回到超意識的心智，回歸意圖、愛及智慧，讓你直覺的泉源再度開啟。

啟動創造週期的第三階段

1. 列出五次你因為感到無趣而放棄某事的經驗。
2. 列出五種讓你能每天停頓或是更加開放的方法。
3. 列出五種你能正面浪費時間的方法。
4. 列出五件你感覺麻煩多於價值的事。你能否放手或讓它們變得不同？又可能發生什麼情況？

表 3-6 該是放手的時候

你感覺必須自己一個人來做	你感到絕望
感到困惑	一切似乎都不感興趣
感覺悶悶不樂	不累卻想睡覺
失去方向	心思模糊不清
失去動機	覺得緊張不安
沉溺某種成癮的嗜好	沒有信心
不喜歡自己	事物不再好玩
一旦都行不通；連機器也壞了	逼迫人，或是被逼迫
隨時都感覺時間迫切	太早期待結果
衝過頭，走到自己和他人前面	時機太遲
不堪重負，並感覺過於擁擠	體驗到缺乏和局限
在拖延	被強迫
生命中總是出差錯和碰上壞時機	人們似乎在騙你
浪費時間沉湎過去	活在幻想的世界
努力過頭	固執或懷恨在心
覺得快發生意外了	覺得自己好像同時置身兩個地方
似乎沒有人看見或聽到你	其他人誤解你
你撞上透明玻璃門、輪胎沒氣、車子沒油、扭傷腳踝	想要或做得更多、更好或更不一樣

存在（being）本身，是構成思想、行動及形式的材料。**每當我們停止思考、作為及形式，存在便立刻出現**。不用花時間，無須經由旅程，我們就能到達那裡。到達三位一體頂端的靈性之旅程是立即的，不論何時、何地，你想到就可成行。只要停下來，讓開啟的動作出現。停止思考，不要試圖替換你釋放出的東西。祈禱或懇求幫助、大笑、聳肩、注意細小事物，以及做些出自身體本能的微小而無目的的動作。讓它不起眼而且簡單。

當你放下，終於進入未知時，幾乎不會注意到，因為真的不存在。驚慌的感受正是你對「空無」這個概念的抗拒。一旦你進入了「存在」之後，透過開放的方式，將立即感受到你的靈魂。未知會轉化成已知。你會感覺到被清新、強烈的洞見和動機所點燃，將變得無自我意識、敏銳，與他人和環境適切地調和。很快地，你會發現自己被吸引進入完美的理念當中，你將會想要進入嶄新而流動的方向。如今，直覺維持在高檔。在自己尚未了解的情況下，你已從「存在」當中升起，再度進入第一個階段，重新展開生命。

相對於在創造循環的下行階段結束時所感受到的空無，在上升階段結束時，你會充滿能量和想法。你很自然地在同時間了解所有的事，你將透過感官的濾鏡辨識出自己和生命。你唯一想做的是創造和有活力，覺得生命是那麼充沛、活躍且正面。

查克停下來問自己：「我還喜歡製作軟體嗎？」他允許自己接受否定的答案，卻也發覺自己並未運用創造力。在一場烤肉會上，查克遇到一家多媒體公司的老闆，該公司在擴編，正招募生產部門的主管。這是查克職業生涯重要的轉捩點，但當時他淹沒在自己所創辦公司的事務中，完全沒有想到這一點。

以直覺連結完整的創造之輪

你若能達到這樣的覺察狀態，就足以成為你所在之處的動能，你同時又是問題，又是媒介，又是解答。也就是說，你將充滿高度的直覺，而直覺只是覺察的新習慣。

你會學到倒退，靠著你的固執和否定而活，將非常不舒適。你將學會為生命添加快樂，也就是構思新創造時的愉悅。你可以自己掌握時間和空間，能放掉心中執念、漫無目的，並崇敬那個導引你的更高智慧。

朝向生命的流動敞開你自己，以身體和靈性皆存有的身分全然經驗。你必須完成三階段的活動：①以靈感來選擇；②用行動來展現；③消解以重獲資源。也就是「是—做—有—是」的循環。其中每個階段，都是你運用直覺來連結更高意識的機會。

記住 我在這裡，我可以什麼都不做；我在這裡，我可以做任何事。

圖 3-7 完整的創造循環：「是—做—有—是」

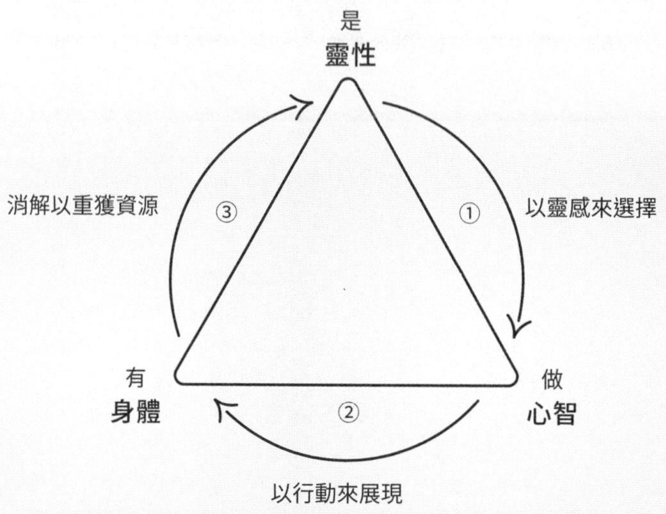

在第一個階段裡，以靈感來選擇，練習天真和謙卑。要善於接納並且豐饒。任由下個念頭即時從你身體內在升起，滲透到表面，抵達你的初學者心智。要信賴你栽種的種子。覺察的啟發功能，就是使你連結到你思想和行動的最理想方式。

下一步，運用感官讓這個念頭更加具象，接近現實。嗅、聞、感覺一下，在想像中看著它發生。弄清楚你要的東西。讓自己繼續從靈性的狀態接受能量，充實念頭讓它豐富飽滿，就像一顆成熟的果實。不要貿然行動，要等待果實自然從樹上掉落。

在第二個階段裡，以行動來展現，練習保持現狀，並且讓身體警醒。注意事物能量的流動，踏入行動的洪流，讓自己帶著動能，如同泛舟者進入湍急的河水。在水流啟動「你」的時刻，你才開啟你的動能。不需要強迫或是認為「我應該這樣做⋯⋯」。你的本能會告訴你，如何掌舵以及何時要放慢。不要太快跳進未來。即刻是一個過程，包含了你預期後果時需要知道的所有訊息，其結果被編成密碼存於流動之中。當成效出現時，注意觀察那是什麼：那不過是你曾歷經的生命模式的結晶，要愛上它、品味它、運用它。

在第三個階段裡，消解以重獲資源，再次表現謙卑。注意自己緊繃的張力。不要逃離你的感受：是否有什麼事結束了？是否要繼續朝行動的路徑往下走？是否要緊握住你展現出的結果？能否用聰明機智判斷要怎麼做？恐怕不行。在這個時刻，只靠心智，力量太小，無法掌握理解更大計畫的全貌。

這個過程包含了智慧。意識的啟發功能如今就在眼前，撫慰並導引著你。要心安，知道宇宙間有幫助的力量，你並非孤獨一人。與無形的力量合作，放鬆你的邊界，投入廣大的空無。感覺你的心，發現何謂真實，讓自己愉悅。

開發創造力的練習

1. 哪些想法的種子在你的內在孕育？想像：你看著自己投入並操作這個概念，測試每個想法。感覺如何？哪個引發你的興趣，讓你忘卻時間？哪個讓你感到興奮？如果覺得不錯，把你的想法帶入現實世界。

2. 列出你已開始並仍在進行的活動或計畫。哪些沒有壓力，純粹出自興趣？繼續這些活動。哪些則是用了太多意志和努力，讓你惱怒、疲憊或害怕？如果這些活動明天就要結束，你從中可以學到什麼？

3. 問問自己，是否該結束你參與的每個活動，是否要等待進一步指示。按照指示完成狀況。讓自己放鬆，無方向、無焦點，毫無理由地開心。

今天就要有直覺！

運用直覺分類想法

觀想身旁有個十刻度的巨大溫度計，要內在的智慧為每個想法的適宜程度打分數，越高分代表越好。注意溫度計上升到的高度，並將它記錄下來。記錄每個答案之後，清除腦中的圖像，再進行其他選項。

1. 在讓你感到興奮的所有新想法和計畫當中，你覺得哪個最好？思考每個想法，想像自己正透過想像中的溫度計，為每個選項評分。哪個最能滿足你？應該先從哪個開始？

2. 哪些目前的想法和從事的活動，是你內在的智慧要你現在放棄的？思考每個選項，觀想自己正透過想像中的溫度計，評斷哪個最嚴重阻礙你的直覺？應該先放棄哪個？

直接書寫，讓直覺不斷湧現

拿著你的日誌坐下來，保持安靜，放空你的心。選擇以下其中一個問題，思考片刻，懇求自己能從最深層的真實，獲得創造性的洞見。讓問題扮演磁鐵的角色，促使心中跳出第一個字，把它記下來，再讓另一個字跳出來，然後記下。任由想到的字出現，無須評判，無須多想答案會往何處去。不要衝過頭。在順隨筆意停止之前，不要停下，也不要回去看自己寫下了哪些字。輔助的技巧：用自我的靈魂、赤子之心或是未來的自我來書寫；用第二人稱，用自己的名字來稱呼自己，不要把它看得太嚴重！改變你的字體、改變速度和節奏，或是用非慣用的另一手來寫。

- 「我開始（新計畫）有麻煩，是因為＿＿＿＿。」
- 「我完成（舊狀況）有麻煩，是因為＿＿＿＿。」
- 「我放空時，到（某地）並與（某人或某些人）做（某些活動）。我認得出（所在環境），我正在融入（特定課程或特質）。」談論你放空的經歷，如同正在進行中。在目前的創造力循環中，你獲得什麼洞見？
- 「影響我達成目標的因素是什麼？這些因素如何影響我？我可以如何改變？」

- 「對於一個受到阻礙的狀況，要如何根據創造循環各階段的自然順序讓它流動？我遇到的障礙是什麼？」
- 「從我生命所蒙受重大損失的經驗當中，我得到什麼？」
- 「如果可以活到一百歲而且健康迷人，未來每個十年內，我可能會做些什麼？」
- 讓你的靈魂與你談論空無。你對它的真實感覺是什麼？它現在賜予你什麼？你有什麼好方法可以進入空無，並接受它的訊息？

1. 編注：娜妲莉・高柏（Natalie Goldberg, 1948-），美國作家，著有《心靈寫作》（*Writing Down The Bones*）、《療癒寫作》（*The True Secret of Writing*）、《狂野寫作》（*Wild Mind*）等暢銷書。引文出自：Natalie Goldberg, *Writing Down the Bones* (Boston: Shambhala, 1986), 9.

Chapter 4

察覺你的潛意識，把障礙變助力

本章我們會透過消除潛意識障礙並整合其真正的隱藏訊息，去創造出清晰一致的精準直覺。在這裡將概述如何創造屬於你的英雄啟蒙之旅，說明可以怎麼去除陰影，把恐懼、創痛及苦難轉化成正面意念，讓直覺能夠自在流動。本章要向你展示，在最寶貴的直覺指引當中，有一些其實來自於你自我否定的部分。

踏上英雄的旅程

你知道生命比你表面所見還要豐富。你期望見識未曾見的領域，好幫助你了解蘊藏的真相。你尋求清明。光是這種深沉的渴望，只是在內心深處詢問，就已啟動了一個過程。現在，你要信賴有個無形的世界，你未曾辨識出的靈魂正在回應你的呼喚。

從現在起，你生命中發生的一切都是為了回答追尋，所有的新體驗，無論正面或負面，都是為了增加你的進展和理解。從現在開始，直覺的過程需要你接受並仔細查看眼前發生的每件事，以解開在你最折磨人的經驗裡，以及在有趣的共時性和出乎預期的靈光乍現當中隱藏的祕密。你的生命，其實充滿意義的神奇特質。

當你可以自我協調、創造地流動，因而規律地獲得直覺洞見時，你將發現生命也能不徒勞費力。這時候，你會更渴望超意識的狀態，無法忍受生命受到干擾。但是，在你能夠持續獲致尋求的更大智慧之前，所有儲存在你的潛意識、可能阻礙活出超意識的記憶或信念，都會浮現在你的心智表面，等你清除。你期待清明的渴望越強烈，潛意識的雜訊就會越快浮現。

在練習直覺的過程中，一開始你可能會面臨更多對自己和他人的困惑、誤解及抗拒。你也許無法理解，為何發展直覺會引發這麼大的風波。你要記住，直覺的過程實際上是靈性開悟的途徑，會不斷激發你去克服無知愚昧，重新建立愛與清明。

打開潘朵拉的子是很正常的過程，事實上，它與神話和宗教所描述的英雄之旅相吻合。在你持續保持清明狀態之前，必須處理陰影、地下世界或是烏雲。美國詩人布萊（Robert Bly）[1]形容它是個「黑袋子」，裡面塞滿了社會不容許我們體會的各種感受。在這趟英雄之旅中，你面對一些無法完全認知的經驗，再度見識並感受，最後達到真心的理解和真正的自由。在本章裡，我們要深入與潛意識心智為友，學習如何建立可靠且正確的直覺。

你的英雄之旅可以從運用所有眼前的資源開始，而不論那些資源來自何處。你要回想：在你與同事的日常對話裡，哪些是真正傳達到心底深處的訊息？當你妻子又對你「嘮叨」時，她是否說出你一再抗拒、但很有道理的洞見？兩隻烏鴉飛到後院待了十分鐘，到底有何意義？為什麼你的右手會骨折？弄丟皮夾讓你學到什麼教訓？你的伴侶因病痛而日益衰弱，這隱藏什麼超意識的訊息？就如同俗語所說的「即使最黑暗的烏雲也鑲有銀邊」，現在你的任務就是把它找出來。

你可以運用直覺去釋放更多的直覺。潛意識的障礙，代表了只被局部理解的資訊，如果運用直覺去查看事情表象的背後，用開放的心智去傾聽，它們將會教導你。每個潛意識的障礙在密碼被解開時，都可能成為「垃圾堆裡的禮物」。事實上，要保持直覺開放，最簡單方法是把潛意識的障礙視為有趣且有用的資訊。

記住　即使發生負面的事，也不代表對你毫無用處。

要注意到潛意識構成的障礙，最快速的方法是發覺自己在說：「是的，不過……」我朋友艾莉森考慮購屋，她說自己很容易被說動，喜歡上任何一棟房子。她每次向女兒形容那些房子時，會這樣說：「一進到裡面，會覺得真的不錯……」還有「臥室的景觀真棒……」

然而，艾莉森每句話的最後面都藏了一個「不過」。例如：「……**不過**，外面的高壓電線靠院子實在有點近」，或是「……**不過**，幾乎沒有空間擺廚櫃」。她明白潛意識心智裡有些東西，吸引她到一個無法使她身體健康與表現自我的生活空間。看出「是的，不過……」背後的意義，讓艾莉森明白自己在下個階段的人生中，想要什麼樣的滋養和創造力。

看出你的「是的，不過……」所隱藏的意義

1. 列出過去一、兩天裡的三件事情，讓你做出「帶有條件的正面回應」。你和某人討論時，是否部分同意他的意見？對於新餐廳、電影或同事，是否有部分好感？是否讓自己部分投入某項活動？是否對自己完成的某件事感到部分滿意？
2. 運用直覺來評論，為何你可以接受某些你並非完全同意的事。在這個「不過」之後是什麼，請寫下來。是否有什麼潛意識線索埋伏著，讓你可以接受這個「不過」？你真正需要或想要的是什麼？

當潛意識的障礙浮現到你的意識心智，變得足以辨認時，它們往往已經大到超乎常態，讓你感到混亂。我的學生席拉不斷重複一個可怕的夢，她過世的祖母站在她的床邊呻吟：「給我吃的！給我吃的！」透過靜心，我們發現席拉的祖母在家鄉是傳統智慧的象徵人物。席拉年少離鄉背井之後，一直沒有把傳統文化放在心上。她想像自己與祖母的對話，開始片段回憶起家鄉的文化，也療癒了自己旅居異鄉的孤獨。

克莉絲汀是舊金山一家大企業的行政人員，該企業要進行組織「再造」，將裁撤數千位員工。她擬訂一份提案，與一位女同事調整工作內容和責任分配，希望她的部門能躲過大裁員。在預定向男性為主的高層主管報告的那天，克莉絲汀突然感到無來由的驚慌。她內心浮現許多可怕的情況，想像自己可能挨罵、被資遣，或簽下優退方案。她陷入一種吃不下也睡不著的狀態。

當克莉絲汀冷靜下來，運用直覺來探索憂慮的真正原因時，了解到她的問題是在家庭而非職場，她必須與父親、丈夫談一談。後來，她和主管的會議進行得十分順利。

此外，我的個案陶德因為父親罹患無法治癒的癌症，不久於人世，正苦於調適個人情緒。他想到父親即將逝去，感到莫大的苦痛，卻無法有意識地碰觸自己的問題，把情感訴諸於言語或是放聲哭泣，於是感到無比抑鬱。為了擺脫情緒，陶德騎自行車到鄉間長途旅行，結果發生車禍。自行車全毀，他受了皮肉傷，所幸沒有大礙。他對於失去昂貴的自行車大感憤怒，將怒氣發洩在朋友身上，還對肇事者的保險與賠償細節難以釋懷。

當我在諮詢課程上與陶德見面時，他的傷勢所帶來的肉體疼痛，以及因失去自行車而擴大的沮喪感，終於觸發了他釋放出對父親的悲傷。藉由執著於相對次要的憤怒，陶德終於打破了潛意識的障礙，處理悲痛的情緒。

與潛意識的障礙對話

1. 回顧你最近的經驗，列出任何觸發憤怒或不滿的議題。簡單說明引發你不滿的原因：「我感到不舒服，因為我必須和我姊姊說話；因為對方向我按喇叭；因為弄丟我的薪水。」
2. 想像這個讓你不滿的事情，就在潛意識障礙的外層，你正面對它，並與它對話。你說：「你正讓我覺得＿＿＿＿。」它回答：「我其實是你的朋友，正試圖讓你知道＿＿＿＿。」你問：「告訴我，我被什麼蒙蔽？我真正擔心發生的是什麼？告訴我怎麼看清事情的全貌。」要記住：潛意識的障礙需要獲得理解並釋放。只要你願意問，它們會配合你，並給予你需要的資訊。
3. 在你的日誌裡記錄重點。

每個人都能用開放的心態轉化負面的經驗，幫助自己感受更多的愛。不過，有些浮現的潛意識議題，與我們終身的生命主題有關，因此不容易被理解。這些根深柢固的一系列信念，可能會一再絆住我們。要過直覺的生活，要持續清明的視野，就必須拆解這些負面的核心信念。

我的個案布萊恩，印證了靈魂如何經歷一個根深柢固的潛意識世界觀，取得清明和直覺。他出身富裕家庭，是家中長子，父親是美國《財星》雜誌評選排行五百大企業的高層主管，原本認定布萊恩會繼承衣缽。

但是，布萊恩有個自由的靈魂，他研習劇場藝術，離家到紐約寫作劇本和演出。他獲得一些成功，卻沒有把戲劇當成終身志業，而是出乎大家預料決定從商。布萊恩轉換自己波希米亞式的生活方式，運用財經天分，創辦了新事業並發展至數百萬美元的規模。然而，在毫無預警之下，一場惡意併購使布萊恩捲入風暴。布萊恩遭受一位年長的合夥人刻意貶損與欺騙，幾乎失去一切。

布萊恩嚴重憂鬱，但他仍試圖運用他優越的經營能力。然而，每次他試圖重複過去的成功模式，就生一場大病。布萊恩看醫師接受治療，經過幾年抗拒內心渴望的苦痛歷程，他重回寫作。一開始先寫詩，最後把創意和靈性運用到企業的經驗，出版了一本書。

記住　沒有不好的振動形式這種事。

布萊恩經歷一段清除大片潛意識障礙的階段。在從漫長、黑暗的隧道中走出來之後，他了解到自己的潛意識心智曾經相信，如果做自己喜愛的事，父親將會放棄他。他同時也了解到，他的合夥人出賣他，卻幫他讓這些深層的恐懼浮現出來。布萊恩一旦看清楚了這些恐懼，便可以自在地呈現他富創意、直覺及表現力的自我，無須為此叛逆。

或許，你也有過類似的時期，出於潛意識世界觀的生活經驗，阻礙了你看待事物的清明。在那段時期裡，往往有些具戲劇張力的事件，你可能覺得自己成了受害者或支配者。事件的發生迫使你要照顧別人，或是別人要來照顧你。可能有人背叛或拋棄你，或是某些事情完全失控。你可能覺得疲憊、抑鬱，與真實的自我脫離聯繫。在這段期間，你的直覺也跟著放假。之後，在沒有預警的狀況下，你又會走出自己的黑暗隧道。光明再度降臨，你擺脫原本的自我並且感慨：「我『發生』了什麼？」實際上，你為了辨識和消解潛意識的障礙，在無意間沉迷、陷入這些障礙之中。

檢視一下，如何充分利用你在潛意識心智所經歷的英雄之旅。你可以將負面經驗轉化成直覺的洞見，不管是困在不舒適的夢境或是陷入長期的困難，程序都相同。就像其他憑直覺的許多事情一樣，這種開悟或啟發的過程，有三個階段。過程中，你的旅程從無意識（無意識的超意識感），經過困惑（有意識的無意識感），到達清明和直接的了悟（有意識的超意識感）。了解這三個階段，你將能夠減少無謂的時間浪費，並增強自我表達。

第一階段：無意識的超意識感

當生命開始時，你與超意識的狀態是融合在一起的，也就是你與你的靈魂靠近超意識，但卻察覺不到它。隨著成長，你開始個體化，將心智投射到外在的事物，逐漸對自己的身體、資產、形象、關係、職業、成就、失敗、種族或國籍產生認同。但是，你此時仍未察覺到你的超意識自我（superconscious self）正在幫助你。

或許你像布萊恩一樣，和父母的互動並不健康，因此在情感上形成新的潛意識障礙。布萊恩的父親對他很嚴苛，逼他安定下來，要他理性一些，導致布萊恩很快發展出負面的自我形象，覺得自己沒有價值。這是極具戲劇張力的重大事件，導致布萊恩的心智脫離超意識的狀態。布萊恩用反叛的態度，以及嘲諷、自我貶抑的幽默感，來掩飾這種匱乏。於是，布萊恩無意識地呼應了父親的話：「我是個不入流的藝術家，除了老老實實去企業界，我永遠不可能有任何成就。」為了逃避這種痛苦，他還補上一句：「不過，我無所謂；我想怎麼做就怎麼做。我要擺脫我老爸。」雖然布萊恩自己未曾察覺，但他的意識心智已經認同他潛意識的障礙。

在紐約這個大都會，布萊恩投身藝術家的生活，經歷幾段狂亂的情感關係，被一些導演接受、

記住 我的感知創造我的世界。

排斥，後來他寫劇本，作品也上演了，但只得到普通的評價。他平凡的成績，強化了他欠缺自我價值的信念。為了避免深層情緒上的痛苦，布萊恩的潛意識心智決定否定一切讓他覺得不舒服的事，開始認為：「我做我想做的事並不成功，也許父親是對的，我根本不是藝術家的料。」他有了創業的念頭，並開始進行，然後得到財富，繼續強化潛意識的信念：「只有聽老爸的話，才做得好。」布萊恩的生命在他未察覺的狀態下，攀向高峰，他成功了，就和他父親一樣。不過，請等「一下」！

布萊恩的超意識心智、或靈魂覺察，在此刻覺醒：他「不」要像他父親，他有自己的命運。他的超意識心智一直存在，只不過要穿透他各式各樣的抗拒，卻是無比困難。當「謊言」說到極致，布萊恩心底深層的真相反而被吸引出來，與謊言面對面。他靈魂的力量有如

圖 4-1 意識心智說：「我是我的負面情緒。」

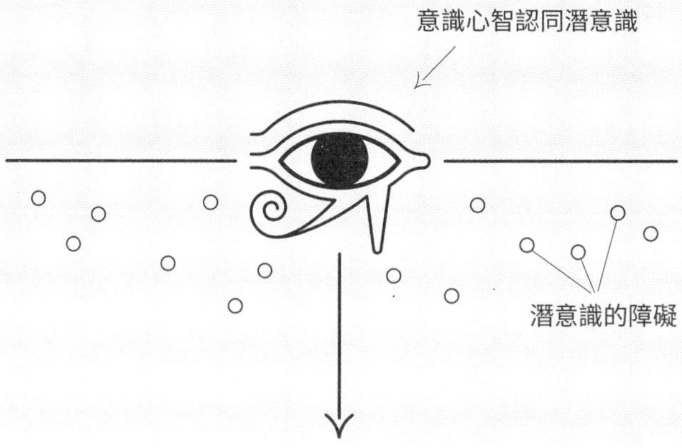

磁鐵，讓他潛意識的障礙得以吸出表面浮現。

到了這節骨眼，布萊恩固執的心智必須交出控制權。因為他無法反覆倒退，也就是一直重複「做—有」、「做—有」、「做—有」的循環。他經常心不在焉，潰瘍不時發作。他開始懷疑看報表、做管理並不是他真正的強項，心思越來越無法擺在工作上。布萊恩的內在對話可能是——靈魂說：「我想要出去！」心智說：「我必須繼續遵照父親的建議。」靈魂說：「我要走出來！」心智說：「我聽不見。」靈魂說：「你會聽見的！」

發現你在抗拒的事

1. 寫出對於下列這些議題，你潛意識的狀況，用「是的，不過……」的句型來寫。
   a. 未完成的計畫。
   b. 沒傳達的溝通、祕密，或是抑制。
   c. 沒能遵守的協定。
   d. 未實現的自我期許。
   e. 與他人和好相處之前，你希望對方改變的方向。
2. 運用你的直覺事先預測，看自己如何完成上述的事項，以及事後有何感覺。另外，隱藏在各個狀況裡的「垃圾堆裡的禮物」是什麼？

第二階段：有意識的無意識感

布萊恩的超意識心智出現許多「是的，不過……」，以及一些可能的最糟情況，在他的意識之中氾濫。隨著這些障礙浮現，遮蔽了他的視野，布萊恩的周遭環境連結成預期最壞的結果。他的生活陷入騷動，一切不再具有意義，更經歷一連串希望幻滅的過程。最後，布萊恩開始有意識地察覺到，他的潛意識心智對他的生命是多麼強大的控制力。在事業失敗，被趕出生意的現實之後，布萊恩不得不重新審視自己的價值觀，他必須對一些事情放手。

突然啟發你的「楔子經驗」

在潛意識裡度過好多年後，幾乎總是有個戲劇化或是讓人震驚的狀況，才有辦法啟發你進入超意識領域的實相。一個「楔子」（wedge）出現在你心智中已固著僵化的部分，黎明的曙光突然顯現。

這個楔子可能是像布萊恩經歷的一場財務危機，也可能是一場車禍、一次瀕死的經驗、一個朋友的背叛，或是失去心愛的寵物。也有可能是夢境中出現天使或光明的存有，傳達給你強而有力的訊息。不管是什麼形式，這個楔子將會讓你感受到，生命其實遠比想像的還要豐富。你窺見了你的超意識，這會讓你渴望得到不一樣的答案。在這個時刻，你會尋求幫助、想要理解，可能閱讀某些領域的書籍，像是靜心、未解的神祕事件、前世回溯、形上學、心理學或哲學。你的直覺就這樣自然開啟。

圖 4-2 楔子經驗：超意識氾濫流入意識心智

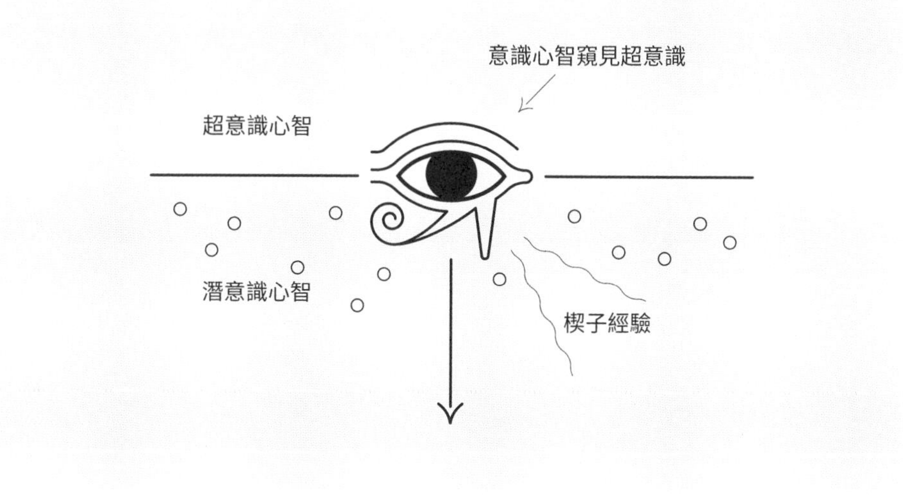

你可能踏上靈性的道路，或是像布萊恩一樣，開始進行密集的心理治療歷程。更多的閱讀、祈禱或靜心，能使你像磁鐵一樣，吸引更多超意識進入你的意識心智。要記住：超意識會讓你更有智慧、有更多愛，也更有直覺。在這樣的情況下，選擇「不」恐懼也變得比較容易：「我是誰？這個一閃而過『可能』是超意識。我『想要』有超意識。」在每一次直覺帶來的勝利之後，你又會像磁鐵，吸引靈魂的智慧，吸引更多的洞見。但諷刺的是，每次的成功也會帶來更多騷動，因為你越來越能察覺你道路上的事物，也越來越無法屈就於毫無直覺的生活方式。在清醒過程剛開始時，你可能會處於自動駕駛狀態，感覺好像生活正在發生。但隨著過程持續，你將發現更容易保持意識和直覺，你會更意識到你與生活的和諧關係，開始享受這些都交由精準順暢、通行無阻的超意識導航。

你的楔子經驗

描述幾個你生命中的重大突破或是楔子經驗。回想你的童年。你曾否經歷過震撼或難以承受的經驗？你祈禱或請求協助了嗎？得到什麼解答？得到什麼結論？這個經驗如何讓你感覺更加接近神性，或是你的內在自我？你的行為有什麼改變？

磁鐵的效能

你現在進入不太舒適的階段。你清明的辨識力反而讓你更能辨識出障礙。你知道有些事可以變得更好，但也辨識出有「怪獸」潛伏在表象之下，你告訴自己：「我再也不想當個懦夫！不會一直讓我覺得對不起自己。」你正要採取第一個有意識的覺察之舉，踏上英雄之旅，進入地下世界，也就是吸引另一層潛意識信念到你意識的表面。就像生命往往接連發生很多瘋狂的事件：汽車全毀；房東賣房子，必須搬家。當布萊恩到達這個階段時，他的妻子突然要離婚。

這是過程中的關鍵點。每次你面對產生恐懼的事件，都必須做出選擇「我是恐懼」或者「我是愛」。你回應挫折的方式，有可能是更加退縮：「看吧，壞事接二連三。我是個倒楣鬼，永遠也擺脫不了衰運。」或者，你可以選擇「上帝之眼」的觀點：「我不知為何會發生這樣的事，但一定有好理由。我能因此學到什麼？如果觀察久一點，我的靈魂會告訴我這些事件有什麼內在意義？」

如果你從潛意識的世界觀來回應，你的直覺將產生凝滯，還連帶製造更多障礙。相反地，如果從超意識的世界觀來回應，事件將會緩解、開展，並與你分享它最深層的意義。能量與直覺將會流動，你將恍然大悟。布萊恩的頓悟是他了解到：「我的事業夥伴所扮演的角色，幾乎就和我父親一樣。我這時才知道自己不需要向跋扈的權威人物屈服投降。」結果，他變得更有愛的能力、更能容忍、更能寬容。

圖 4-3 意識心智吸引更多潛意識的障礙進入你的生命

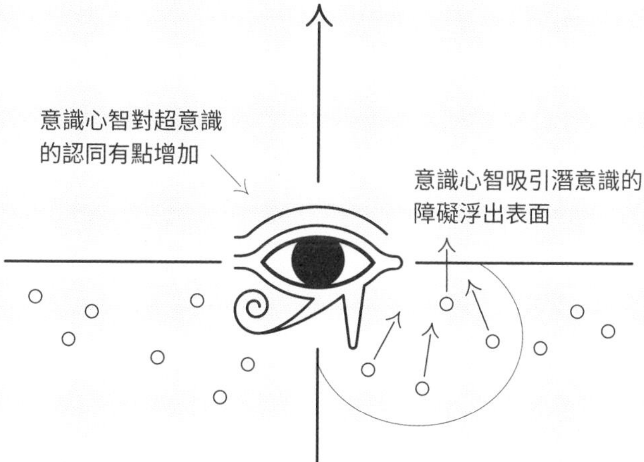
意識心智對超意識
的認同有點增加
意識心智吸引潛意識的
障礙浮出表面

改變你的慣性反應

1. 寫下三個你過去或是現在出現的問題。描述你最初的反應，以及你內心的自我對話。例如，當你的伴侶不在身邊、幫不了你時；你掉了車鑰匙；當你讓某個人失望時；當有人對你施壓等等情況。你是否傾向用潛意識的世界觀來回應？
2. 運用直覺，想像你從上帝之眼的觀點來回應這三個狀況。如此一來，可能出現什麼改變？

現在，你感覺很不錯，很有直覺。你剛跨越一些大障礙，治療了舊傷痛，但突然間難以置信的事情發生了：你的靈魂還得移除「更多」障礙。這時候，布萊恩必須賣掉房子來支付前妻的贍養費，而且他還找不到工作。你將再次面對兩個選擇、兩種態度。潛意識的世界觀會說：「我以為我已經『處理』好了！我到底有什麼問題？人生真是悲哀不幸。」超意識的世界觀則會說：「哇！這一定是我還沒見過的第二層謎題。這一次問題會在哪裡？已發生的事，我會好好處理，好好做，看會有什麼變化。」你將慢慢學習到，你選擇的這股力量可以縮短苦惱的時間。

以愛轉化問題

列出你對自己不滿意的地方、你想要擺脫的某些事情。閉上眼睛、集中精神，想像這個你不喜歡的事物：也許是你凸出的小腹，或是過度要求的老闆。你觀想這個人或物，被你靈魂的光所圍繞；這個光就是愛與理解，清新且充滿活力。想像能量累積，逐漸進入你不喜愛的物體。當能量被吸收時，你不喜歡的人或物將開始改變，也許初期事情會跟你所預期的不同，甚至會變得更誇張，但最終會轉化為理想的自己。你注意觀察這個過程，或許有其他涵義藏在其中。當能量開始移入時，這個你不喜歡的人或物想變成什麼？這個人或物賜予你的禮物是什麼？為什麼他（或它）會出現在你的生命中，吸引你的注意？要接受這些事物給予的好處。

大家都知道英雄之旅絕非易事，你一次只能做一件事、踏出一步。當潛意識的障礙從陰暗處浮現時，為了完全清除它們，你必須重新體驗它們，用新的方式看待。傾聽它們所隱藏的訊息，完全地感知它們，你就可以「消化」它們。當重新審視它們時，要採取中立態度，從你心裡透過神性全能者之眼來觀看。

記住 決定回應方式的，從來不是事件本身。

將負面經歷轉化為正面洞見

假設在一個對你的事業成功至關重要的社交場合裡，你的伴侶不守約定，讓你空等。你快氣炸了，怒火在心頭翻攪。直覺？受啟發的導引？這時候心裡除了怒火還能冒出什麼鬼東西？你如何釋放這種消耗元氣的負面性，再回到可以看清事理的中心？

1. 揚棄受害或反擊的模式。你的心也許陷入控訴罪狀和報復懲罰的欲望：「他竟放我鴿子。我回家後要把他碎屍萬段。他怎麼可以這樣對我？」或是把受傷害和憤怒的情緒朝向自己：「算了，我向來無足輕重、不夠突出。我不可能會升職了，可能還會失去婚姻，因為沒有人真的在乎我。我一定是能力不夠、非常無趣。」要停止這些責怪！當你陷入這種思考模式時，要控制住自己。讓你的思考暫停一下：「喔，我又遇到這種情況了。」

2. 讓經驗保持原貌。讓別人去做他們會做的事，讓自己保持不變的狀態：「沒有關係，目前的情況是完美的——雖然我自己不喜歡、雖然我還沒看出來為什麼這個情況很妥當。」

3. 承認你的反應，描述事實。「喬說他七點半會來，結果根本沒出現。我覺得超級丟臉，擔心同事對我有負面評價，喬竟然不支持我又騙我，也許他發生了什麼不好的事，但我就是感覺生氣、受傷、害怕、嫉妒。」

4. 回到中心，記住你是誰。把注意力完全放在當下，放在你的身體上。告訴自己「我存在」，或「我是充滿神性的存在」。如果有需要，可以向其他人或是你靈性的本源（Source）尋求協助。記住你自己選擇了要成長、要面對恐懼、要統合靈魂的知識。對自己說：「我比我的情感更大」、「我某個部分的自我會知道如何療癒這個狀況」、「世上的恩典總是能有我一份」。重新宣示你的權威。你所經驗的事物的品質，由你自己來決定。

5. 去除你經驗的標籤，往更深處探索。在「憤怒」、「傷害」、「害怕」及「嫉妒」這些詞底下，真正發生了什麼事？注意你身體中像動物般簡單直接的感官知覺。讓你的身體做它正在做的事。如果你感覺不舒服，你的身體也許正在用它知道的最佳方法，試圖找到平衡。你與你的身體同在，深呼吸，不要逃避，要感受能量輕搖與移動之間的細微差異。對自己描述這些感官知覺：「我感覺自己的太陽神經叢緊縮，心臟顫動。我喉嚨緊繃，想哭，也想逃。」

6. 關注你的肉體感官。把你靈魂的智慧帶入身體感官，讓每個擴展和收縮的動作來向你展示，下一步要怎麼做。緊縮的太陽神經叢，是否想要藉由舞蹈、交流或是到外頭透透氣，獲得釋放？或許，胸口的緊繃感想要往上流動到喉嚨，讓你可以大聲說出某件事情？延展你的每個感官，讓它進入下一個自然的表達。

記住 你給予自己的，絕不會超出你能處理的。

7.注意湧上心頭的意象、想法及聯想。隨著能量開始移動，它可能讓你潛意識裡過去類似經驗的資訊釋放出來，你要掌握這些關聯。或許你五歲時和母親在購物中心走散了，或許你十年前遭到朋友背叛。注意你腦海中出現的意象、想法及聯想，它或許是要引發你的好奇或動機，你要順隨自然跟隨它。

8.尋求理解。傾聽內心並尋求它溫和的智慧。這次的壞經驗，如何讓你拾回一部分的自我？如何讓你和他人更有力量？過去你認為你依賴的事物是在外在，如今你可以看出它就在你的內在，而那是什麼？不要想改變他人，你如何提升自己？你伴侶的缺席，是否給了你自我表達的好機會？你是否強迫自己這次的表現一定要大放光芒？是否知道自己可以很有彈性？

9.扭轉局勢來印證自我的價值。注意由理解、療癒及寬容所帶來的感受，與報復和責怪所帶來的有何差別？辨認出你身體與靈魂契合時的特質，以便你未來能很快回到這個狀態。你的身體很快就會偏好這個嶄新且開放的方式，揚棄陳舊且偏狹的方式。

碰觸你底線的「曠野經驗」

你可以用上述方式面對各種層次的混沌和困惑，並從中學習而有所進展。現在，你變得更有智慧也更有愛。力量的天秤出現變化，你變得更有超意識，已經超過潛意識了，而且你更容易記得要選擇直覺的方式。現在，開悟過程的最後階段已經開始。

你已抵達了潛意識心智的底部是什麼。現在的你還未碰觸到你強大的底線信念，也就是你對於人類負面本質、物質生活、信仰的想法。這裡是最深沉、讓人畏懼的人類苦難經驗，以及將物質世界視為犧牲和痛苦所在的根本想法。這些信念彼此聯繫成愚昧的網，就像漁網一樣，當你從一角拉起，想開始處理時，整個網都會被拉出海面。這些深層情緒的強烈程度，就像巨大的浪潮一樣向你襲來。

與你的影子自我對話

1. 安靜坐下，閉上眼睛、平穩呼吸，將注意力放在頭部的中心。想像你身體內部是個影子般的能量場，讓這股能量逐漸向外移動，透過你的背，一吋一吋移動，直到它脫離身體。讓你的「影子自我」站在你的正後方。注意傾聽，讓影子自我以引誘式或控訴式的語調與你談話。他說了什麼？可能想要什麼？
2. 轉身面對你的影子自我。他長得什麼樣子？向他說：「展示一些我一直不想知道的自我。」讓他轉變形貌，變成各種不同的人格，顯示各種可望不可即的物件和場景。描述發生了什麼事。
3. 要求你的影子自我，展現你生命中最糟糕的可能情況，然後記錄下來。接著問他，如果循著每個情況到達最終結果，你得到的「垃圾堆裡的禮物」——也就是隱藏其中的教訓——是什麼（提示：如果你學到教訓，將不用再經歷這些狀況）？

4.與你的影子自我對話。問他擁有哪些資訊，以及他要從你這邊得到什麼。你問他：「我如何知道你想和我說話？」當你的潛意識想打斷你，要你傾聽其他重要的事情時，它會給你哪些暗示？回到原來狀態，睜開你的眼睛。

每個追尋直覺的人都會經歷與潛意識的最後一次對抗，會發生這種情況是因為我們愛的力量現在能與最強的恐懼信念較量了，因而將之召喚出來，進行最終的對決。當耶穌基督將要達成使命時，祂走入沙漠，在沒有外在事物分散注意力的情況下，面對魔鬼。在這段「曠野經驗」中，祂飽受無情的嘲弄和折磨。相似的是，佛陀在菩提樹下，也遭受魔王和魔兵、魔將的騷擾，他們試圖羞辱、嘲笑、引誘及摧毀祂。

潛意識就是地獄界，我們面對殘暴、監禁、冷漠無感的可怕意象。在這裡，我們感受到對瘋狂世界的劇烈憤怒、生命的徒勞無功、人類局限於肉體的挫折。而且，還經歷了無邊海洋般的悲傷與絕望：經年累月失望中的無聲眼淚，以及未曾表達的愛。我們這時了解到，自己在憤怒、恐懼和苦痛中，浪費了太多寶貴的時間。

圖 4-4 曠野經驗或靈魂的暗夜：潛意識升起的最後殘餘物

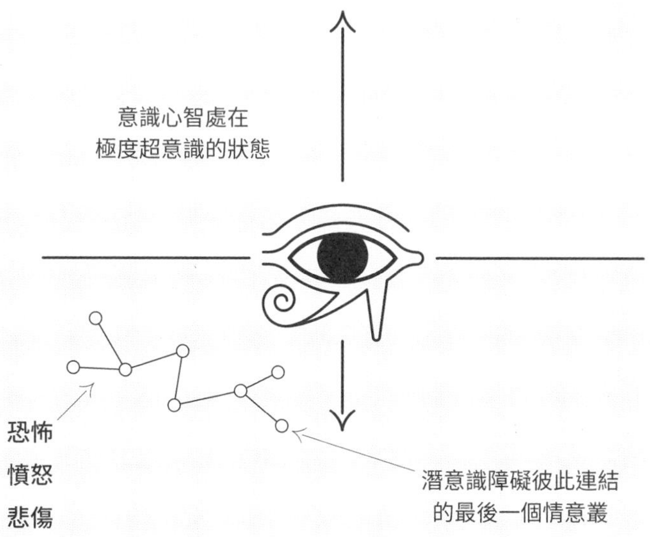

我們越是沉溺在最底線的瘋狂情緒中，就越受到擺弄。沒有辦法穿越這種悲哀情緒，因為沒有盡頭。沒有恨可以結束仇恨，因為仇恨本就是靠著自體餵養的。你能做的只是持續不斷地憤怒、悲傷及怨恨，直到看見曙光：「我不需一直這樣！我在抗拒什麼？選擇挫折感的正是『我自己』。大自然不會受挫，也不會感到悲哀。大自然沒有充滿怨恨。我忘記了我是一個完整的靈魂，和諧本就是我的自然狀態！」終於，你邁入整個過程的最後階段！

第三階段：有意識的超意識感

如今，你終於懂了：最終極的恍然大悟！**一切萬物都完美地運行**。即使生命看起來可怕異常，你仍然感受到，更深層的慈悲與自然的秩序在維持創造之流的平衡。你大驚小怪，讓自己受苦受難。你創造自己的劇碼，還作繭自縛。你以為自己掌握了痛苦的概念，承受的苦難比其他人都還糟。你把它完全當成個人的事，而且非常認真看待。

但現在，你已從自我催眠中覺醒過來。你現在知道，要結束苦難，你必須完全從自己的觀點來著手；只需要停止愚昧的想法，回歸真實的自我。要相信自己是百分之百的愛，最終將不再疑慮。你有權力選擇超意識作為你真實且永久的身分。現在，直覺就「是」你的生活方式。

但是，覺醒的你是否會突然變得輕盈、清明，瞬間可以升騰天際？或是在睡夢中被天使接走？很可能，你明天還是會待在原處，外表沒什麼改變，只不過覺得整個人變得簡單許多。禪者說：「得道之前，砍柴挑水。得道之後，砍柴挑水。」

然而，你通常會聽到垂死的潛意識障礙發出最後的喘息聲，試著奪回你的主權。可一旦你釋放了對痛苦和傷痛的執念，身體也必須在臟腑肉體的層次上「理解」它。但是，人類的基因代代相傳，深深浸潤在恐懼信念和偏狹情緒的文化中。你身體裡細胞的意識已被制約，持續根據這些限制的「規則」來顯化自己，並預期疾病、衰老、死亡等事件。

當你持續移動進入超意識的世界觀時，你的身體會舉起紅旗，大聲尖叫：「等一下！你是否真的要我不用再過著偏狹、自我保護及恐懼的生活？你真的相信有這回事？我過去一直是這樣活著；你真的要我做出永遠的改變？」你可能會經歷最後的考驗，重演以為已經處理完的狀況。你必須有耐心，選擇再次讓情況流動起來。

師利．奧羅賓多（Sri Aurobindo）[2]過世後，被稱為「母親」的米拉．阿爾法撒（Mirra Alfassa）[3]繼任領導他的印度靜修院。阿爾法撒在她九十五歲的生命中，花了許多年的時間，試圖穿透細胞的意識，以研究新形式的開悟。她說：「調節細胞功能的肉體意識，已習慣了費力、搏鬥、苦難及失敗，以至於把這當成普遍

記住 恐懼和痛苦並非我的真實本質。

圖 4-5 真正自我領悟的意識心智

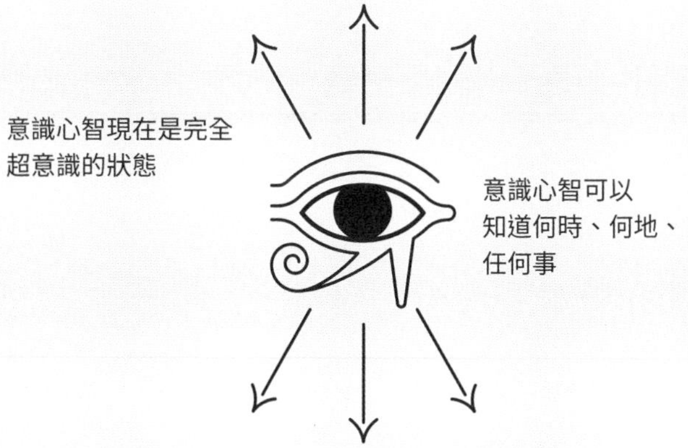
意識心智現在是完全超意識的狀態
意識心智可以知道何時、何地、任何事

常態。」[4]在她的經驗中，要讓「力道、光及能力」穿透細胞，最大的問題在於必須先消解它們的愚昧，而唯一的方法是持續與超意識的領域接觸。細胞一開始會抗拒，不過最終將會合作。持續讓愛與相信透過你的身體運行，不久後，連細胞也會相信這是它們的本質。

運用直覺來消解障礙、達到開悟，有一部分是要學習去感覺和感知你身體微妙的振動，讓來自細胞的非語言訊息逐步上升移動到脊髓和腦部，直到成為意識和言語。

本書第二部中，你將學習如何關注來自你身體無形的直覺暗示，鼓勵它們流動，並且進行詮釋。

今天就要有直覺！
接受遠方朋友的訊息

想著三個很久沒和你說話的朋友。安靜坐下，閉上雙眼，逐一想像他們就在你面前。感受他們的臉部表情和肢體語言。他們心情如何？運用想像力，詢問他們現在關心什麼？需要什麼協助？要他們拿一件象徵性的物品，來代表他們目前正在處理的問題，並在日誌裡記下你的看法。

現在打電話給他們，並且不經意聊到你直覺收到的資訊，作為談話的內容：「我正在進行直覺實驗，我在接受你的訊息時得到這些印象。這些對你來說有什麼意義嗎？」把你「命中」的內容記下來。

直接書寫，讓直覺不斷湧現

拿著你的日誌坐下來，保持安靜，放空你的心。選擇以下其中一個問題，思考片刻，懇求自己能從最深層的真實，獲得創造性的洞見。讓問題扮演磁鐵的角色，促使心中跳出第一個字，把它記下來，再讓另一個字跳出來，然後記下。任由想到的字出現，無須評判，無須多想答案會往何處去。不要衝過頭。在順隨筆意停止之前，不要停下，也不要回去看自己寫下了哪些字。輔助的技巧：用自我的靈魂、赤子之心或是未來的自我來書寫；用第二人稱，用自己的名字來稱呼自己，不要把它看得太嚴重！改變你的字體、改變速度和節奏，或是用非慣用的另一手來寫。

- 完成一個未完成的計畫、傳達一個未傳達的訊息、履行一個承諾，傳達一個對你自己或他人的期望。把你延宕許久的原因寫下來。你現在感覺如何？

- 把自己當成身體／情緒寫下來：
  1.「什麼狀況給我帶來壓力？」
  2. 我感到緊張的地方是＿＿＿＿。它感覺像是（用感官來描述）＿＿＿＿。」
  3.「我覺得緊張，因為我的潛意識心智相信＿＿＿＿。」

4.「我處理壓力的不健康方式是透過＿＿＿。」

5.「我釋放壓力的健康方式是透過＿＿＿。」

- 寫下一個你恐懼的信念：

1.「我無法讓＿＿＿實現，因為＿＿＿。」

2.「關於＿＿＿我需要幫助」

3.「我必須去了解＿＿＿。」

- 從潛意識心智的觀點，列出你身體、情緒及精神的「弱點」。從弱點的觀點寫下：「我目前為我的人格做了什麼？我做了什麼來阻擋我的人格認識真實的自我？」

- 「當我遭受背叛、失去摯愛的人，或是無法達成自己認為想達成的事時，我需要了解什麼？」

- 「在開悟的過程中，我目前的位置在哪裡？我完成了哪些？我接下來的功課是什麼？現在，我該注意的是什麼？」

- 「如果我現在開悟了，我的生命會有什麼不一樣？我會想做什麼？」

1. 編注：羅伯特・布萊（Robert Bly, 1926-2021），美國詩人、作家，著有《上帝之肋：一部男人的文化史》（*Iron John: A Book About Men*），在《紐約時報》暢銷書榜長達六十二週。

2. 編注：師利・奧羅賓多（Sri Aurobindo, 1875-1950），印度哲學家、瑜伽士、詩人和印度民族主義者。

3. 編注：米拉・阿爾法撒（Mirra Alfassa, 1878-1973），法裔印度靈性導師、神祕學家和瑜伽士，也是師利・阿奧賓多的合作者，並稱她為「母親」。

4. 作者注：Satprem, *The Mind of the Cells* (New York: Institute for Evolutionary Research, 1982), 131.

PART 2
提升察覺能力

開發直覺過程的第二階段，你將學習擷取並解讀來自無形領域的直覺訊息。你將學會如何變得善於接受和保持中立、如何增強感知微妙訊息的技巧。你將學習運用你的心智來漫遊你的身體，身體是直覺訊息最先顯現的地方。

Chapter 5

察覺無形事物，擴展直覺來源

本章提出一些技巧，讓你的意識變得既豐富又警醒，既放鬆又充滿期待。即使最美妙的歌曲，如果由未經調音的樂器來演奏，也會變得刺耳。直覺也是如此，要達到最準確的結果，就得花時間發展出靈性戰士的細膩專注力。本章教你準確找出中性的、平靜的聚焦方式，強化你對於微妙無形訊息的感知力。

直覺的起步，從認識環境開始

我曾經在美國內布拉斯加州的林肯郡，教導一個直覺開發的週末工作坊。當時，一整週都是暮春雷雨交加的惡劣天氣，河水氾濫淹過堤岸，尚未播種的玉米田成了水鄉澤國。天氣影響人們的心情，製造出隱約的壓迫感，看不見的潛意識心智洪流淹沒了大家，心裡悶著許多沉重議題。在進行整週的諮詢之後，我斷定參加課程的人當中，不少人心力消磨，就要開始滲漏而氾濫。我沒想到這場大雨成了催化劑，悶到極點的狀態引發了超敏感，成為開啟直覺的理想媒介。

我和參與課程的學生，在一家靈性書店的後方房間上課。我必須提早到達安排位置，以幫助學生保持警醒和開放。能量的流動和洞見的出現，多半是由我們所在環境裡的種種細節安排所決定。每件物品都在正確的位置；光線、空氣、顏色、聲音、溫度都要調整妥當。形式有助於決定內容。直覺是流動且高度個人化的。要學習直覺，你必須開放、放鬆、不拘泥規矩，並抱持信賴。為了幫助直覺浮現，身體前方不要有障礙物。周遭的物品擺設，盡量不要讓你聯想到方正結構的邏輯世界。你必須有安全感，以便你的身體、同學、導師以及周圍的能量場連結感應。如此一來，心智便能夠自然開展到新的知識領域。

我們開始上課，椅子擺成了半圓形，我和學生之間沒有講臺，關上門便擋住了書店的嘈雜。即使如此，我知道這個充作臨時教室的倉庫，仍舊對上課而言是一項挑戰。開始上課前，我先提到環境的問題。

「對這間教室完全滿意嗎？有沒有坐在你想坐的位置上？」幾個人環顧一下周遭。「現在安靜下來，看看周圍有哪些事物吸引了你的注意，即使是最細微的注意。」

一位女士說：「天花板很低，這些裸露的空調管又朝著我凸出來。它們很醜，讓我隱約感到擔憂，好像我一站起來就會撞到頭。」

另一位女士說：「這裡沒有窗戶，光線似乎偏藍偏冷，而且還有嗡嗡的聲音。」

「沒錯，而且屋頂漏水，水滴到塑膠盤子裡。我知道不該移動它們，但我很想去查看一下該不該把水倒掉。」

另外有人接著說：「我注意到房間的角落很凌亂，而且水泥磚牆和地毯的汙漬，感覺起來不是很舒適。」

「一點也沒錯，」我說：「我們面對的空間，至少可說是很有挑戰性的。假如你沒有保持警覺，

記住 我可以同時理解到兩個相反的事物。

環境中每個古怪的狀況都會吸收掉你一部分的注意力。如果你沒有注意到環境因素，你可能沒辦法完全進入學習狀態。」剛好在這個時候，無巧不巧，書店的暖氣正好打開，我努力提高音量，避免聲音被轟隆的暖爐聲蓋過，引起哄堂笑聲。

對周遭環境有所意識

描述一下你的住家，寫下來。你家裡的哪個區域是你最神聖的空間？在那裡做什麼事，可以幫助你集中精神、保持注意力？怎麼做可以讓那個區域更有助於你的直覺認知？你會避開家裡的哪個或哪些區域？哪些區域容易堆積灰塵和雜亂無用之物？你如何讓這些區域重新恢復生氣？

傾聽「身體對你說的話」

人每天醒來之後，身體的接受器就會打開，爬蟲類腦會注意可能的線索，研究如何安全度過危機四伏的一天。身體會不斷從環境中蒐集資料，無意識地做出反應，以維護你的存活和安全。比如說，當你開車上班時，身體會讀取快速道路上靠近你的駕駛的情緒，它會警告你：「當心！二號車道的女士因為丈夫離開她而憂傷，我該不該提高警覺？前面的男士一邊用手機，還一邊梳頭髮，會不會有危險？」不過，或許你也在恍神，因為你正想著到公司後要做什麼事，或是只顧著聽收音機的脫口秀。

身體試圖得到你的注意，發出訊息：「情況會不會很嚴重？該不該轉換車道？放慢？或者加速？」但是，你因為心不在焉而接收不到它。緊張逐漸形成，通常就在你的胃部或是兩肩之間，以致警戒的紅燈閃得更快了。接著，你走進公司，參加一場會議，很難花時間集中注意力。再一次，身體對你發出訊號：「這些日光燈正不斷製造高頻的滋滋聲，讓一些人很受不了，我們要不要處理一下？左邊的弗列德正想著他兩天後在洛磯山的假期，那些景象看來好像很有意思。要不要偷偷瞧一瞧他在幻想什麼？坐在對面的蘇珊很想表達自己的意見，但是卻老是找不到好時機。她只想說自己的，沒有用心聽別人的。如果發生料想不到的事情時，我們能信任她嗎？」你具有心電感應、同理心的身體十分忙碌，有這麼多事情需要解答，但你卻只是在黃色筆記本上胡亂塗畫。身體的警戒紅燈閃動得越來越密集了。

你和同事一起午餐時，身體又提供了更多資訊。女服務生有點粗魯，因為經理改了她的排班。你的身體想知道：「我們該不該關心她的怒氣？」但是你視而不見，熱烈討論著你目前的工作計畫。到了傍晚，你發現自己很緊繃。頭痛得要命，抽痛從後頸部一直延伸到兩邊的太陽穴，已逼近情緒惡劣的邊緣。你想在下班後回家喝一杯。發生了什麼事？你早上心情其實還很愉快。

你一直沒有傾聽自己的訊息。到了這個時刻，已經堆積了一大堆環境的訊息，其中許多帶有情緒，全部儲存在你的爬蟲類腦，等待要跳入你的意識心智裡。你蒐集到的一些暗示可能已經觸發你腎上腺的反射，你的肌肉為了戰或逃，已經準備了數個小時。你需要一份說明情況的任務報告。

身體需要吸引注意力

回到我們的課堂上，我向大家解釋，即使周遭環境的事物中最微小的困境，也可能引起身體的不適。如果你潛意識地覺得你可能有危險，因為你需要對聽到的微弱聲響做出判斷，那麼即使這個聲響是日光燈發出來的，你都會出現輕度的緊張。如果你的身體為了努力分辨老師的講課、角落邊兩個同學的竊竊私語，以及隔壁房間聽得出旋律的音樂，而感到不堪負荷，那麼你下意識的挫折感可能已經在增長——這會讓你急躁，影響你的態度，進而妨害學習。如果室內溫度太冷或太熱，或是你覺得肚子餓，那麼你的身體在允許任何訊息流通之前，首先注意存活問題。對身體而言，最優先也最重要的是感覺到安全。

對於嗡嗡響的電燈、髒亂的角落、漏水的天花板、暖氣爐的噪音，要如何處理？第一步是有意識地分辨出，哪些東西讓你感到不舒服和分心。如果可能的話，你配合自己的偏好來改變環境。我們移動位子、整理雜亂的物品、拜託人們在午餐休息前先關掉暖氣。但是，你如果沒辦法改變環境，就大聲說出讓自己困擾的事物，將它們明白點出來，並告訴你的身體這沒有關係：「是的，身體，我察覺水從天花板滴下來。不過，它不會從盆子裡滿出來。在這個漏水的房間裡，我們仍然有辦法專心上課。」將環境裡怪異之處都容納進來，接受目前的樣態，然後有意識地重新集中精神去處理手上的事情。你「與」水滴之間仍有充分的空間。

為自己的舒適負起責任

承諾今天要讓自己非常舒適。你要麼盡可能改變環境，要麼就改變你對環境的態度。明白說出在無意識間吸引你注意力的事物，注意你身體內增加的緊張，並盡可能消除。記錄這一天你過得如何。當你為自己的舒適感負起責任時，感覺如何？你的生產力有沒有改善？心情如何？

說出你的問題

光是說出問題，往往就可以解決問題：「我剛發現自己變得暴躁，因為從今天早上到此刻，我只吃了一片吐司！」或是「我無法專心，因為三個小時前，法蘭克批評我的穿著打扮，這引發我內心深處的自我懷疑，然後我就一直卡在那裡。」

你的身體只想知道下一步要做什麼。當你把一個狀況說出來，就是將它從爬蟲類腦的深處帶進你的意識心智，接著你便可以做出選擇。要改變它或是與它共處。身體會感到大大解脫，因為你終於收到它給你的信號。現在，你可以讓身體知道你想怎麼做。藉著說出問題，你清除了堆積許久的環境訊息，身體打開了，並逐漸相信你。接下來，你可以要求身體只帶來關鍵訊息，例如：「沒

記住 你可以改變世界，或者你可以改變你對世界的態度。

錯，你旁邊那輛車裡的傢伙快要氣炸了，快閃遠一點！」當你能夠有意識地接受與生存有關的重要訊息時，你的身體就能夠提供更精鍊的訊息，也就是關於學習、個人引導、靈性成長及創造力的實用洞見。

放鬆你的覺察力：陰性心智

一旦你與周遭環境和平相處，身體的安適獲得保障，便是時候可以啟動你的直覺了。這個過程是從轉變成柔軟開始。不過，你一開始要先回想，你全心全力趕在最後期限前，完成一件傑出任務時的感覺。你雙眉緊鎖，上緊發條，摒除所有會分心的事物，這就是所謂的「陽性心智」，不論男女，為了要完成特定目標，都必須運用這種具有活力的雄性能量。我們經常處於左腦的陽性心智，以至於將它視為常態，忘了還有一個同樣有力、與陽性心智互補，但不會製造緊張意識狀態的「陰性心智」。

透過以下的情況，你可以分辨出自己是否運用陰性心智：①不會急急忙忙；②沒有抱持定見；③不需要去改變任何事；④就算改變了也無妨；⑤樂於靜觀其變；⑥對自我感到滿意。你多常進入這種心智的狀態？

老子說：「知其雄，守其雌，為天下谿。為天下谿，常德不離，復歸於嬰兒。」（嬰幼兒時，知道有父親，但只要守著母親即可成長，母親是天下生命的泉源。有了這樣的泉源，常德就不會遠離而能生生不息，可像嬰兒般純真的成長。）陽性心智的停止就是直覺的開始。由於我們持續無情地驅策自己鎖定焦點，朝目標前進，因此當我們需要轉為柔軟時，往往是無意識地發生。例如，某件事突然出現，讓我們一時之間呆若木雞。因為有那麼多的「最後期限」要去完成，所以這種情況下的直覺認知是無意識的，一開始可能像是一種妨害，甚至像是初老的徵兆來襲！如果我們能有意識地理解陰性心智覺察的各個階段，就能夠避免這種迷迷糊糊「沒人當家作主」的感覺。下一次，當你將自己繃得太緊或是衝過頭時，可以嘗試以下這些技巧。

留在「當下」，用簡單辭彙來描述

放鬆頭腦，讓你的注意力回到身體，去注意你現在生理狀態的細節。你跟隨自己的吸氣和吐氣，讓感知進入皮膚裡。當覺察停在皮膚裡，你便處在當下。放慢下來，直到可以用簡單詞彙來描述你感受到的事物，彷彿在清點存貨：「我注意到我的書桌椅；我的肩胛骨之間有些緊繃，我的雙腳在腳踝處交叉。我注意到我胸骨底部有些緊張感。我餓了。我可以感覺到我腳底的脈搏。」藉由注意這些事，你與你的世界連結，進而連通直覺。

為五感做紀錄

在你的日誌裡，製作一份「五感」表格，將視覺、聽覺、嗅覺、觸覺及味覺各自分頁。根據今天最重要、最明顯的某個感官經驗，列出你今天最有趣的內在和外在感知。是否在餐廳裡從強烈的香水味注意到某人？是否因為炒麵有奇怪的味道，而決定不把午餐吃完？在學習啟發直覺的過程中，持續記錄你的感知。

感受「身外」之物

移動焦點到你身體之外的真實層面，開始注意並描述你發現的細節。想像你的覺察是一個大球，注意你身體前後、上下及左右三呎的位置：「我覺得空氣微微悶熱、光線顏色是淡淡的粉紅。我看到我左邊的紙和筆、對面牆邊的書架。我注意到從隔壁房間傳來的咖啡氣味，還有電腦的嗡嗡聲。」把越來越多的空間都包含到你的「影片泡泡」裡，讓你的覺察擴展到十呎外、三十呎外，甚至一百呎外：「我意識到後院裡有幾棵樹，還有鳥兒在唱歌，我注意到太陽已逐漸低垂。意識到我居住的城鎮、旁邊的河流，還有相鄰的原野。」所有你覺察到的東西，都會成為「更大的你」的一部分，你可以擷取資源的一部分。對自己說：「我所意識到的一切都在我之內，屬於我，由我所為，並為我而存在。」

神祕主義者亞倫．瓦茲（Alan Watts）寫道：「我異常地意識到我所感知的一切，也屬於我的身體，所謂光線、顏色、形狀、聲音及材質，都是頭腦對外在世界所給予的詞彙和屬性。我並不是注視『著』世界，不是與它對立；我是透過將它持續轉化進入自我的過程，來認識它，因此我周遭的一切、整個世界的空間，不再感覺在我之外，而是在我之中。」[1]

不要急著給環境打分數

你無須現在表示意見，沒有必要決定你是否喜歡正在發生的事。你也無須採取行動，而是隨遇而安。你就是此刻的你，情況就是實際的情況。當你不忙著給你的環境打分數，環境便正好有機會教導「你」一些事。要與所有你注意到的物體、生物及狀況為伍。

找出相似性

陰性心智總是從「同一性」來看待事物，主動尋找事物的相似性：「爸爸和兒子哪些地方相像？這兩個解決方法哪些部分雷同？這個老婦人和貓有什麼關聯？日本對我內心的哪些部分產生吸引力？」運用譬喻和類比來思考，會很有幫助：「珍妮佛的性格如同一朵向日葵。世界就是一座舞臺。她給我的評論有如成噸的磚頭打在我身上。他真是一頭鬥牛犬。凱蒂的頭髮就像閃亮的銀絲。」譬喻、類比、相似，事物彼此之間的每一個連結，都為你開啟了穿越覺察的新路徑。每一個你感知到共同性的新方法，都讓你更深入感受到同理。（祕訣：同理能創造最高、最有效的直覺。）

看到相似性

列出「相似性」的清單。寫下你在似乎不相干的事物之間，找出它們相互關聯的方法，以及你想到可連結它們的有趣譬喻。

尋找美

陰性心智從品味它的感知，領略對世間的細膩感受，而感到無比欣喜。你要培養對事物讚歎驚奇的能力，讓你自己學習著迷於蜻蜓的美、驚豔手工藝品的精緻，或是當你深深注視他人眼睛時，讚歎靈魂自我揭示。這種撼動人心的單純，甚至是欣賞雲朵的形狀或書桌文件紊亂堆疊的壯觀。事物無須「好」或「有用」。梵谷說：「一個人只要有開放且單純的眼光，眼中沒有橫梁阻礙，就會覺得這裡美極了。話說回來，一個人能如此看待事物，則無處不美。」你有多久沒有感覺到驚歎？

樂於感到興味

每個煩人或是無聊的狀況，都可以忽然變得有趣。如果你能從自身經驗中找到笑點，或者在極端嚴肅的氣氛下逗自己發笑，那麼陰性心智就有機會突破，達到直覺啟發。有一次，我心情鬱悶，沒辦法走出低落的情緒，當時我剛好轉過一個每天都會經過的街角。我快步轉彎時，眼角餘光瞥見一個男子，正在耍弄夾在腋下的一團東西，這一坨毛茸茸的東西有四根「棍子」，拚命在空中扭轉甩動。這個預料之外的景象，在我心中穿出一道縫隙。我定睛一看，才發覺這個男子正抱著黑色的拉布拉多犬，親暱地逗弄。這令人眼花撩亂的扭動讓我忍不住笑了出來。我被一個「微小的真實時刻」所感動。片刻之間，我拾回自己的情緒。

當你盤點自己的周遭環境，特別是想找些樂子時，即使是一隻蒼蠅洗臉的樣子、一隻八哥突然放聲大叫，或是櫃檯的收銀員一邊記帳、一邊喃喃自語，都可能是小小而私密的歡樂來源。

表現感恩

當你觀察到世界以無限的複雜和美感擴展時，會了解到你永遠還有更多要知道的。你感覺到更大智慧的力量為你帶來持續增加的身分和生活經驗。陰性心智能帶領你感受善和天命，當你全然體驗這種偉大感覺時，你可能會落淚，心頭洋溢讚美和狂喜。每當我失去人生方向，發現自己不停抱怨或是生活死氣沉沉，我就會列一份感恩的清單。如果對清單裡的每個項目都能感到深深謝意，就會覺得有一道光遍布我全身上下，讓我再度充滿正面的態度，恢復原本的幽默和活力。

提高你的敏感度

你越是有意識地注意某件事，就越能從中學到更多，而感覺到的能量也會越多。感應力增強的程度會與你對事物專注的能力相對應。你將發現知識與能量始終在那裡。你沒有意識到這一點，是因為你的心智放在別處，或困在某個正在阻礙你順勢擁抱美好能量的地方。**專注可以揭示能量**：當你專注於身體的某個部分，它可能會突然奔流充盈著活力。**專注能夠揭示訊息和知識**：你可能很快了解你需要吃什麼食物、需要吃的原因，或是了解深呼吸如何減輕你的偏頭痛。

記住　只要你有興趣，所有事都是有趣的。

手的掃描

把手放在眼前，注視你的手掌，把全部的注意力放在食指的第一節。注意皮膚的紋路、指紋的輪廓。感覺皮膚底下神經在顫動，觀想微血管通往細胞，並且感覺血液在流動、組織生機勃勃地活動。感受手指骨通向手掌，以及指甲嵌於手指頭的正面。你能否感覺到你的手指關節？

移到食指的第二節，將它包含在你的覺察裡，把全部的專注集中於此。如同注意食指的第一節一樣，注意食指第二節的所有細節。再往下移動，把食指的最後一節也包含進來。你的食指現在可能正在顫動或振動，比其他手指的情況都還容易被注意。

接下來，用同樣的方式來掃描其他的手指，慢慢地將它們帶入你的覺察中。現在，掃描整個手掌。

很快地比較一下有能量的手與沒有能量的手。把它們放在你的眼前，注意它們顫動的電能差異。現在，很快地把另一隻手移至原先那隻手同樣的高度，將它包含在你的覺察之中，並將全部的注意力放在上面。如果想讓這個能量傳達到身體感覺疲倦的部位，只需要把雙手放在那個部分，能量就會自然傳送。

如日本武士般專注於覺察

在你軟化了自己，變得中性、敏感之後，現在是你用更銳利的焦點觀照事物的時候。你已準備重新投注你的陽性專注力，不過要非常輕微地，就像在微調收音機的電臺頻率。當你啟動你戰士的專注力，你就像日本武士一樣，警醒但神態從容，準備就緒但不輕舉妄動。此刻，你正準備跟外在湧現與內在發出的力量與知識調和一致。

三百六十度的感知力

開啟你三百六十度的全方位覺察，宛如睜開腦後的雙眼。你感知敏銳的程度，要像森林裡的小鹿，可以感覺到獵人的細微動態。日本禪宗大師澤庵宗彭曾形容過武術大師的心智運作方式。在〈無間隙〉、〈心如石火〉兩篇文章中，他討論武士流暢的動作，解釋武士之所以能即刻做出反應，不是因為動作敏捷，而是因為瞬時的專注力和心智的自由。澤庵宗彭說：「心關注敵方來劍，間隙則生；間隙生則動作頓滯。若敵之揮劍與己之動作無間，則逆取彼刃而潰敵手。心如石火代表心中無間隙。火石一擊之間，火光迸發……心無凝滯……若心志遲滯則心為他人所據。」[2]要讓心智在空間中環繞，並均衡開展。

心神投入而無動於心

幾年前，在加州帕羅奧圖的心智中心，我與詹姆士．哈特（James Hardt）、佛斯特．甘柏（Foster Gamble）一起參加了密集的訓練課程。他們兩人成功地將先進的生物回饋技術運用在企業界，是這方面的先驅。在訓練課程中，我坐在上下四周都貼滿壁毯的昏暗小隔間裡，頭上連接了幾個電極。我從電腦螢幕上，觀察自己腦部的不同區域創造及維持高度α腦波的情況。在某次腦部訓練後，哈特博士形容α波的狀態是「心神投入而無動於心」。

哈特還解釋，禪宗僧侶在這類的測試上有最好的表現，他們不只可以控制α波，還可以控制更深層的δ波和Θ波，而且他們能夠在兩邊半腦之間創造出令人驚奇的協調。禪宗大師澤庵宗彭也有類似的評論：「若心不置於任一處，則發散四體，充盈一身，如此則用手時可致手之用，用足時可達足之功，用目時可盡目之能。故心於需用之處，則盡顯可用功能。若心凝滯一處，則處所盤據、心無所用。」[3]

像戰士一樣散步

不管在室內或戶外，你隨時可以開始以下的動作：站起身，保持警醒、從容，不用把專注力放在任何東西上頭，而是注意周遭三百六十度的事物。當你感覺體內有股流動，就讓自己開始活動。運用所有的感官，讓身體體驗周遭環境自然的形狀。你無須對自己描述體驗，當你走到轉角必須轉彎時，注意新、舊空間帶給你的不同印象，感受轉角銳利的線條朝你而來的衝擊。

當你步行時，注意背部的知覺。當你距離背後的物體十呎遠時，你感覺得到它嗎？五呎遠時呢？一呎遠呢？感受一下自己對物體和方向同時產生的吸引力和排斥感。你的行動本身想往何處走？如果你正走在繁忙的街道上，注意你的身體對路過的人們、郵筒、路燈、商家店面有什麼樣的反應。

停止內心的對白

卡斯塔尼達告訴我們，他的巫師老師唐望堅信，靈性道途的基本特徵就是關閉內在的對話。如此一來，我們才得以擺脫他所謂的「第一關注」——就是自己對外在常識的關注。他說：「我們以內在對話來維持我們的世界……我們更新了它，以生命點燃了它；我們以內在對話支撐了它。不只如此，我們同時在內在對話中選擇了我們的道路。我們一再重複同樣的選擇，直到死亡，因為我們一再重複同樣的內在對話，直到死亡。」[4]我們得停止內在對於自我與世界的描述，改掉這個習慣，就可以開啟無限可能。唐望說，內在對話是通往一切的鑰匙，戰士知道當他停止對自己說話時，世界就會改變，他必須準備好接受這種巨大的變動，因為認知的世界會突然就在你眼前展開。

心理學家法蘭西絲・方恩（Frances Vaughan）說過類似的話，她把重點放在規律的靜心練習：「透過多種不同形式的冥想，寧靜的心將成為直覺的母體。當你連結到你存在的、靜止不動的中心，就完全不需要運用文字或圖像來啟動直覺。直覺會自發地流動，不受恐懼或成見所阻礙。」[5]

停止內在對話

注意你內在的對話。在話說了一半時打斷，讓自己的腦子一片空白。幾秒鐘之內，你內在的評論員又會對眼前的人事物做出更多評論，與你面對的朋友或敵人演出內心戲碼。當你注意到這種情況發生時，再次放空腦子，吐氣。

一旦你能夠一再進入放空的狀態（即使維持的時間很短），便可以傾聽寂靜之聲。起初，你可能聽到嗡嗡聲或是生理機能的細微振動，但你只須辨識出這種振動以外的寂靜。當你第一次試圖接近寂靜時，可能不得其門而入，要重新再找到它，並進入其中。學著忍受寂靜，與寂靜融合，成為寂靜的一部分，並渴望寂靜。

當你能以沒有時間壓力的狀態處於這種寂靜的所在，就可以在進入這裡之後，全心全意地相信你的想法和渴望。這些感知來自你直接的認知，是你直覺的聲音，要好好注意。

設定意圖

從戰士銳利而柔和的專注力開始，決定你的意圖。如同卡斯塔尼達的老師——唐望一再強調，直覺的首要目標是你不懷疑直覺、理性分析直覺時也無懈可擊。這意味著，你得先深切地決定你的意圖，這意味著，你必須與更高的真理保持協調，甚至連日常生活中最細微的細節都要整合為一。對於「意圖」，耶穌基督所建議的最佳起點：你希望人們如何對你，你也應該如何對待人。

有意識地讓所有行動從寂靜中開始。你想先從右腳開始，還是從左腳開始？當卡斯塔尼達學習在夢境中自主導航時，他發現如果沒有明確的意圖，任何事情都不會發生。他說，「她命令我用意願來站起來……我試了一切想像得到的方法來站起來，我失敗了……我了解其中根本沒有過程，為了要移動，我必須非常專注地意識我的移動。換句話，我必須極為相信我要移動，或者更準確地說，我必須相信我需要移動。」[6]於是，我們開始運用直覺時，會更深入地觀察內在，讓自己在尚未找到凝聚性便莽撞行動之前，發現我們身體的意圖，以獲得更重大的洞見和真相，以及「移動的需要」。

門口的靜心

下次你走到門口時，把它當成設定意圖的好機會。每一道門都是經驗與經驗之間、意識不同維度之間的通道。當你進入門口時，先暫停一下，接著進入陰性心智與戰士的專注狀態。讓自己感受，將離開的空間與即將進入的空間之間，有哪些細微差異，例如高度、空間感、顏色、溫度、舒適度。你處在即將離開的空間時，意識如何？感覺一下進入新的空間，並準備進入新的意識狀態，迎接它為你帶來的一切，然後在適當的時刻，踏步進入。

如何觀察內在？駕馭意識進入腦的中心

要達到內心清明，要從身體與靈魂的平衡帶出你的感知，你必須將專注的焦點，也就是意識心智，帶入頭部的幾何中心地方。這裡有一個神奇的所在，就像是自我的中心運行之處。當你專注在這個電磁中心時，將能有效地將身體、心智、靈性聚集到此時此地的同一處，產生既有效用又具啟發性的洞見。

啟動電磁中心

閉上雙眼，做幾個輕鬆的呼吸。呼吸的同時，將注意力集中在你的皮膚底下，想像自己正從眼睛的背後觀看。你停止內在的對話，傾聽寂靜。然後，想像自己頭部的幾何中心之處，就在大腦的腦下垂體和松果體之間。你將注意力集中在這個想像的點上，讓一束微小的光透過。透過那個白色的洞，讓你自己靈魂的純淨、光澤、鑽石之光顯現出來，形成一顆微小的水晶球。進入那個地方，並留在那裡。

將注意力放在那顆水晶種子上，保持自己對中心點的感受，可能感覺到白色而炙熱，或是冰冷而純粹。保持絕對的專注，如果飄移到自己內在的對話，就要停止這思緒，再回到中心點。你集中心神，擺脫自己對外在世界的所有關注，全然而完整地活在腦部的中心，從每天待上一分鐘，變成每天待上五分鐘，再變成十分鐘。

集中專注於腦中的這個鑽石中心點之後，你可能會出現兩個後續效應。首先，由於你專注力將會帶來能量，會投射在腦下垂體和松果體，因此這兩個強大的「主腺體」能量將被啟動。在能量被開啟之後，內分泌系統的活力就會增強，你將能夠運作更多的能量，獲得更多更佳的理解。其次，當你專心時，來自身體和靈魂的能量便被帶入大腦。當你結束練習時，可能會有些昏沉、「頭上發熱」或是覺得頭重腳輕。要減輕這種感覺，有一種簡單的方法：彎下身體並甩動你的雙臂和肩膀，想像能量從頭部傾瀉流入地上。在練習之後，你如果沒有做這種「洩洪」的動作，可能會感到輕微頭痛或是有些茫然，特別是當你起身做急促的動作時。

保持專注

要想根據真理來了解、說話和行動，你必須先獲得專一的注意力。鑑於意識思維的本質——它是一個自由移動的注意力點——你需要意志和技巧來實現真正的專注。我必須再三強調學習專注力的重要性。如果你在生活中早已習慣手握電視遙控器，遊走各個頻道節目，那麼你眼裡的生活很可能是兩秒鐘便交換一次的對白，而你的專注力大概就像一隻蚊子一樣大。你絕不可能從消費市場的供給中學會專心，而是必須靠自教自學。

跟隨呼吸

你要察覺自己身體正在呼吸。屏住呼吸片刻，不要吸氣或吐氣。在感覺心跳之後，繼續吸入或呼出少量的空氣，運用肺部和腹部肌肉的微弱運動，以超級緩慢的速度，微微增加空氣量，然後再稍微增加一點，並且一直持續到你感覺已自然完成這次的吸氣或吐氣。然後，再次停止呼吸，感覺你的心跳。現在，反過來開始吐氣（或吸氣），慢慢增加空氣量，完成相反的動作。在這個循環過程自然結束時，你要在進行反方向的動作之前，注意肺裡是否還有少量尚未吸入或呼出的氧氣。每一次呼吸轉換時，你都要屏氣片刻感覺自己的心跳。在吸氣時，觀想空氣的分子透過薄薄的肺壁進入血液中。在吐氣時，想像它從鼻孔鑽出，融入周遭新鮮的空氣之中。

觀察內在的圖像

閉上雙眼，把注意力放在頭部的正中心。有意識地呼吸，將意識轉到前額內部，想像裡面有個小小的電影銀幕，讓一個象徵符號在銀幕上浮現。為了方便練習，我們使用黃金三角形符號。想像一個金色的等邊三角形，把它放在前額的銀幕上面。你注視著它，如果這個圖像的形狀或顏色出現改變，就設法回到原本的圖像；如果移動或轉換位置，就再把它放回中心，並持續注視。你將它當成一個乏味的黃金三角形，並一而再、再而三地注視它，感覺三角形在你前額的位置。維持五分鐘，接著再試著維持十分鐘。

臨在的練習

你並非獨處。即使沒有人在你身邊，你仍然可以與神祕的「臨在」（Presence）進行靜默的對話，祂就在於你的身體裡、周遭空氣中、玻璃窗上、植物的葉片上、你衣物的纖維中，以及你所吃的食物裡。這個無形的實體從每個原子中迸出，與你相會。也許，你覺得將臨在稱為「上帝」或是「創造之力」，會比較自在。或者，像我一樣，經常稱祂為「知者」，將祂想像成一個抱持關愛又有智慧的存有，祂認識真實的你，接受你、供養你，持續關注你，幫助你開展人生經驗。

記住 只要我記得去傾聽，就能聽到深沉的寂靜之音。它就在吵雜的眾聲之下。

練習有意識地處在「知者的注視」中，感受暖意持續陪伴你，是位神祕的「最好朋友」。例如，只需要一毫秒，你就可以注意到空氣中突然充滿了微笑的「臨在」，頑皮而又專注地與你互動。

當我寫作時，有時候會忘記集中注意力，並無意識地認定自己是獨自一人，必須靠自己有限的生命經驗，擠出所有的字句和意義。不過，當我想到並感受到臨在，我立刻進入一個神奇的國度，字詞彷彿迫不及待等我敲打鍵盤，出現在電腦螢幕上，要我欣賞及讚歎。而當我感覺詞窮時，一個想法就像微風吹入腦中，字句又逐一浮現。

詩人大衛．懷特（David Whyte）說：「詩人的主要訓練之一是專注力……注意所有的事物……使它們如其原貌……專注力實際上是一種與世界的生動連結……當你與世界生動地連結時，你就實際體驗了世界帶給你的後續結果，而世界本身也因為你的專注而出現改變。空海（Kukai）說：『萬事萬物隨我們變化而變化。』」[7]

練習關注與接受關注

1. 列出你熟識或感興趣的三個人，寫下一些你想問他們的事。把你對他們的提問當成一個計畫，寫下他們的說法，以及他們的回應可能觸發哪些新的洞見。
2. 給予三個人正面的回饋，以便你的行動自發進行下去。

3.寫下你今天受到的關注。它是正面還是負面的？你能否察覺到，自己是在哪個確切時刻被包含在某人的認知範圍裡？

例如物理學家尼克・赫伯特（Nick Herbert）提到，他兒子第一次發現生命的細胞模式時，感到驚訝：「他驚呼說：『這是不是表示我是這些小動物做成的？』」萬物以其自身的方式活著，並深深地認識你，而你也認識它。與你察覺的所有事物交朋友，你可能會覺得驚訝，當你相信世界的智慧時，得到如此眾多的指引。[8]

平衡並統一你的身、心、靈

如果你能夠學會在肉體、心智「以及」靈性上取得平衡，將進入一個新的統一感知，不可見的將變得可見，無形的將變得實際。你將獲得令人驚異的洞見：我是「我」，而我也是「我們」。「我」是「我們」的一部分，而「我們」也是「我」的一部分。你是獨立的個體，同時也是群體的一部分，不互相抵觸，也不需要放棄任何一方。這會讓你實事求是，從寬廣而神祕的本源召喚直覺來

記住 你察覺到生命，生命就察覺到你。

指引你。這些本源包括了所有人的集體心智、地球自體，甚至來自過去和未來。

但是，這個平衡的狀態要如何實際去感受？當身、心、靈合一時，你會感覺到你的人格更真實、更穩固，你將與集體意識所產生的行動及指引和諧運動。你會體驗到你的思想存在、分布於你的身體內，「等同」於你的身體；你會發現你的靈性也在你的身體內，引導著你。你隨時可以掌握到全部的自我，不會再感覺自己是不完整的或是有殘缺的。

當身、心、靈合一時，當你將注意力向外時，你將體驗到生命是統一的場域，裡面有無邊無際、自由流動的能量和知識。你會感覺到，你的身分認同比過去更加巨大，是一個無所不在、存於世間萬物之內的臨在。你洞見的來源無所不在，同時間從你自己的各個層面湧現。

現在，你身心靈的平衡程度如何？你是否會運用其一而損害其他兩者？或者，是否會忘記運用其中之一而導致失衡？試著發展你未充分利用的面向。

平衡你的身、心、靈

1. 寫下你最自在的身、心、靈表現方式。描述你做決定、規劃生活、參與喜愛活動的方式。**身體**：你是否是發自本能的、「踏實的」、行動且刺激導向的；你是否偏愛具體的結果？**心智**：你是否擅長言語表達，善於分析、組織、評量，以及將事物概念化？**靈性**：你是否容易啟發靈感，有靈視力，常常「不隸屬於這個世界」？

2. 寫下你最不自在的（或欠缺的）表現方式。你會避開什麼，原因是什麼？**身體**：你是否會逃避把事情做完？是否擔心承諾和占有會讓自己受牽絆？是否痛恨細節？**心智**：你是否寧願在院子鋤草或是去騎腳踏車，而不願意閱讀或是進行哲學思考？你是否會逃避做出計畫？與說話滔滔不絕的人、凡事都分析徹底的人在一起時，是否會覺得不自在？是否不太在意你行動的理由？**靈性**：你是否會避免停下手邊的工作和行動？暫時放下一切、不做事，是否會讓你感到不適應？是否確定自己的目的？是否覺得正在做的事情缺少原創性和靈感？形式是否比內容還要重要？

3. 在了解自己哪個層面最自在、哪個層面最排斥之後，你認為哪個層面需要進一步發展，以平衡自己的本質？（提示：如果你對你的身體感到不自在，可能需要利用熟悉的模式來做身體的動作。舉例來說，用心智的模式做肢體動作，像是運動並測量自己的心跳、建造某個物品、做瑜伽；或是以靈性的模式做肢體動作，像是自由舞蹈、打太極或是徒手自然療法。運用你所熟知層面的自我來溝通，進入你較少運用的層面。寫下平衡自我的方式。）

要統合你意識的三個層面，首先必須融合心智與身體。你的心智必須進入此時此地，並保持警醒。如果你將覺察點帶入你的肉體之內，並且全心專注你身體的現實，那麼心智與身體將會統合，而且你將無法區分它們。**當心智與身體合一，你將體驗到驚喜且神奇的結果：靈性，即第三個層面的自我，會立即展現它自己，彷彿始終在場，穿透你的心智，穿透每個細胞**。因此，當你的心智與身體合一，靈性便會充盈融入這兩者。

要達到身、心、靈統一，最簡單的方法是一套三步驟的靜心。步驟一，將你游動的專注力帶入身體，並將它安置在它自然的「居

圖 5-1「三強點」的靜心

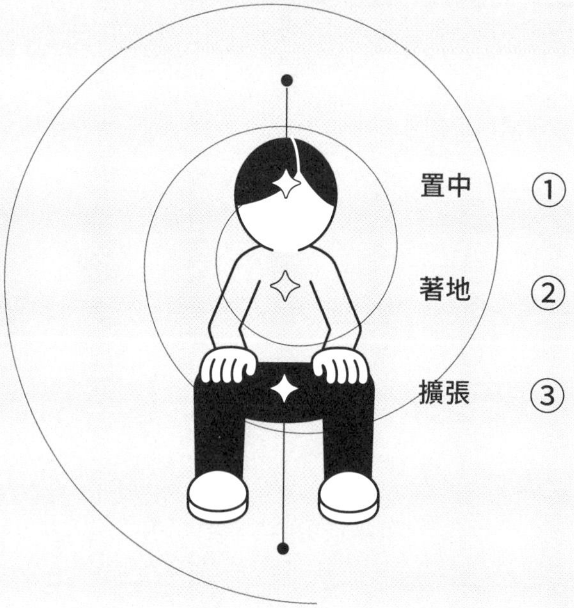

所」，也就是你腦部的幾何中心之處。這會讓你的意識心智進入身體。步驟二，將你的覺察更往下，投入身體，與大地建立起意識的連結，這能將供養你肉體存在的基本生命能量予以整合。步驟三，感受你心臟的跳動，那是靈魂在身體內的真實位置。當你隨著靈魂的覺察，對外向世界擴展時，你將從這個高遠而中立的頻率來認知萬物。

我建議你運用這個技巧，為每一種直覺活動進行準備。一旦你完成靜心的三個步驟，你可以繼續進行靜心，或者開始進行直覺練習，例如本章末尾的書寫練習。

「三強點」的靜心

1. **置中**：你坐在椅子上，雙腳貼地，雙手掌心朝下，放在大腿上。這創造了能量在你體內流動的封閉循環。調整姿勢，讓頭部保持水平，使身體左右兩側感覺平衡。閉上眼睛，均勻呼吸，把注意力放在皮膚裡。你引導頭頂上的能量進入頭部的幾何中心之處，想像腦下垂體與松果體之間有一個點。透過那個白色的洞，讓你靈魂的純淨鑽石之光顯現出來，形成一顆微小的水晶球。進入那個地方並留在那裡。在這個想像的點上，想像有光亮從腦部向四面八方發散出去，清除過去的

記住 對自己的身、心、靈同等認同，將立即開啟你的直覺。

恐懼、懷疑及困惑。

2. **著地**：你將注意力移轉到脊椎的底部，想像尾椎骨前方的一個點。在這個想像的點上，讓第二道針孔般的光穿透出來。透過那個白色的洞，讓你靈魂的純淨鑽石之光顯現出來，形成一顆微小的水晶球。感覺這個根部能量中心，直到開始出現振動或是輕微刺刺的感覺。你讓這個振動向四面八方擴散，充滿骨盆的底部，形成一池明亮的光。想像這個液態的光變得「沉重」，並開始從骨盆底部直直墜落到地面。觀看它融化進入地面，隨著磁化作用朝向地心而去，並形成閃動光芒的厚厚光柱。當這道光從脊柱底部發出，與地心的明亮光芒融合時，你可能會感覺磁力往下吸引，或是覺得自己變得沉重，似乎連從椅子上站起來都很困難。

在建立與地心的連結之後，這個光柱上一個均等能量的流動，會從地心升起進入你的身體。在觀想這一切的同時，你放鬆雙腳腳底，看著它們打開，感覺能量流入雙腳，經過腳踝、小腿、膝蓋、大腿及臀部。在能量升起的同時，你可能會感到發熱或刺刺的。讓地底能量和知識注入脊柱底部的池中。

3. **擴展**：現在，你將注意力放在胸腔，即心臟的中心。在這個點上，讓第三道針孔般的光穿透出來。透過那個白色的洞，讓你靈魂的鑽石之光出現並形成一顆微小的水晶球。感覺心臟這個能量中心開始出現振動，讓這輕微刺刺的感覺朝向各個方向擴散，將你靈魂的清明帶到身體全身上下，以及身體之外的地方。隨著這道明亮的光發散全身，身體組織和細胞裡的黑暗、緊張及收縮都隨之消散。

隨著光明逐漸擴散到皮膚之外，把周遭環境也包含到你意識範圍形成的泡泡當中。把周遭的事物變得更熟悉而個人化。你可能會對自己說：「椅子在我之內，我就在椅子之中；房子在我之內，我就在房子之中；樹在我之內，我就在樹之中；城市在我之內，我就在城市之中……」感覺萬物之中的超意識臨在，並且尋找所有物質內在的光。

今天就要有直覺！掌握實體地點和空間的印象

隨時帶著你的日誌以便做筆記。今天，當你進入新環境時，要保持身體輕鬆和開放。也許，你正開著別人的車，或是搭乘公車或火車。也許，你進入車庫或是走出陽臺，或者到市場、銀行、同事的辦公室、或者去一家新餐廳用餐。當你進入每個新環境時，都問自己：「我對這個地方有什麼了解？這個房間充滿什麼樣的想法？這個地方會自然創造什麼樣的意識？在我到達之前，這裡發生了什麼事？就能量上來說，這個空間是否需要再清理？我在這裡覺得安全嗎？為什麼？」

直接書寫，讓直覺不斷湧現

拿著你的日誌坐下來，保持安靜，放空你的心。選擇以下其中一個問題，思考片刻，懇求自己能從最深層的真實，獲得創造性的洞見。讓問題扮演磁鐵的角色，促使心中跳出第一個字，把它記下來，再讓另一個字跳出來，然後記下。任由想到的字出現，無須評判，無須多想答案會往何處去。不要衝過頭。在順隨筆意停止之前，不要停下，也不要回去看自己寫下了哪些字。輔助的技巧：用自我的靈魂、赤子之心或是未來的自我來書寫；用第二人稱，用自己的名字來稱呼自己，不要把它看得太嚴重！改變你的字體、改變速度和節奏，或是用非慣用的另一手來寫。

- 花十分鐘寫下有什麼東西在你背後，但不要回頭看。不斷往前推導至更早的時空環境。
- 把自己當成「身體」來寫：「我察覺到＿＿＿＿。如果我更加深入（聽覺、嗅覺、視覺、味覺、觸覺），接下來我會察覺到＿＿＿＿。如果我的注意力持續追蹤，我會發現＿＿＿＿。」

- 對以下的主題寫下一段描述性的文字：

  1.「最近我看到最小、最美的事物是＿＿＿＿。」

  2.「最近我看過最宏偉、最美的事物是＿＿＿＿。」

  3.「我見過別人做過最美的事物是＿＿＿＿。」

  4.「我身體上最美的是＿＿＿＿。」

  5.「我人格上最美的是＿＿＿＿。」

- 寫下最近的一段經驗：某件嚴重且麻煩的事突然變得有趣，或是讓你學到一個令人驚喜的教訓。
- 把自己當成「知者」，寫下祂對你的真正本質有何了解。
- 把自己當成「身體」，描述它進行一項集中專注力練習的經驗。
- 把自己當成「身體」，花十分鐘寫下你欣賞的事物。

1. 編注：亞倫．瓦茲（Alan Watts, 1915-1976），英國作家，因向西方讀者解釋和普及佛教、道教和印度教哲學而聞名。引文出自：Alan Watts, *The Joyous Cosmology* (New York: Random House, 1962), 29.

2. 編注：澤庵宗彭（1573-1646），是安土桃山時代至江戶時代前期的臨濟宗禪師。引文出自：*Thomas Cleary, The Japanese Art of War* (Boston: Shambhala, 1991),

3. 作者注：. Thomas Cleary, *The Japanese Art of War* (Boston: Shambhala, 1991), 62.

4. 作者注：Carlos Castaneda, *A Separate Reality* (New York: Simon & Schuster, 1971), 218-19

5. 作者注：Frances Vaughan, *Awakening Intuition* (New York: Doubleday, 1979), 177.

6. 作者注：Carlos Castaneda, *The Eagle's Gift* (New York: Simon & Schuster, 1981), 260-61.

7. 編注：大衛．懷特（David Whyte, 1955-），愛爾蘭詩人。引文出自：David Whyte, *Images of Fire*, audiotape (Boulder, Colo.: Sounds True Recordings, 1992).

8. 作者注：Nick Herbert, *Elemental Mind* (New York: Plume/Penguin, 1993), 246.

Chapter 6

察覺身體對你說什麼

身體是直接認知的鑰匙，要明白它知道什麼，就必須學會說出身體的話。本章帶領你進入你身體世界的旅程，告訴你如何解讀身體對你發出的訊號，本章幫助你與身體發展出合作、共同創造的關係，如此一來，你便能在你需要知道時，確切知道自己需要知道什麼。

身體的語言

我茫然地坐在電腦螢幕前，翻尋自己與許多個案的故事，想從其中找出趣聞軼事當作本章的開場。一小時後，我還是想不出適當的故事，卻作起白日夢，幻想著一條登山步道，蜿蜒在茂密橡樹山丘與住家附近生氣盎然的河灣口之間。這個地方就像是香格里拉，是我在夢中發現的祕密山谷。最後，我關上電腦，穿上健走鞋，朝一個登山口出發。這是一個平常上班日的上午，一路上只有我一人步行。我思索著：「來這裡一定有什麼理由，我要好好注意一些徵兆和隨機的念頭。」

我邊走邊傾聽內心不絕的建議，思索著：「為什麼身體不乾脆把故事傳到我腦子裡，讓我直接寫下來？」但這並未發生，我在這裡耽擱，漫無目標地行走，與自己說話：「我應該可以一下子就找出好東西。我應該著手工作，只要我願意去『想』。」我沉浸在這些思緒中，以至於差點踩到面前一條嚇人的草蛇，讓我感到一陣慌亂。牠彷佛在這裡等了我一個上午，我停下來注視牠的眼睛。再一次，我的直覺象徵物——一條幸運的小龍——以共時性的顯現給了我一個重要提醒。

我注意到，我一看到蛇，就不假思索地進入備戰狀態，顯然身體不用得到我的建議或導引，即刻覺醒，充滿專注力，與這條蛇緊綳而直接互動。我沒有思考，也沒有用語言表達。我和蛇彼此凝視，彷彿經過了無盡的時間，這位小老師滑動身軀，消失在金黃色的草堆中。我回到現實，走上蜿蜒的步道，感覺自己與曲折的山丘、風中搖曳的香蒲、貼著水面低飛的雪白鷺鷥，有了更多連結。

信步漫遊中，我繞過一個彎，感覺自己被吸引離開了步道。爬上一個小坡，坐在枝葉繁茂、香氣四溢的桂樹下，我從背包裡拿出日誌，對著一灣寬闊的水池望去，看到深淺不同的綠色藻類、泛著漣漪的水面倒映著藍天白雲，有如印象派的畫作。我順著感覺不假思索地寫下：「終於到達此處，繞過彎後，走到盡頭，這裡十分安靜。步行這條路的前半段是一項考驗，因為我無意識地受到高速公路上呼嘯的車聲、附近機場客機起降所影響。為了尋見這條蛇所知道的真相，為了擺脫我生活表層一些令人分心的事物，我必須進入山丘的最深處，進到一小排乾枯的狐尾草、一群圍繞我嗡嗡作響的蜻蜓當中，找到始終在這裡的寂靜。我必須走入這片風景的更深處，走入河灣，走過河流，進入水池的中心。我必須站在水晶般的池底，伸開雙臂，呼吸著水，傾聽這寧靜。我可以感覺到，許多故事從最深處，透過光滑平順的寧靜，主動朝我而來，毫不費力且沒有任何扭曲。」

這正是我要尋找的訊息，不需要工整的段落形式所呈現的精彩經歷。我需要將「這一章要用特定方式開頭」這種思考放在一旁。我必須擺脫日常生活中的各種干擾，它們已再度將我盤據，使我執著於一些膚淺、表面的事物，就像是一張已經走調的舊唱片。我需要得到與活生生事物直接體驗的巨大樂趣，這是我的身體最喜愛的。我從蛇的身體，以及我站在清澈池水底部的意象所得到的，正是我需要的感受狀態。

當我再次想像我的這個存在狀態時，發現水池底部是一個讓我回歸中心的意象，是我能夠毫不費力與創造力重新連結的方式。實際上，身體已對我訴說，但卻不是以我心智所理解的方式——不是言語，沒有清楚的標點斷句。相反地，這是它自己的語言，是一種感覺、心態、感官、符號及徵兆。當我讓身體用它的方式給我答案時，它會透過振動、形狀及一連串相關聯的符號，而當我不強求心智上的定義時，整個過程的愉悅會帶領我找到最後的洞見。而且，我了解身體傳給我的訊息直接來自靈魂。

解讀真實與焦慮的訊號

你如何知道某件事對自己而言是對的事，或是知道自己聽到的是真相？如何知道何時是你出門的正確時間，可以讓你準時赴約？如何知道你想要做某件事，而且你正打算那麼做？反過來，你怎麼知道有人對你說謊，或是知道行動的途徑出錯？能否分辨出你的時機不正確？何時情況是受到強迫？何時有很高的可能性出現失敗或危險？

你的身體持續與你溝通，對於你考慮的每個選項的適當性和安全度，提供你回饋，其中包括身體與大自然的和諧關係所提供的存活訊息，以及你靈魂與世界集體意識互動所帶來的、讓你有最佳表現的更高指引。**我們大多數人從未花時間去了解我們如何了解，或是我們了解什麼；我們只是行動。**不過，我們的身體會大聲說出來——但並非使用我們能立即辨認的語言。要發展直覺技巧，需要解讀身體給我們的提示，並快速且直接地了解，而不花時間去揣度推想。

身體的語言是二元對立的，只有兩種模式：「是」與「否」。你可以從感覺身體的擴展或收縮，來辨識出這些訊息。當一個選擇或行動是適當、安全，符合目標時，你會體驗到擴張的能量：可能感覺能量上升，變得活潑而躍躍欲試。你可能對一個主意感到興奮、頭暈，或是因為熱情而臉部微熱。你是否曾經對某人充滿熱情，或是滿心期待如蝴蝶飛舞，或是想展開一場新冒險？有沒有說過：「我傾向選擇這個？」身體說「是」時，往往感覺健康有活力，甚至感覺運氣來了：「我已迫不及待；我要馬上去做！」

我問人們：你怎樣知道某事為真？你身體哪個部分體驗到這個感受？許多人會描述暖意在胸腔擴散，有些人則覺得能量從橫膈膜湧入胸口，或是從胸口湧上喉嚨。有的人甚至感覺繼續往上翻湧，讓他們流下幸福的眼淚。有的人覺得血液衝上脖子和臉，滿臉通紅。還有一些人描述，各式各樣原本不成章法的事物，彷彿在突然間落入正確的位置。往往，你會以自己深深的舒適感，辨識出個人的真相。

這些感覺大部分發生在身體的垂直中心線，而且似乎都與「聽起來沒錯」的感受有關，身體靜靜地敲鑼打鼓，發出巨大的迴響。另一個表達真實的常見訊號是，能量從脊柱往上運動，或是傳達到手臂和肩膀，讓你打冷顫或起雞皮疙瘩。

不過，如果某個事物對你而言是不真實或不適當時，情況會是怎樣？當身體回答「否」時，訊息通常不會被你誤認。事實上，大多數人感應到焦慮訊號的能力，都比感應真實訊號還要強。當一個選擇或行動不安全、不適當或是脫離目標時，你會感受到收縮的能量：可能感覺能量下降、糾纏、變陰暗或是緊繃。你對他人可能變得冷淡甚至冷酷，或是胃裡彷彿有鉛塊般沉重。

當某事對你而言並非真相時，你的身體會試圖退縮和退後。你可能會感覺被擊退，變得「像鉛一樣沉」或「變得像石頭」。臉上不會泛紅，反而可能隨著血液收縮而臉色蒼白。你的能量層次往下掉；你可能覺得灰暗、憂愁甚至沮喪，感到身體某個部位的疼痛。通常，焦慮的訊號是胃痛、嘔吐、厭惡感、胸痛、頭痛，或是太陽神經叢有被緊緊揪住的感覺。焦慮的另一個訊號是，沿脊柱上半部到頸部有如「寒毛豎起」的刺痛感。

為什麼了解真實和焦慮訊號很重要？首先，你需要一個可以防止錯誤的方法，來辨認生命中哪些選項最適合你，讓你能夠直接從靈魂超意識的智慧做出真確可靠的選擇。真實與焦慮的訊號，是你通向最高知識的管道。其次，學習更快且更直接找出明確的答案，可讓你避免浪費太多的時間和精力，而錯過眾多幸福的機會。第三，學習完全信任你身體的第一個反應，可讓你發現獲得高品質的指引。歌德（Goethe）說過一段看似簡單的話語：「你只要信任自己，就會知道如何去活。」

排解疑難的提示：

當你懷疑身體發出的訊號時

1.當你得到一個真實的訊號，而感到興奮且自在時，如何得知它不是因為偷懶、便宜行事而得到的答案？當身體傳遞一個焦慮的訊號時，如何得知你不該行動？如何得知自己不是因為害怕，而不做可能對你有益的事？

2.與你的身體達成協議，你會信任自己接受到的訊號，而不管其他再度浮現的想法。即使你可能犯下錯誤，按照自己的感覺去行動。即使你的選擇出錯，別忘了靈魂始終保持著警覺，不會讓你置身在黑暗中太久，尤其是如果你已在內心深處決定要變成有意識的。當你試著按照錯誤決定做出行動時，將會偵測到焦慮感更強的新訊號。在這種情況下，再次以完全的信賴做出選擇。

辨識你的真實與焦慮訊號

1.寫下你用哪些不同的方式，來了解某事或某人是真實、安全或符合你的意圖。你身體的哪個部位體驗到這個訊號？這個訊號是否會從身體的某個區域，移到另一個區域？

2.寫下你用哪些不同方式，來了解某事或某人是錯誤、不安全或不符合你的意圖。你身體的哪個部位體驗到這個訊號？這個訊號是否會從身體的某個區域，移到另一個區域？

3.注意你今天所接收到的真實和焦慮的訊號，並把它們記錄下來。

做出真實的選擇

今晚你可能自己做飯或者外食。你會吃什麼？如何得知要選擇什麼菜？也許不挑選平日常吃的菜色，而是詢問身體：「今晚你覺得新鮮萵苣如何？番茄湯？奶油義大利麵？牛排和馬鈴薯？」讓你感受到的真實或焦慮訊號來告知你今晚的偏好，看看自己能否找出最微妙的訊號。也許，你的身體想要一些清脆的小蘿蔔，或是半顆多汁的葡萄柚。

你可能正在考慮「應該」搬家，不要繼續住在租金昂貴的房子裡，而是在附近租個比較便宜的房子、搬到外地、找個室友、改住公寓、自己買房子，或是搬回去和父母同住。你拿每個選項去詢問身體，結果覺得胃部痙攣、頭痛、想打瞌睡，變得緊張暴躁。身體告訴了你什麼？現在可能還不是做決定的時刻，可否過陣子再說？

或許你正在找工作，眼前有幾個似乎都不錯的機會。有的可以讓你發揮人際技巧，另一個薪水比較高，但整天都待在電腦前，第三個工作則能讓你學習新事物，與一群有創意的人共事。你的身體會給你立即的回應：想像坐在電腦桌前，會讓你脖子痠痛。需要人際技巧的工作有些乏味；不會有太多壓力，但也沒有真正驅動你的能量。第三個選項，與有創意的團隊工作，立刻吸引你身體的注意和渴望。你打算怎麼做？是否會推翻身體直接的認知，拿出一堆「是的，不過……」的理由，像是薪水不夠高、沒有熟人、沒有相關經驗，或覺得自己不夠有天分？或者，你是否會信任你的身體，相信它此刻比你的頭腦知道得更多？

你越是確認身體提供解答的效力，根據身體的訊息來行動，身體就會越信任你的意識心智，也就越容易提供未來專業指引。

確認身體比你早料到

本週，你多注意幾次自己身體傳送到意識心智的訊息，也許你本能地在高速公路上轉換車道，剛好前面不遠就出現爆胎的碎片。或者，也許你突然想比平常提早十分鐘出門，接著就在路上碰到耽擱，幸好你剛好趕上會議。大聲感謝你的身體吧，把發生的事記下來。

區分非語言的訊息

從身體的觀點來看，生活中沒有事情是真的很複雜的。對身體而言，永遠只是一時的問題、一個資訊、一個動機。在每個片刻，都只有一個選擇、一個解決方法是最合適的。下一刻的選擇可能會有不同，因此不要失去耐心，別急著超前。你的時間還沒有到，預期未來要做的選擇，只是浪費時間而已。

記住　你的身體從不撒謊。

當你需要直覺的導引時，要放鬆。詢問身體以下的關鍵問題：此刻最有趣和最重要的是什麼？讓這個答案引導到下一件最有趣的事。選擇與有創意的團隊一起工作，也許你因此有機會參與這家公司新的訓練課程，讓你學得新的技能，使你更有自信，幫助你升遷，並為你帶來新的客戶，而這位客戶最後會給你展開新事業的機會。

找出身體的關鍵問題

1. 保持安靜，歸於中心，踏實著地，均勻呼吸。你問身體：「目前你最擔心什麼？我如何消除你的疑慮？」懷抱期待地等待，你的內在將開始了解，也許伴隨著一些感受、感官及意象。在日誌裡，寫下身體擔心的事，以及如何幫它化解。身體用什麼特殊方式讓你知道答案？

2. 問你的身體：「目前最感興奮的是什麼？什麼活動讓你覺得最有成就感、願意全力投入？」注意感受、感官及意象。在日誌裡，寫下身體最實在的動機，以及如何幫助它顯化這些體驗，而身體用什麼特殊的方式讓你知道答案？

在前面的練習中，你可能已經注意到，當專注於自己的身體時，會察覺到一些微妙的感受，有些無法靠理性邏輯探究的飄忽朦朧意象，融會進入你本能的認知中。答案突然出現在你的意識中，就像浮現在占卜玩具「神奇八號球」三角形窗口的答案：「當然好」、「極不可能」或是「稍後再試」。也許，身體關心的是蛋白質不夠運作，因為你早餐喝了咖啡、吃甜麵包。你早上參與會議時，身體讓你浮現雞肉三明治的意象，色香味俱全。你會強烈渴望提前休會，衝到餐廳吃午餐。

或者，身體會告訴你，今天最讓人興奮的事情是設計新花圃，因為它釋放訊息，讓你渴望去感受柔軟翻整好的泥土，你想去充滿了溼潤滋養氣息的苗圃買花，享受在戶外陽光下的單純喜悅。你腦海裡甚至已經見到花床的設計、花種的安排，以及一年後可能生長的樣貌。不過，這一切以快速的時序出現在你的腦中，彷彿是頃刻間同時發生的，而念頭的產生、感官的觸發及意象的出現之間，幾乎沒有分別。但因為身體非語言的溝通方式，我們經常錯失了它的訊息，特別是當我們的心智被一堆想法所盤據時。在找尋個人所要的真相時，永遠要信任深層舒適的感知。

找出你的敏感度界限

當身體傳送重要訊息給你時，它會努力引起你的注意，通常會鼓動情緒微微拉高，或是讓你感到惱怒或心煩意亂。但是，我們常常忽視身體要引起我們注意的企圖。我們常常略過一開始初期的振動，否定它開始營造的急迫感，並且壓抑逐漸累積的緊張，繼續只用我們的頭腦去生活。然而，

記住 我已在這裡，準備好要聽「現在」說的話。

當身體需要溝通時，它會堅持到底。身體一開始對你悄悄呼喚，如果你不聽，它就會清清喉嚨——咳咳！接著，如果你還是不聽，身體會開始敲門，越敲越大聲，然後狂亂撞門。如果你還是不注意，身體就會拉響警報，發出最高音頻的聲響並閃動紅燈。

敏感度的十種刻度

要增進直覺，就要學習辨識身體最早的訊息。如果你越是能意識到身體的微妙情緒和感知，那麼你不只會更快速、更直接地認知，還可以省去不少痛苦和遺憾。

以下是身體引發你注意的一連串機制：

1.振動、共鳴，以及本能的催促。你如果感覺敏銳，也許能在身體還在細胞階段的震顫活動，就辨識出它傳遞的訊息。你轉過一個街角，收到強烈的焦慮訊號：你的內在有東西正在緊縮。你不再多想，而是趕快離開現場。或是，不安的情緒催促你，「現在」立刻到文具店買一枝筆，在那裡你會剛好碰見多年不見的朋友，他正有重要訊息要告訴你。

你是否曾感覺到微微的壓力，彷彿有人正在叫你，但你卻認不出那是誰的聲音？你靜下心來，擺脫紛雜的思緒，仔細辨認，幾分鐘後你妹妹的形象浮現在腦海中。你立刻打電話給她，她正心情沮喪地哭泣，確實需要有人和她說說話。

你如果感覺敏銳，你沒有在這個階段接受身體的訊息，振動的強度將會升高，接著你可能就會注意到……

2. 心神不寧。如果你感覺敏銳，那麼當身體累積動能，開始更用力搖晃時，你將接受到身體的訊息。這種感覺可能叫做「犯嘀咕」、「鬧彆扭」或是「心神不寧」。這個階段的振動比前一個階段略為猛烈，並具有明確讓人感到緊張的特質。它們顯示，能量和訊息的流動已經從身體升起而進入意識心智。

多數人覺得這令人不舒服，甚至把這種小小的搖動視為一種痛苦。這時候，許多人會無意識地回歸到自己的慣性行為，透過吃東西、看電視或是閱讀，將這些煩擾人的共鳴推送到潛意識之中。在這個階段裡，你應該要判斷你擷取的是焦慮訊號或是真實訊號，因為身體對負面之事或正面之事的期待並沒有太大差別。到底它是恐懼還是興奮？

如果你在這個階段還沒有察覺到身體的訊息，當身體開始啟動時，你可能會更警覺到……

3. 感官訊息。你有沒有注意到有些人說的話會說到心坎裡，有的人則與你頻道不合？你是否曾經火氣上升或是心癢難耐？你是否形容過某些狀況燙手或粗糙，或是形容某人犀利、乏味、可口或爽快？當振動的頻率進入感官的階段，它從爬蟲類腦升起進入中腦，並開始掌握顏色、形狀、質地、音調、氣息、味道，和其他可辨識的細節。如果你進入一個新環境，感到一股寒意，對一個想法啞口無言，或者與同事爭論到眼睛發紅，你便是將焦點放在感官的層級。

如果你還沒有注意到身體的訊息，你的身體可能會為了得到你的注意，而繼續……

4.情緒。如果你沒有注意到身體細微的知覺，你可能會到達極限，能量終於用更易辨識的形式，衝入忙碌的心智。通常，最初的情緒訊號會擾亂你，你可能會感到心煩、挫折，對人亂發脾氣，心情可能會無端改變而感到沉重、悲哀。

有一天下午，我感到一波波無緣故的惆悵。這種情緒逐漸累積，不久便打亂我原本在寫作時愉快、興奮的心智狀態。我寫得不大理想，於是捫心自問：「今天怎麼了，我沒注意什麼導致我產生這種感覺？」

我列了一份清單：要打電話通知那些欠我錢的人；有個朋友告訴我，我正在寫的童書篇幅太長，沒有人會想看；我要為晚餐聚會準備一道菜，但還沒有食材。在釐清每個項目之後，我了解自己沒有注意到，心底暗藏著被排斥感和無助感。這些模式在內心深層被擠壓，卻未獲得注意，讓我整天鬱鬱寡歡。

當這些情緒巧妙地浮現時，如果你未能掌握住，那麼它們會蓄積能量，變得更強烈，直到你發現自己藉由狂怒或淚水爆發開來。如果你沒有在情緒的階段掌握到訊息，它可能會變成……

5.肉體的緊張、壓力和成癮行為。現在身體開始大聲地敲門。你壓抑能量的浪潮，以至於它變得更密實，接著你會發現肩膀緊繃，出現緊張性頭痛或是手腕痠痛。或許，你一直生活在以下的狀態：持續無意識地擔心失去現有的生計，而未獲得認可的情緒壓力，則以胃灼熱和消化不良等方式出現。或許，你可能有了飲酒的習慣，或者狂亂地找尋可以提振精神的消遣。

你忽視潛藏的情緒和身體的訊號越久，緊張的情況就越頻繁，直到它變成了……

6.肉體的疼痛。現在，你的肩膀持續痠痛，或是手腕需要用彈性繃帶固定。你彎腰時下背會疼痛，而消化不良已演變成慢性胃痛。你的生活已經與頭痛共存，必須經常藉助止痛藥。然而，你卻繼續忽視這些身體傳來的極端訊號，繼續埋頭工作。

很快地，這些疼痛深植到你身體內部，變成了……

7.病痛或疾病。如今，你的身體對著你的意識心智猛力敲門。你肩膀的痠痛，隨著兩週的流行性感冒，已擴展到整個肌肉組織。慢性胃痛變成了結腸發炎，甚至是結腸癌。你出現了腕隧道症候群，需要接受手術。你胸中壓抑的悲傷和疼痛，變成了心臟病或肺炎。身體正在對你說：「慢下來，不要只是看事物的表面。」

但是，你「仍然」不願意聽。你住院幾天或是接受門診手術之後，仍然繼續以往的生活，直到身體陷入絕望，引爆了……

8.重大變故、震撼或創傷。之前，疾病未能產生作用。現在，你婚姻破裂、失去工作、出車禍、雙親有人亡故，或是房子遭到小偷。你的身體說：「哈！也許『這個』會讓你停下來注意到我！」在這種暴力之下是什麼樣的訊息？

如果你仍然忽視你的直覺，把一切怪罪給壞運氣，身體非常可能會再次轉換方式，而你則會落入……

9.憂鬱、癱瘓、喪失意識或瘋狂。現在，你已經無力招架這個世界，感官變得遲鈍。陷入深沉的憂鬱，失去對生活的興趣，感覺人生毫無目的。你想自殺、你大受打擊而感到無助，甚至可能陷入幻覺而與現實脫節。你或許出現癡呆的徵兆，或是陷入昏迷。你恐慌到可能癱瘓的程度，或是喪失活動能力，只能坐在輪椅上或是靠呼吸器以延續生命。

如果到了這個階段，你仍然不傾聽身體，那麼剩下的唯一選項就是……

10.死亡與重生。擦掉黑板重新開始！在這個時候，自然的死亡與自殺已經沒什麼差別。當情況到達這個階段，靈魂已被當機的身體所封閉，無法穿透到達意識心智。在如此沉重的情況下死去，算不上是解脫。當我們輪迴重生時，會帶著心智和情緒的狀態到另一個世界，將它重新整合進入下一個人格。通靈人珍．羅伯茲（Jane Roberts）曾說過，她不會想要自殺，因為這樣得回來重念一次三年級！

當然，我說得有些誇張，不過我們都知道固執抗拒內在真相的人，往往缺乏適應力與活力，而且比較負面。但也有些例外，像是頸部以下癱瘓的演員克里斯多夫．李維（Christopher Reeve）、因輸血而誤染愛滋的網球明星亞瑟．艾許（Arthur Ashe），似乎自願用自己最惡劣的身體狀況來教導及啟發人類——藉由將超意識帶入他們受局限的肉體。

身體發出訊號，
但你多快會知道？

1. 在日誌裡，寫下你通常何時會注意到身體的訊號。舉出幾個例子，說明你早期注意到訊號的情況，以及你何時不自覺或抗拒。
2. 當你身體的訊號變得相當強烈時，寫下哪些是你原本沒注意到的疼痛、緊張及情緒。身體是在傳遞一個求生訊息，或是從超意識、靈魂的層次傳遞訊息？

記住 找尋藉口只是徒然耽誤時機。

圖 6-1 敏感度的刻度

你多快會知道？

意識	振動—共鳴—本能的催促
靈魂的統合	心神不寧
身心統一	感官訊息
	情緒
	肉體緊張—壓力—成癮行為
	肉體的疼痛
	病痛—疾病
無意識	重大變故—震撼—創傷
靈魂的否定	憂鬱—癱瘓—喪失意識—瘋狂
身心分離	死亡—重生

越早注意到身體情況，你會越有直覺。

直覺如何升起

我們現在來看看訊息從身體浮現，進入心智的路徑。如果你在過程中的任何時刻，都能夠確切找出腦部活動的位置，那麼你對身體的感覺就會更加敏銳，直覺的流動也會增強。你可以學習去追蹤肉體振動的上升流動，由細胞往上到脊柱，然後通過三個腦層。當你熟悉訊息通過你意識的進展過程時，很快就會知道下一步要預期什麼，以協助這個自然運動的過程，並增強直覺的流動。

首先，腦部最原始的腦層是「爬蟲類腦」，所關切的完全是肉體的存活。它控制感覺運動的功能，讓你察覺自己處在身體之內、物質世界之

圖 6-2 腦的三個層級

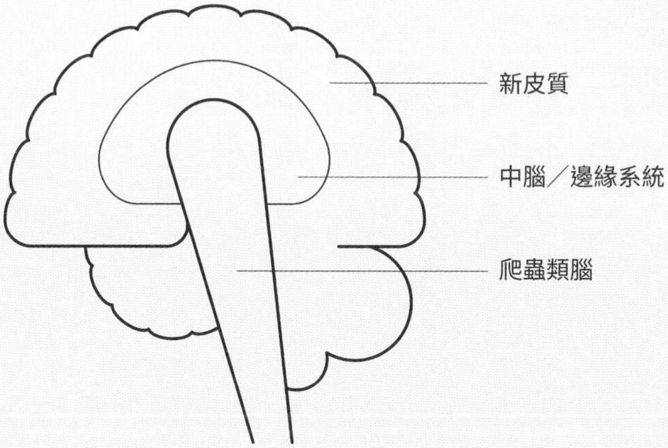

中。它會本能地驅使你尋找食物、庇護、性及領域。不涉及感性或理性，以厭惡或吸引來解讀感官的刺激。爬蟲類腦與你的潛意識心智和求生行為，有著密切的關聯。

其次，環繞在爬蟲類腦周圍的是「中腦」，或稱為「邊緣系統」，是意識心智和人格自我的位置。中腦創造出你體驗的感覺基調，並與創建關係、情感聯繫、夢境及內在願景有關。

第三個、最高層的腦是「新皮質」，是你的智能系統，它是兩個較低層的中腦和爬蟲類腦加起來的五倍大，並且區分為左右兩半。這裡主掌抽象思考、創造性思考及較高的意識狀態，例如同理和真相。新皮質與你的超意識心智相呼應。

要發展直覺，我們必須有意圖地、互

動地、垂直地運用腦的三個部分。直覺始於生理的振動，不論洞見的刺激是來自世間的事件，或是在更高的心智上以靈感啟發。即使你腦中的電燈泡熄滅，也屬於肉體感官；這是一個微妙的真實訊號。為什麼有些人終於弄清楚某件事之後，會禁不住敲自己的頭？會不會是他們察覺到一個往上升的洞見，終於到達腦的新皮質？

你能否辨別出直覺正在升起？當某件事從底層浮出表面，並產生意義時，你能否辨識微妙的感受？你能否感覺情緒正在沸騰？能否意識到可望而不可即的意象？這裡的每一個感受，都是意識從一個層級流動到另一層級，所引發的微妙壓力變化。你的目標是連結腦部，讓意識之流得以平順流動並穿過意識心智。讓我們來看看直覺如何升起。

當身體的訊息以本能衝動的形式，從你的爬蟲類腦移動到中腦時，它帶來了情緒的感受和肉體的感知。你可能會察覺到，升起的訊息通過一連串的感官，從最接近古老爬蟲類的感官世界開始。嗅覺或許是與環境互動最原始的方式，如果你聞到味道，那麼你與你的身體和地球便相當親近。隨著訊息向上傳遞，你可能會注意到你的味覺——它也是非常本能的感官。接著，觸覺會帶你進入一個更具關聯的存在方式，你更能意識到訊息。接著，隨著你注意到音域，訊息有了聲音的特質，也變得更複雜。最後，隨著訊息持續上升，你的視覺也被開啟；你看到光亮！訊息如今有了形狀、深度、顏色，以及細微差異。現在你可以看到圖像、符號及場景。

在性的吸引上，這個感官上的指令鏈結非常明顯。我們首先可能只受到一個人的外表所吸引，

圖 6-3 訊息如何變成意識

	心智
新皮質	語言—標籤—文字描述
左腦	分析—定義
右腦	抽象概念—形式
中腦	聯想—意義
感官訊息	視覺：意象—符號
	聽覺：微小聲音—感應
	觸覺：紋理—印象
	味覺：「難以下嚥」、「難以入口」
	嗅覺：「聞起來不對勁」、「臭不可聞」、「新鮮的想法」
	情緒
爬蟲類腦	肉體的緊張和疼痛
	心神不寧
	振動—共鳴—本能的催促
	身體

隨著訊息從身體傳達到意識心智，它會變得更視覺化和文字化。

但如果對方的聲音令人不快，皮膚觸感很奇怪，或是有令人不敢恭維的氣味或品味，外表的好看也不能讓兩人長久在一起。

由於中腦教導我們構成關係，因此訊息在這裡開始具有二元的本質。我們有一些想法，諸如「那穿著像是我的姊妹」、「這幅畫和這個家具不搭」。在這裡，我們形成聯想，尋找連結。當我們把兩個意象在頭腦連結，就創造了意義：「我是金髮，因此看起來年輕」，或是「他真是一頭猛虎」。在感官經驗轉化成聯想之後，訊息就從中腦往上移到新皮質的右半部。

現在，我們的知覺變得更加複雜、細微。我們注意到許多彼此重疊的聯想，以及相似、差異及對立，製造出形式的印象，讓我們體會到抽象概念。當這些形式有意識地登錄在大腦裡頭時，我們便能夠掌握策略、概要及願景。我們迎接恍然大悟的時刻，上升的訊息很快地跳入左半腦，我們分析並界定訊息，最後給它貼上標籤。我們以文字來描述洞見，語言就是最後的步驟。

你如果要增進直覺，只需要隨著認知之鏈往下移動，從語言進入感官。你閉上雙眼，打開想像。你看到什麼樣的圖像？你聽到什麼聲響？如果你職業生涯的下一步有紋理，觸感會像什麼？如果你的夢中房子是一塊食物，它的味道會是什麼？如果你的靈魂伴侶是一種氣味，聞起來會像什麼？讓自己像動物一樣思考！

或許，你困在視覺的層面，頭腦只能看到與熟悉經驗相關的圖像。要從腦部往下移動，並啟動情緒。如果你正考慮移居其他地方或國家，那麼在頭腦設想每種可能情況時，詢問你的身體，讓它給你立即的第一手回應。紐約：喉嚨緊縮／焦慮。加州：頭嗡嗡作響／好奇。日本：柔軟的太陽神經叢／和平。墨西哥：心怦怦跳／熱切。

如果你的情緒受到阻礙，就調整到身體更細微的振動。哪裡讓你感到心神不寧？是否緊張或無法集中精神？腹部有這種感覺嗎？後頸部？或是膝蓋？你一旦發現身體振動的訊息，就釋放能量，按照圖6-3大致列出的自然步驟，依序移動能量。當訊息波開始於細胞層級時，如果你沒有抑制它，就不會體驗到緊張、疼痛或創傷。透過練習，你將學會有意識地運用每一個步驟。你可以先潛沉到更深的層次，然後往上加速直覺的啟動，或是先延伸到較高的層級，然後觀察或感知下一步會如何調整。

排解疑難的提示：
如何處理心神不寧

1. 掌握自己精神不集中的時刻。可以先告訴自己和別人「我有很多心事」、「我正在生氣」或是「我沒吃早餐或沒睡飽」。
2. 保持安靜，閉上雙眼，將注意力放在身體上。先停止描述你的感覺，去除它的標籤，排除所有的文字。只注意你的感官，不要試圖壓抑任何事。這種「緊張」並非壞事，甚至不一定是壓力，它只是單純的它：一種能量。讓你感到最巨大的是哪個部分？
3. 你能否察覺到，如果給予這些振動的能量更多空間，它們可能會往哪個方向移動？更加專注並進入這些振動，讓它們移動。它們往何處去？讓它們變得更強。隨著力量的增強，它們會想要做什麼？
4. 如果感覺到能量在你的雙腳，就步行、跳躍或舞蹈。如果感覺它在你的橫膈膜或胸部，就深呼吸，發出動物般的聲響或是扭動手臂。如果感覺它在你的喉嚨，會想對誰說什麼話？讓能量在你體內隨意移動，讓這股波動教導你，而不要試圖去控制它。

5. 隨著能量往上移動經過你的腦部，注意你的感覺、感官資料及聯想。讓圖像浮現，讓新的意義自然對你顯現。

將情感和感知轉換成文字化的洞見

讓自己感受舒適自在，是開發直接認知時最重要的一點。由於語言是最後一個步驟，因此能夠描述你的非理性感知的細微差異，是你變成有意識的強力方法。不論你是男性或女性，將情感和感知轉換成文字化的洞見，完成腦部的循環，可以讓你同時知道潛意識和超意識的訊息。

我的個案羅德進行一項練習，他仔細觀察身體的感官，描述自己注意到的事。他所謂的「描述」，是一種直接的表述，而不是一般人在做的「談論某事」。他說，我們不該將對著自己談論自己的經驗，當成正在為觀眾傳送訊息。相反地，我們應該像瘋子一樣，直接按照身體的認知來表述，甚至編造出自己的話語。

他提到在他的小女兒死去一年後，他經歷了一次強有力的身心療癒經驗：「我可以感覺到，限制我的張力從肉體全部釋放出去。彷彿我的身體布滿了警覺壓抑的小點，在我女兒發生意外之後，持續關注著她。突然間，我可以不再外求，而是感受、觀照內在的自我。一切都由光所組成，是明亮、可看透的生命。我的胸腔前面如同兩扇迴轉門似地分離、開啟。一股向外的奔流開始了，我飛快往外衝出；在奔流出去之後，門開得更大。我聽得見這股運動的聲音，既快速又高亢，幾乎超出我感知的範圍。我的女兒就在那兒！我可以看穿她的手臂——她身體的能量單位實際上分離了。她正在玩耍！她向我展示，這是她的新世界！她正向我展示，所有的東西都能夠滲入並穿透其他的東西。」

要記住**所有一切都是訊息**。情緒並不可怕，情緒也是訊息。心神不寧不會造成危害，這是訊息的原始形式。試著描述隱藏在肉體感官或感覺中的訊息。

描述情緒和感官

1. 在出現情緒或複雜感官時，抓住那感受，然後注意你在和自己談論這個情況時，使用了什麼「標籤」。接著，捨棄這個標籤，運用圖像與其他感覺的文字，描述你正在體驗的單純身體感官：「我覺得太陽神經叢有刺痛感，範圍像顆棒球一樣，彷彿裡面有一群蜜蜂，聽來像是吵雜的電流嗡嗡聲。」接下來，單純地與這些感官共處。當這些情緒或複雜感官進一步浮現在你的意識裡時，可能會變換成其他的東西，而你也許會對它們為何出現以及代表什麼意義產生洞見。然後，隨著它們的發展改變，持續描述它們。

2. 用現在式的語氣，彷彿向朋友說故事一樣，在日誌裡寫下：「我生命中出現的情況，它觸動我的身體產生強烈的＿＿＿＿感覺。這個感覺就像＿＿＿＿。我注意到這個情況類似＿＿＿＿。讓我想到關於＿＿＿＿，我有些未解決的問題。它的重點是在＿＿＿＿。如果我依循我的靈魂做出行動，處理這個情況的方式應該是＿＿＿＿，隨著情況開始演變，我感覺到它正移動到我的＿＿＿＿。

為了讓訊息變得有意識，你可能要培養這樣的習慣：和朋友討論「我今天獲得的有趣看法」，或是「我發現這週經驗的幾件事有相似點」；或是問：「你覺得『這』代表什麼意思？」你要認定自己有權利在身體內活得舒適自在，沒有必要去忍受能量上最微小的不安感。只要與你身體的不同部分進行想像中的對話，就能夠察覺身體組織裡的訊息。把你的腹部、腳底或是甲狀腺擬人化，讓它們告訴你它們對生命所知道的事。你與自己達成協議：每當注意到一個焦慮訊號，就會停下來，並找出它代表的訊息。把跟身體對話當成一種生活方式，讓身體不存在阻礙、愚昧及否定。

練習沉潛至日常生活中紛亂心思的事物表面之下，找尋更深層的認知經驗。培養將身體納入所有決策過程的習慣，並感受細胞與你的對話。如果你尊重自己的身體為真實的存在，重視它與生俱來的意識，與它對話，它將成為指引直覺的可靠來源。

今天就要有直覺！讓身體決定你要做什麼

當你決定去吃晚餐時，挑選三家可能的餐廳。先不要決定要去哪一家。就以食物為大方向，讓身體和自然的本能來做每一個選擇。假如有一家餐廳在北邊，另外兩家在南邊，你在必須轉彎的岔路上，看看你的身體想往哪裡走。在下個交岔口，你可能會發現，自己無法從快速道路的出口開往你要去的中國餐廳。繼續走，了解你的身體可能比較喜歡市區的墨西哥餐廳。但是，當你停車時，卻發現對街有一家自己從未注意到的舒適餐廳，在看到這家餐廳的同時，身體也充滿熱情。去好好享用吧！要感謝直覺帶來一個嶄新體驗。

直接書寫，讓直覺不斷湧現

拿著你的日誌坐下來，保持安靜，放空你的心。選擇以下其中一個問題，思考片刻，懇求自己能從最深層的真實，獲得創造性的洞見。讓問題扮演磁鐵的角色，促使心中跳出第一個字，把它記下來，再讓另一個字跳出來，然後記下。任由想到的字出現，無須評判，無須多想答案會往何處去。不要衝過頭。在順隨筆意停止之前，不要停下，也不要回去看自己寫下了哪些字。輔助的技巧：用自我的靈魂、赤子之心或是未來的自我來書寫；用第二人稱，用自己的名字來稱呼自己，不要把它看得太嚴重！改變你的字體、改變速度和節奏，或是用非慣用的另一手來寫。

- 以身體的觀點，寫下一次非常真實而讓心智徹底安靜的直接體驗。在生活中，什麼樣的事情有這種力量？
- 以身體的觀點，寫下今天試著透過一個真實訊號與一個焦慮訊號，與心智溝通的時刻。
- 描述你體驗「敏感度的刻度」前九項的例子，寫下它們各自隱藏的訊息。
- 以身體的觀點，寫下：「為何被我伴侶或情人的身體所吸引？為何被過去的戀人所吸引？」
- 「如果我是（一個動物、一種顏色、一個味道、一種材質、一個聲音、一種氣味、一個幾何形狀、一種音樂、一朵花、一種食物），我會是＿＿＿＿。」
- 以「感知者」的觀點，寫下在本週的哪個時間，你專注於振動／共鳴、心神不寧、情緒、感官訊息這些層級，以及創造聯想和意義、認知形式和概觀、做最終的經驗描述。

- 以靈魂的觀點，正透過身體來感受這個世界：

1.「今天我得到的有趣看法是＿＿＿＿。」

2.「這週我發現不同經驗之間有趣的相似點是＿＿＿＿。」

3.「這週我經驗中隱藏的意義是＿＿＿＿。」

要像個瘋子一樣地書寫！

PART 3 讓直覺變得有用

你已經學會如何保持頭腦清醒，從最高、最乾淨的本源獲得直覺，並且開始解讀來自你身體的微妙、非語言的訊息。你已經準備好將直覺應用在日常生活中。在第三部分，你將學習運用直覺，來幫忙增強你在夢中接受的指引、啟動正面的想像力、幫助自己和他人得到超意識的指引，做出決定、進行更有效的溝通、開發創造力、療癒自己，並顯化你的需要。最後，你將學習對開發直覺的盲點保持警覺，並且合乎倫理地運用新的感知技能，讓自己保持在流動之中。

Chapter 7

駕馭想像，孵個給你答案的夢

本章教你信任自己的想像力，與夢的世界進行建設性的合作。藉由學會積極參與自己的「另一個維度」，你可以將達成自我期望的能力擴展到最大，了解自己最深層的成長過程，得到充滿啟發的願景。本章幫助你全天候二十四小時都是有意識的，在你內心的沃土播種並收穫豐厚回報。

相信想像的創造力

蘇珊找我幫她進行生命解讀，她追求靈性生活已經有好幾年，但是最近感到有些缺乏頭緒，與自己的熱情和目標有些脫節。她想要改正出錯之處。我們發現，蘇珊經常作栩栩如生的夢，而且常將夢當作自我導引的主要來源。她告訴我前一晚所做的強烈夢境，認為這與她的主要問題有些關聯。夢中，她像超人一般飛翔，身邊有一位天使外形的年輕女子相伴。她慢慢注意到混雜著新時代（New Age）音樂和古典樂風的悠揚樂聲，曲調豐富。她天使般的同伴說：「聽這音樂。」當她注意聽，樂曲在她眼前出現形象，像是翻騰的積雲。隨著她的飛翔，樂曲不斷展現優雅的變幻，不斷召喚她飛向天堂。她追隨前進，產生了奇異的感覺，感到自己將要變成這個樂聲和形象。在這融合發生的同時，蘇珊知道自己上了寓意深遠的一課，但不是自己一般的心智所能理解的。

突然間，強烈的節奏從底下傳出，它同樣也具有形貌，像是簡短、黝黑、垂直的破折號。當蘇珊注意到它時，便開始無助地往下墜落。「聽這音樂，」她的同伴平靜地提醒她：「選擇你要追求的振動。」當她再次傾聽更高的靈性之樂時，便再次輕柔上升、恢復穩定。對她目前所處的靈性危機來說，這到底代表什麼意義？

蘇珊和我都同意，這的確是來自靈魂的重要訊息。她正面臨生命重要的關卡，需要關注內在的聲音，不要受到每天來自朋友、同事及媒體的聲音所干擾。她如果繼續分散注意力，可能會落入憂鬱和自我否定的階段。不過，她如果能專心注意自己渴望的感受，觀察並體察自我和周遭環境，那麼這個感覺的振動會指引並提升她，更接近自己的「人間天堂」。

蘇珊驗證了想像的力量，特別是當它透過夢境來顯化時，可以帶來直覺的洞見，教導並指引我們。在想像力的世界裡，來自你的潛意識或超意識心智的訊息，可以毫不費力地翱翔，傳送眾多豐富的意義。它們可能化成天使的模樣與你交談，或是同時並存於數個身體感官，給予你特定的存在感和認知狀態的強烈真實感。

在你的想像之中，一切都變得可能。你可以很容易取得各個層面的訊息，重新組合想法和信念，培植意圖的種籽，讓它在未來成長並顯化為實相，甚至拆解掉干涉新經驗出現的實相。在本章裡，你將學會開啟和放鬆你的想像力，與意象、符號（即你想像力的語言）共同合作。之後，你會發現，夢境原來是為了讓你更理解生活，與你的潛意識和超意識心智溝通的一種方法。

想像力是你的盟友

人們經常問我該不該信任自己的想像力，彷彿想像力是一種險惡力量，只要給它一點立足之地，它就會欺騙你的邏輯心智，讓你失控或做出蠢事。我會提醒他們，邏輯心智如果不是為創造力和想像的天分服務，那就只是無窮盡的重複，沒有半點用處。生命將缺少了風味與熱忱。

想像力幫忙連結你上半部和下半部的頭腦，填補了心智架橋的功能。前面你已學會，一個衝動本能從你的爬蟲類腦升起，進入中腦，在那裡開始有了感官的紋理、色調、味道及觸感。訊息有了生命，而且開始具有意義。不過，就在訊息進入腦部最高層的新皮質之前，開始有了視覺。因此，符號就存在於身體的實相與靈性的實相之間。符號是直覺的共通語言，透過我們的想像力，為我們服務。符號可以讓抽象的靈感落實到身體，成為實體的顯化，還可以讓本能的知識提升，進入有意識的認知，並具備意義。

直覺最終要成為有意識的，因此必須解讀中腦所呈現的意象和符號。所有你現在擁有和了解的，在你的想像中將以畫面或圖樣呈現：要怎樣挑選今天的穿著？為何要把家具布置成現在這個樣子？怎麼知道要在院子的哪個地方種花？能不能想起你當初浮現某個圖像，或意識到該怎麼進行的時刻？如果你找到並珍惜這些啟示性的時刻，將會強化你的想像力和直覺。

想像力決定了生活品質，因為我們想像力的範圍就是我們讓自己前進的範圍。我們絕少會去追求某個東西，除非能先想像到並「感受到」它可能如何進行。鮮明的想像力，加上豐富的感官內容和情緒上的多樣變化，會讓概念變得更真實，並因此變得可以實行。舉例來說，在我的一場研討會裡，我要求參加者不將錢納入考慮，列出五件最想做的事。大部分人的清單都是滿滿好幾張紙。所以，當一位中年女士用輕柔的聲音說，她只想做兩件事時，我感到有些震驚和感動。她表示剛剛了解到，自己無趣的小鎮生活正是她缺乏選擇的結果。

想像力是你的朋友，它能夠充實你的生活，從你的靈魂傳達出訊息，告訴你如何增強創造力、自我表達能力和可能性。

讓想像力沒有極限

1. 不將錢納入考量，列出至少五件你想去做或擁有的事物。生動描述每個活動或目標的細節。
2. 不將才能納入考量，列出至少五件你想創造的事物。生動描述每個事物的細節。
3. 不將資源或支援等納入考量，詳細描述至少五件你想要默默進行的善事。

你的主觀經驗是可靠的

你整個自我人格，包括最內在和最外在的自我，都是靈魂雕塑出來的樣貌。沒有哪個部分是虛假或是沒價值的。如果你相信自己的想像力就是靈魂的聲音，那麼想像力就會變得更強大，真正的自我也會變得更真實。你無須從別人的生活來尋找意見。只要你活著，你的內在就會有足夠的原創力去延續。想想看，人可以顯化出多麼巨大的差異。有些人可以結五次婚，有些人卻找不到任何吸引他的人，這不是很讓人感到驚異？或者，有人誠實坦率、一絲不苟，有人卻偷車被捕而進入監牢？是否一個是對、一個是錯？並非如此。每個人的主觀經驗，對他自己而言都是合適的。

歷經一連串造成衝擊的經驗和認知，我們被想像力所啟發，強調某一種想法，進而找出了我們的道路。或許，有人需要經歷重大的事故才能覺醒，因此他重視的是背叛、陰謀及失落的實相。有人則需要發揮創造力的機會，因此專注於攝影機創造出影像的多樣可能性。**要信賴你自己洞見的需求、時機及順序**。遊戲規則是：把最先出現在你頭腦的事物，視為一個意象和一種渴望。你要接受，每個需求的感覺、每個行動的衝動，都是靈魂有意給予你的。任何意象的出現都並非純屬意外，你的個人進程就是你的指引。

直覺的訊息可能從你的內在心智發出，也可能透過一個人、一本書、一部電影或一個徵兆，在外在世界中出現。這有什麼差別？不論來自何處，注意到一個念頭並決定其輕重的人是你，感受直覺出現的也是「你」。一切都是在你的想像中進行。何不盡情享受它無盡的視野？

下一次你困在尖峰時刻的車陣中，或是偶然發現一隻小瓢蟲時，不妨想想：「看，我的想像變成真實！」不管是內在的聲音還是你的上司或好友，告訴你要做什麼，你將這些訊息當成你直覺的聲音。不管是在夢裡看到你想興建的房子樣貌，或是在路上正好見到你夢想中的房子要出售，它們都是你想像力的產物。

拓展你的想像力

1. 列出過去幾年來，你有哪五個幻想成真。描述一下，當每個想法最早出現時，你的想像力如何讓你感覺到。你為何會信任它？
2. 列出最近哪些幻想具有特殊能量，顯示可能成真。把這些幻想當成正在發生，用現在式來描述它們。
3. 詳盡描述你未來兩天想做的事，它們具有嬉鬧的成分、感官的刺激，而且可以啟動你的創造過程。

要狂野、天真、積極且實際

想像力會在嬉鬧的環境中流動並繁茂。想要會嬉鬧，必須有積極的態度。對靈魂而言，真正的積極態度是渾然天成，不需要靠意志力來維持。就像水裡的海灘球一樣，不可能把它強壓在水面下太久。想像力來自一種樂於被取悅、樂於感受新事物、樂於流動的態度。小孩子就是最好的例子，他們歡樂地運用積極的態度：自然天真，以自我為中心，熱中體驗新事物，能聽取各種觀點，容易覺得無聊而快速轉移到下一個有趣的事物上。

想像力以豐富而有創意的過程，融合所有的感官。在你的想像之中，你可以嘗試許多不同行動的路徑，不必受到現實中時間、地點、緊張、不合作的夥伴，或是有限的經費等限制。你可以非常瘋狂，嘗試各種強度的多元情緒，或是隨意改變道德觀、性別或身體形態。

藝術家兼創意教師蜜雪兒·卡索（Michell Cassou）曾告訴我：「你存在的全部，都想要擺脫控制，想勇敢去做！它希望充滿野性、擺脫事物的束縛。」卡索在她的繪畫工作室裡，倡導絕對信任直覺。她說：「如果你覺得想上廁所，但又認為應該畫落日。那你『必須』先去廁所，馬上就去！假使你說：『我晚點去，等我先把日落畫完。』那就太遲了。如果你忽視你的直覺，它就會進入睡眠狀態。稍後，當你想要它時，它已不在了。」

重塑自我

在日誌裡，你為自己創造一個新的人格。給你自己一個新的名字、個人經歷、個性特徵、衣著打扮、好習慣和壞習慣、聲音、體型、性別、動機、目標、住所、才能、人際關係、成就和挫折。寫下你新的人生故事，並生動描述你的新自我。

充分發揮你的想像力，與自我做個約定，把你最初的想法、創新及創意，運用在日常情況裡。身體樂於將想像付諸行動。天才發明家尼古拉·特斯拉（Nikola Tesla）[1]能在腦袋裡設計機器，預視機器的各個零件與組合的情況。接著，在想像中運作機器多次，「看見」它們的運作情況。如果出現問題，便重新設計，再進行測試。最後，他在「自己的想像」中，完全測試過他的設計，並感覺到身體與它非常親密之後，才實際著手打造他的機器。

將心中的啟發予以具體化，這種感覺是無以倫比的。當你用炭筆素描、用古董鋼筆寫信，或是用藍色糖霜製作蛋糕，你的身體會深深感到活躍激昂，生命會使你興奮。

讓你的幻想世界奔馳

詩人愛蜜麗・狄更生（Emily Dickinson）[2]說：「靈魂始終該微微開啟，準備迎接狂喜的經驗。」當你尋求連結，感受多樣，欣賞違常，培養驚奇時，你的直覺就會奔放繁茂。為了幫助你的直覺和想像力源源不絕，必須改變你平時做事的方法：改變你的習慣、改用新的詞彙、使用你非慣用的那隻手。

變換例行作息，激發想像力

1. 列出五件你每天用相同方法所做的事。對於每件事，列出三個可以使用的不同方法。刷牙之前先洗臉，襪子從先穿右腳改成先穿左腳，上班走不同的路線，不看電視而開始閱讀，這週用不同的方法來做事。
2. 在一週內，每天都中途改變一個想法。舉例來說，「喔，我沒辦法和你出去散步。我得清理我的車庫——不對，等一下，我可以調整我

記住 運用你的想像力來創造動機。

的時間把這一切搞定。」「我討厭在高速公路上開車——不對，等一下，如果我假裝自己是私家車司機、巴士駕駛或是賽車手，也許會有趣一些。」「我早餐總是是吃甜餅——不對，等一下，也許我會喜歡水果沙拉。」

在我的工作坊裡，學員進行體驗練習、彼此編造幻想。我特別強調，參加者分享的幻想「必須」瑣碎、無關緊要、出自衝動的意念。**不要去想是否有意義！**

布芮娜一直覺得自己是個務實派，不能接受毫無憑據的事實，卻在這裡得到充滿色彩的體驗。我要求學員清理思緒，讓他們搭檔的能量充滿在他們面前的空間，幫忙提供他們需要的答案。我運用各種提示來給予鼓勵，要他們把立即進入頭腦的想法拿出來分享——越愚蠢越好。

我一開始提出的問題，包括了「你搭檔的臥室看起來是什麼樣子？你搭檔夢想中的假期會去哪裡？你搭檔喜歡什麼樣的車子？如果你搭檔半夜起來吃零食，會吃什麼？你搭檔參加萬聖節宴會，會打扮成誰？如果你搭檔要取另一個名字，會叫什麼？」

布芮娜首先發表意見，說自己不可能會知道搭檔喜歡吃什麼或開什麼車。我說：「好吧。你就說說你的意見，你覺得答案應該是什麼？」

「喔，你是說意見！」她說：「意見我多的是！」接著，開始熱烈和搭檔巴伯討論了半個鐘頭。

到了驗證答案的時候，布芮娜很驚訝地發現，她說的答案幾乎全部都是正確的。她笑著說，巴伯應該想要巧克力色的捷豹跑車，車子內裝要用真皮，還有很酷的車牌；他半夜最喜歡的宵夜是吐司加花生醬；他的萬聖節裝扮是扮成巫師；而他的另一個名字是卡洛斯。真不可思議，巴伯真的有一輛捷豹，車牌號碼是「ALL41」；他的確吃吐司加花生醬——還要配果醬；他喜歡亞瑟王與巫師梅林的神話故事；至於「卡洛斯」——他正計畫幾個月後到墨西哥去度假。當布芮娜與大家分享這些訊息時，她不禁大喊：「你們整人！現在我不能裝不懂了！」

編造幻想

1. 請朋友給你一個他們很熟、但你不認識的人的名字。拿出你的日誌，集中注意力在這個名字上，保持中立和接受的態度。讓這個人的能量充滿在你面前的空間，寫下你的想像。除了上述的問題之外，再增加幾個問題：這個人現在的心情如何？他／她現在最掛慮的問題是什麼？這個人最適合的工作是什麼？這個人目前的感情狀況為何？他／她有沒有養寵物？這個人最適合什麼樣的居住環境？你對他／她身體或外表感官上的印象如何？
2. 與你的朋友核對一下，看看自己印象中有多少是正確的。

符號的運用：想像的語言

符號包含了大量的編碼訊息，力量無比強大卻被低估。它們不透過文字，而是直接且直覺地傳達意義。符號可以為我們導引和聚焦，人們曾經跟隨在畫了十字、星辰，或是獅子、老鷹、飛龍等神獸的旗幟後面，走上戰場。企業、國家都會選用最能代表其身分精髓的標誌，想到美國，你會從自由女神像聯想到高貴的歷史傳承。當然，沒有比設計新穎的名片或是嶄新的髮型，更能給人帶來自信和信賴感。

關於設計，不管是建築大師法蘭克·洛伊·萊特（Frank Lloyd Wright）的作品、拉爾夫·勞倫（Ralph Lauren）的外套，或是最新豪華型的咖啡機，都屬於符號。一個「好的」設計，可以把生命化為美與和諧的經典形式。透過這種象徵性的提煉，好的藝術和設計凸顯了清明度和功能性，用神聖幾何圖案的具體化身，賦予人們莊嚴感。為什麼我們從不厭倦於凝望莫內（Monet）的畫作、柯比意（Corbusier）的廊香教堂（Ronchamps chapel）、夏克式搖椅（Shaker rocker）、阿米什拼布（Amish quilt），或是京都龍安寺的石庭？純粹是因為這些意象讓我們回歸靈魂，並且帶我們自然地回到最根本、最真實的經驗。

符號可以使我們心遨翔，同時也作為通向更高意識的道路。宗教藝術，像是印第安人惠喬族（Huichol Indian）顏色多彩的穀倉繪畫，或是畫工細密的佛教曼荼羅唐卡，給予我們通往心智神聖

圖 7-1 印第安人惠喬族（上）和藏傳佛教（下）的神聖曼荼羅

狀態的詳盡地圖。這些圖像具有傳遞更高經驗的力量。藉由冥想每一層、每一條迷宮般的路徑，並進入到繪畫中的每個符號，你可以重建經歷靈性道途各個階段的過程。

將你的經驗符號化

符號的遊戲可以增強你的「直覺肌肉」。試著為你認識的某個人設計一個標誌。如果這個人像某種動物，會是什麼？如果他是一種氣味、一種質地或是一種顏色，會是什麼？如果這個人提供的服務是一種幾何圖案，會像什麼樣子？如果他的公司有一種節奏、一種速率，感覺起來會像什麼？

再試著回答以下的問題：幽默、犀利、勤奮或是溫柔，化成符號會像什麼？如果你可以畫出你最喜歡的歌，會用什麼工具、材料及顏色？也許古埃及人設計象形文字時，也問過類似的問題。你能否感應到他們直覺的跳躍，讓他們發明出以下的圖案？

圖 7-2 古埃及象形文字表

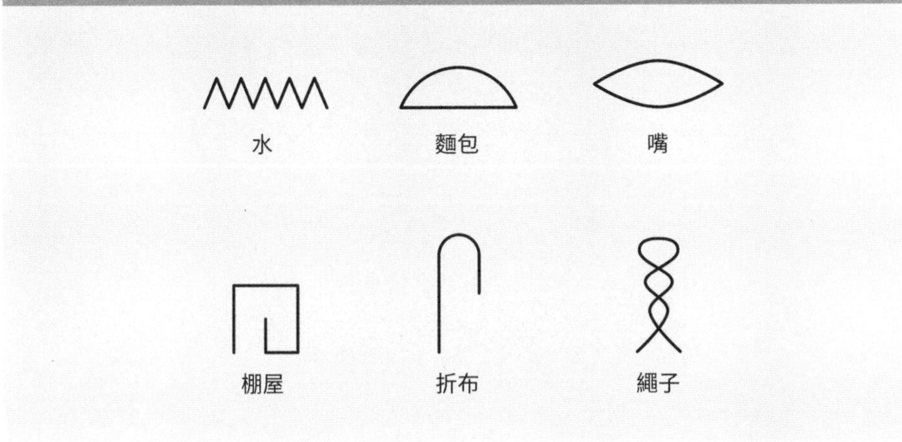

符號化

1. 從媒體中列出十人名單，把每個人的姓名都寫在日誌上。詢問你的直覺和想像：如果這個人有一個不同的名字，可以傳遞其人格精髓和重要特質，那會是什麼？不用管合不合邏輯，根據第一印象來回答。將你幫他們取的名字列在真實姓名旁邊。
2. 挑一個你認識的人，詢問你的想像力：如果這個人是一種植物或一棵樹，那會是什麼？他的臥房會像什麼樣子？哪種音樂？哪輛車？哪種幾何符號？如果這個人有一個祕密的幻想，那會是什麼？他或她喜歡的臥室是什麼樣子？

你可以運用這類「會是什麼」的想像力練習，來描述身體細微的感知。事實上，完整描述感官知覺，是消減甚至解除疼痛的有效技巧。

這符號多大？什麼顏色？

校準你的身體，特別是當你緊繃、痠痛或心情不佳時。詢問你的想像力：如果這個感知有具體尺寸，應該是多大？如果是形狀，是什麼樣子？如果是實際的物體，應該是什麼？如果是顏色，會是什麼？如果是聲音，聽起來像什麼？如果尺寸變小一點或是變成另一種東西，會是什麼？不斷描述持續出現的符號，直到消失為止。注意符號與實際感知的相互關係。

在本書開頭，我描述了幸運龍的形象如何從我的腦海深處同步出現，一次又一次地出現在我的眼前。這已是一年多前的事，而我直覺過程的個人符號仍持續出現。我只能搖頭大笑，顯然應該將這個符號內化為內心的某個東西。代表你直覺過程的符號是什麼？它想要告訴你什麼？

把你的直覺象徵化

閉上雙眼，保持中立。請求你的身體和超意識心智，給予你的直覺發展過程一個個人象徵符號。與你對話的是什麼？什麼意象想教導你？讓它進入你心中。與這個符號發展個人的關係。開始在世界上尋找，把這個意象蒐集在日誌裡。

詮釋符號

另一個運用符號的方法，是「打破砂鍋問到底」，也就是穿透符號的核心來汲取意義。開始時，你的意識心智對符號的意義可能有一套粗淺的理論，不過這些想法還只是第一步而已。

有效解讀符號，是關於要如何進入它們之中，成為一部分，就像蘇珊夢到自己進入到「天使」

所指引的、有如仙樂般的聲音與形態之中。如果你盯著一個符號夠久，放進全部的專注力，越來越涉入其中，那麼你會開始從意象實際感受到，它進入你內心所形塑的結構中。

或許，你與符號正在交流能量和知識。你把自我投入到符號之中，它便對你展現它自己。隨著你完全融入其中，符號所代表的知識就下載進入你的身體，而你也能感受到符號所具有的生命形式和動能。這時候，你得到靈光乍現般的洞見，也就是一種即刻理解的全面感受。你以這個方式發現的深層意義，往往與你用邏輯心智的粗淺理論所得到的意義大不相同。

麗莎夢到一頭獵豹，牠的斑點開始明滅閃動，最後變成一頭獅子，她一開始的推論是，這可能與她是獅子座，或是與她對薩滿的興趣有關。不過，在一次靜心中，我協助麗莎專注於獵豹並進入獵豹的經驗，她開始用獵豹的身分說：「有斑點是因為我感到害怕而需要保護色。我能感覺到恐懼湧現皮膚表面，而我的形體正從那些地方消退——彷彿我那裡有『黑洞』。但現在，隨著我放鬆並感到安全之後，我的能量又回到表面，斑點也逐漸散去。不過，我能感覺到，一旦焦慮湧現，斑點又會回來。」

後來我們明白，麗莎在事業上逐漸變成公眾人物。她的夢境是在告訴她，要信任自己，擺脫以往需要被保護的心態。接著，當她平靜下來，她的真實本質將會展現，她可以在觀眾面前表現一致的語調和形象。

練習解讀符號

想像你正走在路上，低下頭就發現：①一隻顏色鮮豔的塑膠蜥蜴、②一枚鑽戒、③一個幸運餅上面寫著「你會踏遍許多地方的土地」、④一把小鑰匙，以及⑤一根完美的紅色羽毛。注意你內心有何想法、你身體的第一印象是什麼；接著把注意力放在符號上，對它注入能量，也讓它提供能量給你。你進入符號之內，成為符號，並且直接說出你代表著什麼，以及你在此刻出現的意義。

當你運用夢中的符號或是其他有趣的意象，盡可能找出與其相關的聯想時，你可以使用以下這個技巧。

蓮花瓣技巧：
不同角度解讀符號

在你的心智之眼中，想像一朵盛開著、有許多花瓣的巨大蓮花。在蓮花的正中心，放上你想要解讀的符號，比如說是一條蛇。

走到第一片花瓣，在這片花瓣上想像另一個意象：一個念頭或字詞、一個與符號有關的東西。就一條蛇而言，你第一個想到的或許是「有毒的」。

記住這個念頭，回到中心點，與符號接觸。走到第二片花瓣，看看出現了什麼與蛇有關的概念或意象，也許這次想到的是「性慾」。回到中心點，感受一下符號，走到第三片花瓣，這次你得到的是「古老智慧」。繼續回到中心點，再到下一片花瓣，直到你用盡所有的聯想。不要從一片花瓣跳到另一片花瓣，否則你可能會開始發展聯想之間的關聯。很快地，你會有一份有意思的清單：有毒的、性慾、古老智慧、危險的、感官的、蜥蜴、龍、冷血的、神聖的、陰性的、鰻魚、蜿蜒的、沉默的、牙齒、蛻皮、蟒蛇、毒蛇、咯咯聲、變形、拙火、草叢之中、嘶嘶聲、叉狀舌、響尾蛇、羽蛇神。

你的夢：全天候的意識通路

你是否記得曾作過五光十色、細節鮮明的夢？把這個夢當成你潛意識的漫遊，一醒來就讓它們溜走？如果你不能把它帶回到意識，就失去自我很大的一個部分，以至於你無法從意識其他維度的活動中得到益處。

夢提供我們直覺的導引，也是通往真正理解宇宙本質的道路。我們的生命與世界延展的範圍，遠超過我們所認定的清醒時刻的表面實相。我們的意識心智晚上作夢，而我們的超意識心智則在清醒的時刻也在作夢。坊間關於夢的書籍相當多，因此我只提供夢境研究最重要的幾個面向，幫助你拓展直覺，過著更有超意識的生活。

要達到最高層級的意識，我們不止需要在清醒時刻集中精神，保持警覺和專注，也必須在「無意識」的睡眠時間裡，注意我們參與的其他許多活動和平行世界。一天有二十四個小時，但我們卻認定眼睛張開的三分之二時間才算活著。如果全天候都保持意識，你認為情況會是怎樣？全天候都是有意圖的？全天候都在學習？全天候都在創造？哇！你可能發展出什麼樣的自我形象？當你不再相信部分的自我在夜晚是「空無」或無意識，就會感到真實自我積極、沒有局限的本質。你的靈魂不會疲倦，也不需要休息，在所有時間都是百分之百活著。

睡眠是增強直覺絕佳時段

要增強你的直覺，必須將睡眠時間當成有高度生產力的時刻，有些最重要的功課是在這裡學到的。但是，它們是什麼？要讓自己有好奇心。你不要再把睡眠當成與你「生活」分離的黑洞，而且要練習將白天的經驗與夜晚的經驗連結在一起。就如同你吸入的氣息，轉為呼出的氣息，然後轉換為呼出和吸入，你的白天會變成夜晚，夜晚會再變回白天。找到這個轉換，進入轉換，對轉換有所意識。當每個階段結束時，重新整理一遍，有意識地完成白天和夜晚的經驗。在下一個階段開始時，你練習設定意圖，校準自己進入你所盼望的積極且增進成長的經驗。

每晚做回顧，並設定夢境

請培養一個習慣，在每天結束的時刻、沉入夢鄉之前，回顧一日的活動。在這個每晚回顧中，你評斷今天完成了哪些事，並與早上原本的目標做一番比較。你的計畫是否都達成？如果沒有，你把一些項目留到明天，不用過度壓榨自己，而且要對自己今天完成的事感到非常滿意。

你是否對自己的表現感到自豪？是否說了某個朋友的是非，或是對他有負面的想法？你是否和氣？是否浪費時間？是否有紀律？是否嬉鬧？你明天會不會想做一些不一樣的事？有什麼想說的話希望明天能說出來？今天發生的事有哪些讓你心存感恩？做禱告，將它當成一種連結的方式，來連結你自己、你夜晚的經驗、你靈魂的更高維度，以及神性。

當你重新審視自己的一天，並找出完滿感覺時，也要注意自己在夜晚期望得到的經驗。你是否想拜訪遠方或聯繫已過世的親人？療癒你心理或生理的傷痛？在今晚為他人服務？或許，你想拜訪一位發明家的圖書館，並學習一些未來的科技。

圖 7-3 二十四小時全天候意識：建立日夜清楚的連結

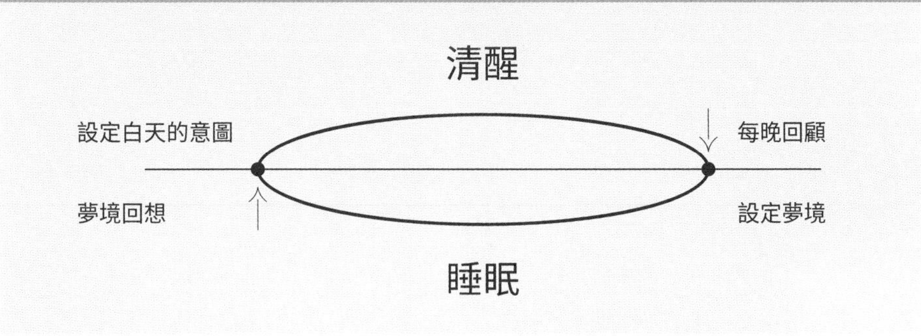

可以與你的一位指引者一起探險，或是面見未來會認識的靈魂。需要幫忙解決問題？問問你夢境中的自我，提供一些有創意的洞見。培養出有意識地設定夢境的習慣，並安排你「夜生活」的意圖。

設定夢境

想像一顆跟高爾夫球一樣人的光球，把確切描述你意圖的句子放進球當中。字句要精確：「我想要探訪人面獅身像底下的紀錄館，並牢記埃及的古代祕密。」或是「我想拜訪過世的祖父，看看他過得如何」。這個技巧也可有效運用於設定夢境的回想：「到早上時，我想記住最重要的一些夢。」

你把這顆置入訊息的光球，放在脖子後面靠近頭骨底下。想像光球整晚釋放它的意圖，進入你潛意識和爬蟲類腦裡，然後去睡覺。

夢境回想與每日清單

當你早晨醒來時，不要立刻下床衝去淋浴。多延遲片刻，慢慢從深層睡眠中起身，並緩慢地恢復意識，以便你能夠與夢境維持一種連結。如果你突然清醒，就像丟顆大石頭到池塘裡，清晰映照在平滑水面的影像將即刻碎裂。回憶夢境的最佳方法，是有強烈的決心要知道自己的祕密。你在睡前設定你的潛意識：「我會記住最重要的夢。」接著，練習輕柔、有意識地醒來。一天之中，你最先想到的念頭是問：「我剛剛做了什麼？」在你線性的心智開始啟動之前，要保持身體微妙的感官，說：「我正吊著繩索從這棵樹盪到另一棵樹。我感覺水就在我底下，我感覺自己可能會掉下去。」你如果使用過去式來描述，等於讓自己遠離夢境的經驗，而且比較難把夢的知識帶回來。

回想夢境的最佳方法是，一開始讓它們在你身體中感覺真實而具體。之後，身體將會知道你前一晚所說的話是認真的，你已要求爬蟲類腦要記住其他維度的經驗。你可以馬上把夢告訴別人、用錄音描述夢境，或是寫在日誌裡。

記錄你的夢

每天早上寫下你記憶所及的夢境。如果一開始記不住一個夢境，可以編一個，或是記下醒來的第一個想法或感受。每天早上在日誌裡寫下或畫下一些東西，很快地你的潛意識心智會接受到訊息：你是真的想要知道夢中世界，於是夢境也會開始給你真實的材料。

在日誌的邊緣留一些空白，以便日後可以寫下你對夢境意義的想法。如果預知夢真的顯化了，可以做個紀錄：「三個月之後，這個夢境在我去商店的路上發生了，然後……」你也可以重讀舊日

記住 即使此刻的我記不得，更深層部分的我仍會知道。

誌，把夢境的意象和洞見融貫成一幅畫或一首詩。

摘要整理完夜晚的活動之後，你把注意力轉移到白天。記住有哪些昨天沒有完成而今天想要完成的事。你今天希望對他人和世界帶來什麼影響？希望得到什麼經驗和態度？你想要付出什麼？有興趣學習什麼？在決定了大概的意圖之後，你可能想列出一份更精確的每日清單，不管是在腦中記下或寫在紙上。在設定你的每日意圖時，要蓄集你的能量並集中精神。

你會發現，在白天與夜晚的經驗之間建立一個流動的連續體，最終會幫助你認同自我是更有知識的存有，幫助你召喚更大、更有靈性的訊息本源，而且讓你更加相信，要了解更多其實是自然而容易的事。

夢的分類

了解夢境的基本分類，能幫助你學習解析夢境的直覺訊息，了解自己每晚都在做些什麼。

1.日間生活的過程。你是否曾在睡前吃肉餡玉米捲餅加墨西哥醃辣椒醬，配上一杯果汁，再加上兩份雙層巧克力蛋糕、一杯雙倍義大利濃縮咖啡，結果發現在夢裡，你彷彿在高速公路上遇到十部車連環追撞的大車禍？你是否曾面對必須解決棘手問題的壓力，結果夢到自己整晚被困在一大堆數學公式當中，一早起床已筋疲力盡？

若是如此，可能你沒有進行每晚回顧，並完成白天的問題。相反地，你把它們帶入潛意識心智繼續處理。在每天結束前稍微注意一下，就能有效去除這種往往在浪費時間的夢。

2. 象徵性的、個人的過程。這是佛洛伊德（Freud）最喜愛的夢境類別，在夢裡你跳進暴漲的河中，洪水夾帶深褐色的汙泥、倒落的樹木以及動物的屍體。你被沖落至瀑布中，但半空中一隻翼手龍拯救了你，還把你安放在牠的巢中，在這裡你見到失散多年的表哥雷尼，而他仍然是六歲時的模樣。象徵性的夢，永遠是關於個人正在進行的情緒或能量上的過程。由於你專注在潛意識的障礙，因此這些夢通常充滿矛盾、恐懼、渴望、性慾、暴力、執迷及權力運作。如果學會解析象徵並解開情緒，就能在你的心理歷程獲得重大的洞見。

3. 走訪其他的維度。你是否曾經夢到你接起電話，某個你認識的已故或在世的人對你說話，而且完全像是真的？或者夢見你看到某人站在你的床前，隔天早上醒來時，你很「確定」他們曾經來過？是否夢到出席會議、上課、在醫院接受手術，或是遇到某些不認識的人，但是你懷疑他們確有其人？是否曾在夢裡扮演其他角色，例如療癒師、戰士，或者在夢裡有別的家人或其他親密夥伴？是否曾夢過飛行、墜落、游泳、搭著永無止境的電梯，或是擠入狹窄的通道？若是如此，你正在其他意識的維度裡活動——那裡沒有時間、空間及物質的限制——而你所記住的人、事情及活動都是「確實」出現的。

當你夢到搭汽車、飛機或是太空船旅行時，你正體驗各種不同訊息的「載具」或實體；換句話說，你正專注於不同頻率的覺察。一輛汽車可能代表生理上的身體，而太空船則可能是來自超意識的集體智慧。如果你在一座電梯裡上升或下降，代表你正從一個維度或是意識的頻率，變換到另一個維度或頻率。飛行是你的意識調整進入超意識自我時出現的感官，而墜落則是代表你的意識快速回到生理上的身體。

4. 預知夢或前世的回憶。多娜搬到旁邊有空曠原野的新房子。搬家後不久，她就夢到十二隻野生火雞聚集在家門口前。我和她一起品味其中可能的象徵義意。多娜的內在指引似乎告訴她，前方將有豐饒的收穫。不過，幾週後，她在清晨六點半要去開車時，碰上有如超現實的景象：十二隻野生火雞就在她車道附近踱著步、咯咯輕叫。

通常預知夢都會帶著預兆，有時似乎在警告我們，某個摯愛的人正面臨危險或即將死亡。我的祖母與外婆都是在過世前兩週，透過夢境預告我死訊，這兩個夢境都包含了寬慰的訊息。這或許是人類本質的一部分，對於我們以及與我們密切相關者的生命中一些重大指標性事件，較高層次往往事先知道。

進行生命解讀的過程中，我一再發現輪迴轉世是一個事實。我們的潛意識心智顯然不會區分此生和其他前世的經驗。但是，前世的訊息除非充滿強大的情緒，否則很少會侵入到現世。如果你不了解自己前世一場悲痛的意外，它可能在你的線性心智放鬆時，例如在夢境裡，突然浮現。前世在恐懼或震驚中死去的人們，可能需要讓這些記憶重現一次，直到能真正把這些情緒釋放出去。回憶前世的夢，往往是透過惡夢的形式。我遇過一個個案，那位女性重複做一個惡夢：她緊抱著丈夫，心裡明白在四周變黑暗前，他們將會死去。在催眠治療中，她發現更多前世的細節，她和現任的丈夫原來是西部大草原的拓荒者，在一場龍捲風中同時喪命，此後惡夢終於離她遠去。

5.靈視與靈性指引。一些少見的情況是，我們收到靈性導師或靈視對於我們未來的直接訊息。這些夢通常有特殊的通靈成分。你有沒有經驗過智者在夢中給予你建議？是否見過未來社會的景象，或是對世間將如何演化有些洞見？也許，你夢見自己搭乘太空船，與銀河系指揮官或外星人交談。當我們專注於超意識心智，想像力會帶領我們夢到一個廣闊的全貌、偉大的智慧，以及人道的關懷。

6.抽象、幾何的形式。你是否曾經在醒來之後，感覺剛剛還在一個神奇的實相，但現在卻只剩下一大堆奇怪的黑點和三角形？或是，你知道自己試著校準能量，但是只記得你曾感覺長出了魚鱗，或是有四條粗大的黑線在你身體的四個角落？而你的行動在幾分鐘前似乎還完全合情合理！

當你把想像力專注於最高層次的超意識心智時，在醒來時可能不容易記住具體的形象，因為在較高維度裡的經驗是如此抽象而神祕。然而，當你學習到的東西過濾進入你的身體和當前實相時，你的意識心智會想要捕捉住某些東西，結果便創造出抽象的符號。因此，最高層超意識的夢境，通常留給我們幾何圖形或身體感官的朦朧記憶。這些夢如此縹緲模糊，導致我們常以為自己根本沒有作夢。

夢的解析

要運用直覺從夢境中得到指引，你必須學會解讀夢境。

解讀夢境的第一步是判別類型。你可能發現一個夢境同時符合兩種分類，例如既是象徵性的也是預知的，就像是多娜夢到的野生火雞。多娜即使在現實生活裡遇到這些火雞，仍然可以將這個意象當作強有力的徵兆來解讀。在遇到真正的火雞之後，多娜覺得這個夢境預兆讓她更加確信，自己的新生活將更加豐富，而且某種具有魔法或靈性的臨在就在身旁幫助自己。

為了有助於找出適當的分類，詢問自己：「我可能真的去過那裡嗎？真的做過這件事嗎？我和他們本人互動過嗎？我經驗到的動作，是我實際的能量或意識的運動嗎？」如果你的答案為是，你將學會分辨預知夢、前世夢和其他維度的經驗，以及象徵性、個人過程的夢之間的差異。

接下來，將夢境的重要象徵符號列成一份清單，整理夢裡的感官和情緒。接著，將你曾經擁有的意圖、做出的決定、採取的行動以及出現的結果，也列成一份清單。你評估所有的象徵符號，對每個符號提問：「這個符號代表哪一部分的我？」

如果你夢到父親忽視你新生的小嬰兒，那麼嬰孩代表你新生的部分，而父親則是你人格中供養和保護者的面向。這段夢境提示你，自我新生的部分可能覺得這個世界不安全，或者沒有從你內化的陽性力量得到足夠的指引和能量。從你的情緒、決定、行動及結果的清單中，可以拼湊理解出你潛意識目前正在處理的問題。

如果你解讀不順暢，就試著扮演不同的象徵符號，與符號融合一起，讓它們的生命力與訊息進入你的內心。把自己當作這個象徵來說話或記錄。在某次的課程裡，帕姆提到她夢到自己的黑色跑車完全失控，當她運用想像把自己與車子融合為一體，並對自己說話時，車子哀怨地說：「我需要你多關心、注意我，我們開得太快，沒有好好享受駕車樂趣。希望你在發動之前能先和我搭配，也希望你在開動時能意識到我的存在，我覺得自己好像被遺棄了。」她了解到這是身體給她的訊息，提醒她最近太多事情分散了注意力。

要找尋夢境的主題。當你重新檢視夢境日誌，可能會發現自己曾經見到十年或二十年前的老朋友或情人。這可能代表你正完成一個過程，消化舊經驗，準備迎接一個有創造力的新時期。或許，你醒來時，朦朧地感覺到有人在深沉、微妙的層次對你的身體做了什麼。你會奇妙地感覺到，你身體裡的球被重新安排，有手在你頭上傳送光的線條，一個大三角形飄浮在你胸口上。你可能由此認定你正進入較高層次的超意識心智，為你的成長設計新的道路和藍圖。這類「通靈手術」所帶來的結果，可能不久就會展現在你肉身世界裡。

到這個時候，你的想像力應該能讓你感到自在舒適，你已明瞭自己的意識心智可以專注於許多層級的覺察，而它們分別以各自的方式真實存在。你現在應該能夠解讀符號隱藏的訊息，並準備好實際應用你的直覺。在下一章，我們將更深入探究取得超意識指引的方法。

今天就要有直覺！
接收符號和其訊息

今天，要特別注意那些帶給你啟示的內在圖像和符號。

1. 藉由「獲得圖像」來掌握有創意的想法。它或許是一個小冊子的設計、午餐要點的菜色、宴會要穿的衣服，或是如何設計一個企畫案。
2. 掌握關於你個人成長過程的洞見。你或許會在一次爭論中，看到定格畫面的自我而突然恍然大悟。或者，你可能看到一本雜誌的封面，說：「哇，我應該可以像這樣！」
3. 掌握對某人個性的洞見。你可能從象徵的角度，將他看成一種動物，或是擺著某種姿勢，或是一個小孩或老人。讓這個意象提供訊息給你。

直接書寫，
讓直覺不斷湧現

拿著你的日誌坐下來，保持安靜，放空你的心。選擇以下其中一個問題，思考片刻，懇求自己能從最深層的真實，獲得創造性的洞見。讓問題扮演磁鐵的角色，促使心中跳出第一個字，把它記下來，再讓另一個字跳出來，然後記下。任由想到的字出現，無須評判，無須多想答案會往何處去。不要衝過頭。在順隨筆意停止之前，不要停下，也不要回去看自己寫下了哪些字。輔助的技巧：用自我的靈魂、赤子之心或是未來的自我來書寫；用第二人稱，用自己的名字來稱呼自己，不要把它看得太嚴重！改變你的字體、改變速度和節奏，或是用非慣用的另一手來寫。

- 去散個步，並列出你注意到的十二個意象、感官或聲音，例如紅色糖果包裝紙、粗木板、草、葉片、鳥叫聲或是涼爽的微風。寫一首詩，把這十二個元素全部放入其中。
- 連續不停地書寫十分鐘：「不論是好是壞，這一週吸引我想像力的是＿＿＿＿」
- 「我最狂野大膽的幻想，我想要為所欲為的事情，是＿＿＿＿」
- 描述一個你遇到最古怪的人，以及一件你經歷過最荒謬而有趣的經驗。各花五分鐘來寫。
- 連續一週，按照順序寫下你每晚的回顧、設定夢境的說詞、夢境的回想，以及每日的清單。
- 選三個夢境中的象徵符號，融入它們，並且以它們的觀點，各用五分鐘寫下一段話。

- 寫下五個你清醒時吸引你注意的象徵符號，它們不用文字就可以直接傳達意義給你。你如何回應它們？它們為什麼會出現？

1. 編注：尼古拉・特斯拉（Nikola Tesla, 1856-1943），塞爾維亞裔美國人，被認為是電力商業化的重要推動者，並因設計現代交流電供電系統而廣為人知，在電磁場領域有著多項革命性的發明。

2. 編注：愛蜜麗・狄更生（Emily Dickinson, 1830-1886），美國詩人，是一位高產卻孤僻的詩人，寫出一千八百多首詩，但僅有十幾首在她在世時得到出版。

Chapter 8

接受超意識的指引

預言或是說出真話，是直覺最古老也是最高的應用。本章將幫助你，更容易找出自己和他人的清晰方向。在這裡，你將探索與跨維度的導師一起合作的力量，進行薩滿之旅，深潛進入你智慧的深井。本章要帶你更進一步解析象徵和訊號的技巧，更加理解我們稱之為「生命」的靈性導師。

對自己說出真話，超意識才會浮現

幾年前，世界的負面效應和密度讓我不堪承受，而我擔任靈性諮詢師和導師的工作也遭遇到危機。我無法確定是否要繼續自己選擇的道路，但是某個東西卻告訴我：「繼續走下去。」我決定走到「本源」，並且與上帝進行心與心的對話。我拿著筆記和一枝筆，懷著尋求清明的熱情，活用直覺的狀態。我祈禱，但不知道這個本源會如何。以下是我當時的記錄：

我見到一個充滿恩典與美、雌雄同體的存有，我了解到這個人物擁有「絕對的權威」。這是我從未見過的力量，不是「凌駕」的力量，而是「同在」的力量——這種力量來自於生活在完全的真理和完全的慈悲之中。這個存有將自己定位為熱愛正義之靈／公正的審判者，直言不諱。

祂說：「在前世輪迴裡，你對你教導的人缺乏耐心，不是因為他們愚昧，而是因為你失去你的中心，你無意識地被你面對的恐懼所壓倒和激怒。你運用個人意志，想強行克服自己的痛苦與消除別人的痛苦，結果與上天的恩典和自然的時機失去了聯繫。

「結果，你覺得只有自己是神性的代言者，只有自己的方式才能夠扶持那些『不幸的人』。因為這個緣故，你受到阻撓、延誤，甚至羞辱；有時你會受到懲罰或生病，除非你能再度理解如何去尊重每個人來自『整體』的自然韻律、方向及時機。你會一直被迫接受你試圖給予別人的幫助。

「因為你過度熱忱而必須接受改正，讓你有時候會誤以為自己不配去教導和服務，並誤以為自己讓上帝失望了。你的潛意識現在正重新審視這些過去，好讓你尋得平衡，走在心更寬廣的道路上。要記住：在每個想要全心投入、追求真理、服務世界的人身上，你這種情況是很常見的。要了解完整的人類經驗，每個人都必須感受各種不同的黑暗與孤獨。唯有如此，他們才能夠清楚了解並展現出共同的交流。」

這個訊息不僅沒有羞辱我，反倒讓我對自己和自己的道路有更多領悟。祂的邏輯補足我內心的缺陷，而且用完整且慈悲的方式呈現出我的因果，也給我很大的寬慰。從此之後，我對於他人因為將目標訂得太高，而犯下認知上的錯誤，更容易理解。每次我為自己或他人尋求超意識的指引時，這個體驗總能讓我超越個人面子問題和負面評斷，重新尋回愛與美的回憶。

許多個案找我解讀生命時，往往非常緊張，擔心我會挖掘他們過去的私密，或是以真相來恫嚇他們。任何人都不該擔心聽到或說出真相，超意識的指引若是以適合的態度和正確的脈絡來呈現，就不會讓我們感到壓力，能減輕習慣性的罪惡感與「必須這樣做才行」的想法，帶我們回到清楚平坦的道路。

記住 超意識指引的特徵，永遠是基於愛，且真實表達，總是賦予力量。

在直覺的實際運用上，最重要的是讓自己得到正確的指引，並與他人分享所獲得的見解。當你開始練習直覺的技巧時，要迅速檢查自己一下：對聽取真相，不管出自內在或是外來，你的態度有多開放？能否很自在地和別人分享真相？不管任何時刻都可以得到超意識的指引，不論置身何處或在做什麼事。你需要做的就是詢問、觀察及傾聽。

如果你的頭腦無法辨識超意識的訊息，請放輕鬆去信任更高的力量，祂會利用一個朋友、陌生人、路過的汽車車牌、廣告看板、一首歌或是電影裡的臺詞，說出你更高心智的訊息。同樣地，你也可能經常給予他人訊息。指引的訊息會從所有人的身上湧現出來，甚至是說的每句話和做的每件事。我們應該樂於分享想法，同時也隨時注意並尊重他人的想法。

獲得超意識指引的十二步驟

以下整理出獲得超意識指引的十二個步驟，步驟1至步驟4，包含了前面幾章已做過的準備工作。運用直覺來找到指引的訊息，首先要建立你的覺察，以達到最大的效果。一旦你放鬆身體，保持專注和清醒，調整好自己，就是可以開始進行的時候。你想知道什麼？需要幫什麼忙？步驟5開始，是獲得超意識指引的第二階段：建立磁鐵、吸引答案、認知真相，以及有意識地驗證和完成這個過程。

如何獲得超意識的指引

1. 放鬆身體。全心注意自己身體有節奏的循環週期：呼吸、心跳、電流振動，以及你內在深層細胞的振動。建立一個內在自我與外在環境絕對安全的感受，把自我集中在皮膚上。從頭頂到腳趾掃描你的身體，有條不紊地放鬆與舒緩身體各個部分。

2. 變得警醒和覺察。把精神集中在周遭環境。列出一份清單，舉出在你身體和情緒覺得舒適和不快的地方。擺脫每件事都要想辦法處理的念頭，暫時不要做決定。停止個人的意志，注意你內在神性的臨在。所有你注意到的都是你的「大我」的一部分。

3. 校準。認知你（以覺察的觀點，或意識心智）此時此刻完全存在於你的體內。透過你的頭頂，感覺自己與上天（父親）的連結；將你的覺察移到脊柱的底部，再感覺你與大地（母親）的連結。讓你的身體、心智及靈性進入完美的平衡，觀想能量正以平穩、沒有中斷的波動，流通你的體內。

4. 調頻。將自我正確地認同於你的靈魂。透過感受鑽石光的品質和沉思靈魂的品質，來確認你的真實身分，例如「我是無限的美麗，我是無限的慈悲，我是無限的能量」。讓真實自我的聲音對你的內心說話：「要休息，要知道我與神同在。我與自然和恩典的流動合一。適合我並協助我成長的答案，已經存於我的內在。」帶著與「萬有」連結合一的感覺，做吐納呼吸。

5.專注於你的需求。感受自己的不圓滿、不舒適，以及對協助和解答的需求。清楚說出你的問題。你的提問必須明確。

6.提問。進到本源，並以百分之百的信念向更高力量提問，一個適切的答案將會立即而輕易地出現。

7.釋放。信賴宇宙的大秩序和大智慧會知道你的需要。送出你的請求，沒有任何懷疑。心境平和，以樂於接受的柔軟態度等待。

8.接受流入的訊息。對於你接受的東西、你接受的過程，或是答案出現的形式，不做任何判斷。不要再多想或是試圖修飾答案。

9.有意識地認知答案。本源可能利用各種不同方式來傳遞答案。你的答案可能以文字、圖案、符號或徵兆呈現；出現在內心或外在的現實裡；透過任何的感官模式；來自無形或有形的存有；可能立即出現，也可能未來短期內出現。運用你的真實與焦慮訊號，來判定目前對你而言答案的適切程度。

10.記錄答案。具體處理直覺反應，把它寫下來、錄音下來，或是對自己、朋友大聲說出來，或是創作一件藝術品。讓它成為對你身體而言實在的東西。

11. 心存感謝。你對於自己獲致真相、各層面意識的互相合作，表達感謝之意。你輕拍身體、擁抱自己，驗證這次經驗的有效性。

12. 履行。遵循並應用你所接收到的訊息，使這次的經驗圓滿完成，並讓你前進到創造力的新階段。

觀想一間真相室

如果你完成了校準與調頻的練習，卻仍然對從最高層次接受訊息的能力抱持懷疑，那麼你可以設法向自己的爬蟲類腦保證，你與未知的接觸會很安全。也就是說，你可以創造一間想像中的「真相室」，進到裡面之後，再開始後半部的過程。

想像一間真相的圓頂房間

1. 想像自己在一個自然的開放空間，中央有個水晶般透明的圓頂房間。向前走去，在四周步行，把手放在透明的水晶牆上，感受水晶的振動，讓你身體的頻率與水晶相配合。在這放鬆又敏銳的過程中，你會感覺到你能穿透水晶，進入圓頂的水晶房間裡。
2. 感受裡面的新鮮空氣和純淨能量，注意光線的亮度。放鬆心情，定出四邊的方位。這間圓頂房間裡的一切，都反映了你的靈魂和你的最高真理。想像水晶房間中央有一張椅子，你坐在上面，連結天與地，以便開始進行直覺思考。

3. 想像沒有任何人能夠進入你的空間，除非他的振動與這個圓頂房間一致。你的圓頂房間的振動，會在你有意識地感受到之前，就能夠事先幫你過濾任何回應、任何實體，或是任何新的能量。在這樣的情況下，你在圓頂房間裡接收到的所有意象，都將與你最高的振動並存。

在你與真相的圓頂房間意象進行練習之後，你會發現不管自己到哪裡，都可以帶著它一起走。如果你搭飛機或是坐在餐桌前，只要瞬間的意圖，你就能立即重建出清淨的空間。

創造一塊直覺磁鐵：明確的提問，才會有詳細的答案

我們常會忽視直覺過程的後半部分。事實上，你可能感到驚訝，多數人以為靈光一閃的洞見要花上八個步驟。你可以準備好讓你的覺察豐富且易於接受，但是你還需要一塊充滿活力的磁鐵。否則，你只會一直平靜地置身於自我的喜樂心境當中。

舉例來說，我進行生命解讀時，會花時間進行所有我列出的準備步驟，然後仔細地與我的個案協調。如果個案沒有表明特定的問題，我們就不容易衍生出討論的話題。我不會用追問的方式。相反地，我會讓個案的靈魂與我自己的靈魂以更高維度相融合，就像兩個老朋友坐在門前的搖椅上一樣感覺自在。當我們處於這樣的層次時，會自然知曉許多平常隱匿的事，但沒有必要將這些枝節一件件獨立出來處理。總之，除非個案的情緒能像磁鐵一般明確地表述需要或渴望，否則答案並不會自然出現。

類似的情況，也會出現在當你獨自運作、探問自我的問題時。你必須專注於想要知道的問題，然後把問題轉化成答案容易顯現的方式。如果你對自己的超意識心智說：「我對母親感到好奇……」這將難以回答，因為沒有實際的問題。為了如實回答，超意識心智只能說「呃，哼」或者「那很好」。如果你問：「我的母親怎麼樣？」超意識心智依舊無法回答，因為這個句子不夠明確，無法吸引出答案，它只能重複你的問題：「好吧，你母親怎麼樣了？」然而，如果你問道：「能否告訴我，我母親的健康情況？」「你能不能解釋一下我與母親的互動關係？」或是「能不能給我一些見解，告訴我為何母親的人格那麼有侵略性？」詳細的答案便會源源不絕地出現。

這就好像如果你要釣魚，記得要用釣鉤，並且附上誘餌。每個問題，即使是出於無謂的好奇心，都藏著一種情感上的需要，以及一種覺得不完整的感覺。要吸引出答案，你必須先去探觸並完整地體驗這種需要、渴望及不完整的感覺。你要感到自己迫切需要一個回答，才能創造出有能量的直覺磁鐵。

接下來，要描述出你特定的需要，將它構成一個問題，才能讓答案精確、適當且完整。如果珍妮問：「我會不會有小孩？」答案只有「會」或「不會」。如果問題很直接：「我什麼時候會有小孩？」潛意識心智可能會阻礙答案。假設她知道自己未來幾年不會有小孩，因為還有功課要做，還有些恐懼需要排除，那麼她可能會陷入自我打擊的沮喪或是無法自拔的恐慌。不過，如果珍妮問的是：「我還需要知道什麼，才能在各個層面準備好要生小孩？」或是：「我似乎在潛意識裡不願懷孕，所暗藏的原因是什麼？」她就會得到真實、有意義的答案。

把感覺到的需要，轉化為明確的提問

1. 列出過去一個月盤據在你心裡的三件事。對於每一件事，都列出三個你想問的問題，或是三件你需要知道才能感覺滿意的事。花時間面對每個問題，感覺自己想了解每件事的渴望。接著，對每個問題都仔細轉化你的用詞。比如說，第一個盤據你心頭的問題可能是：「為什麼我花這麼多時間獨處？」你想知道的三件事可能是：「為什麼我的朋友似乎毫無理由地拋棄了我？要怎樣才能在同儕團體中遇見更多的人？這些閒暇的時間和開放的空間，對我來說有什麼更高的目的？」
2. 想出三個你認識的人，接著列出三件你對每個人真正想要了解的事。將這些事轉化成特定的問題，例如：「父親酗酒的習慣有什麼潛藏的動機？如何在各個層面改善我與父親的溝通？我從父親身上學到什麼教訓？」

3. 列出三個無謂的好奇心，感覺自己真正渴望知道什麼。仔細轉化你的問題，例如：「為什麼極光會有許多色彩和形態？偏頭痛是怎麼引起的？怎麼知道我遇到的人能與我合作？」

直接向最高力量提問

在構思完問題之後，下一步就是發問。為了獲得最佳的結果，要直接走到本源，向你所能想像到的最高力量提問。如此一來，答案就會出現，而且是出乎意料之外、直接且神奇地出現，不夾帶任何世俗偏見的扭曲。當你提問時，記得自己是神的孩子，你被創造出來是有原因的，而且你在造物者持續的關注下不斷被再造。如果你能感覺到最高的力量認識你、持續在神的關愛下，你就會深信不疑，知道自己的提問會得到立即解答。把你的提問寫出來，或是最好直接大聲說出來。

接下來，送出你的請求。要抱持信念：有一個智慧的寶庫，在那裡，生命的目的與所有靈魂的行動得到調和，而且你的提問將獲得處理並有完美的解答。你要懷抱信心去等待。在電影《太陽兄弟，月亮姊妹》（*Brother Sun, Sister Moon*）[1]中，一位年輕的修士每當經過一位美女窗邊，就受到情慾的思緒所折磨，他向上帝祈求協助他跨越這道障礙。他對聖方濟說，每天經過那個窗邊時，就會請求上帝幫助，卻毫無效果。聖方濟告訴這位修士：「孩子啊，第一次祂就聽到了。」他鼓勵這個年輕人全心相信自己接受到一個要他轉化的啟示。

傳送你的提問

1. 構思你的問題和需要。想像你把問題放在一顆熱氣球上，放掉氣球，讓它升到最高的靈性維度，直到你再也看不到。假想本源會接收到它。
2. 寫下你的問題，再舉行儀式焚燒。讓煙霧帶著你的需要直達本源。
3. 把你的問題寫在一張紙上，並且摺起來，綁在一根樹枝上。讓它隨風搖曳，想像著風會把你的訊息帶到本源。

接收答案

接下來，保持心智開放和輕鬆，讓答案流入你的內在。接受你答案原本的樣子，與自己約定不做事後的猜想或是設法修正答案，讓本源運用祂的創造力和神性時間。

當你接收到答案時，注意神獨特的傳遞方式。超意識的指引可能以各種目眩神迷的方式出現，有時出現在你想像中的一幅畫或是內心的強烈感受，有時是靈性上的導引、一個徵兆或一場象徵性的夢。有時候，你的答案可能來自同事說的某件事，或是你聽到自己對朋友說的話。你的答案可能立即從你的日誌中出現，也可能是等待一週後，你經歷的某個超現實事件正好完美凸顯了問題。要小心注意，如果你抱持期待，就會感覺到答案巧妙地登錄在你的身體裡。你可以每晚回顧：「我是否收到我今天提出問題的答案？」

當你接收到答案時，要讓它變得具體，以便身體參與整個過程。將它用筆寫下來、說出來與人分享、畫出來、刻出來，或是表演出來。你甚至可以在沒有人在你身邊時，大聲喊出來。在記錄完回應的最後，你為整個過程的完成表達謝意。的確，世間有一個更高的意識在關切並幫助你。你拍拍身體給自己一個擁抱。表示感謝會讓你更愉快、心情開放、思緒清楚，同時幫助你整合剛才發生的事。最後，要運用已給予你的訊息。這最後幾個步驟，是在驗證整個過程的有效性，你有意識地讓事情達到圓滿，為根植在你想像中的新問題和渴望，打開了可能性。

改進自我指引的方式

聖奧古斯丁（St. Augustine）[2]說：「許多尋找光明和真理的人，一直在它們並不存在的地方尋找。」你就是你開始的起點。你尋找指引時，必須先從你的內在世界開始。

當你進入內在的實相時，你對時間、深度及真相的感受會跟著改變。當你處於自己的內在世界時，就像我與「熱愛正義之靈」之間的那段經驗一樣。不過，當你回到日常生活之後，你的所見所聞可能變得貧乏，而且顯得愚蠢，直到你重新進入深沉的統一狀態為止。在你喝完早晨第一杯咖啡之後，夢境可能像是純粹的幻象，不過在夢境裡，你卻是極度活躍。不要讓每日生活的淺薄和速度，貶低了你內在智慧的價值。

從夢中汲取你的閃耀智慧

要尋找超意識的指引，我們就要回到夢的領域。有許多指引來自夢的世界，因此我們必須認真對待夢境，並且利用各種訣竅來解讀。

重新經歷夢境

挑選一個你記得開頭、中間及結尾，而且意象清晰、有趣的夢。運用想像力，重新經歷整個夢境，讓自己重新熟悉其中的象徵、感受、行動和人物。

現在，當你準備再次播出這場夢的「影片」時，想像你把它備份起來，因此在夢境開始之前，你已知道會發生何事。當你重新播放夢境開頭的部分時，你看到了什麼？

讓夢境從開頭進行到結尾，接著在夢境的結尾之後，繼續播出夢的「影片」，看看你的夢境中接下來發生什麼事。

寫下你對夢境的起因和結果，有什麼新的見解。這些新的啟示，或許能幫助你找出夢中更深層的訊息。

當蘿拉在課堂中練習重新經歷夢境時，她分享一個走在深谷之間脆弱吊橋的夢境。橋在強風中開始劇烈搖晃，木板紛紛被吹落，幾乎沒有立足的地方。就在她近乎絕望地掛在吊橋上時，一個身形瘦弱的男子拿著一把長刀走近橋，開始把支撐的纜索割斷。

當蘿拉重新經歷這個可怕的景象，並備份這段「影片」時，她看到在過橋之前，自己已在黑暗的森林中迷路。發現這座橋是令人興奮的下一步。當蘿拉延伸夢境時，驚訝地發現一位穿著格子襯衫的魁梧男子出現，在吊橋旁砍下一棵大樹，樹幹橫跨峽谷，讓她可從上面輕鬆走到山谷的另一邊。就在她選擇這個較穩固的新方法來度過峽谷時，老舊的吊橋和破壞吊橋的人一起落入深淵。她覺得這場夢在告訴她，自己必須啟動內在的陽性能量，帶著自信踏上人生新的階段。

另一個很有效的技巧，是在現有的夢境裡引入新的角色。你可以先加入一個人物，然後陸續增加其他角色。

替夢境引進新角色

挑選一個你難於理解的夢——一個令人挫折的夢或是惡夢。重新回顧夢境的開頭、中間和結尾，回想裡面的感受、象徵及行動。

在你感到挫折或害怕的時刻，引入一個新的角色到夢中。運用想像力，創造出這個角色，在這個新的人物、實體或動物的干預和幫助下，繼續你的夢境。接下來發生什麼事？最後如何解決？
你自身有一個新的部分想要自我啟動，而夢中的新角色如何表現這個新的部分？你的靈魂試圖教導你什麼？

唐恩分享如何運用引進新角色的技巧，來處理惡夢經驗。在夢裡，他被一個「女性終結者」追趕。不管唐恩用機關槍掃射多少次，射飛刀或是丟炸彈，「女性終結者」都會重新站起來繼續無情地追逐他。為了讓自己平靜下來，唐恩想像身旁出現某人來幫助他。這個人正是耶穌，就站在一根短柱上面。祂說：「你真正想要的是什麼？」唐恩明白，必須選出真正最想要的東西，便說：「我想和祢一樣，充滿祢的能量。」

唐恩立刻發現自己已站在耶穌身旁，同時短柱緩緩升高。他往下看見「女性終結者」抱著肚子匍伏在地上，變得越來越小，越來越乾枯，最後慢慢消失。唐恩立刻知道「女性終結者」是自己的害怕與抗拒所創造出來的。當唐恩選擇更高的振動，並轉移自己的注意力時，就能夠看出心中影像其實是虛幻，也了解到多年來是自己培養出心頭的「魔鬼」。

與你的靈性朋友們合作

許多已開悟的靈魂聚集在我們的星球上，當你召喚祂們時，祂們會協助你。祂們有些是活在有形的世界裡，其他的則不曾具有肉體，例如天使。無形的存有必須以無形的方式，即透過你的想像力，與你溝通。

與靈性存有合作，是一個主觀經驗——沒有人能夠證明你看到及感覺到的存有實相，但這種證明並不必要。你會用各種你需要的方式讓自己明白，你為何不能像與有形的導師合作一般，與無形的導師合作？不論如何，一切都是透過你的想像而存在。

在討論這個主題時，我關心的是，有些人認為無形的存有比我們更有智慧，而加以崇拜。我認為佛學中的「如常」在這裡特別適用，我們不應特別強調物質或非物質領域的優越性。在有形世界和無形世界都有許多開悟的靈魂，而同樣有許多無主和困惑的人們。我偏向將所有的靈魂，不論是否具備肉身，都當成是兄弟姊妹。在超意識心智相遇的所有靈魂，地位都是平等的。

在你接觸某個實體，將之當作一個指引之前，我建議你先與你的「靈性顧問群」在想像之中建立關係。就像海豚可以上千頭一起生活和溝通一樣，我們也能與進化層級相似的靈魂，在更高的領域建立團體。在團體中，可以培養同等尊重自己和他人智慧的習慣，並學習獲取集體心智的知識，我相信這將是未來人類所要學習的技能。

當我第一次開啟直覺時，很少看見其他的存有，但經常感覺有個能量的圓環，如同光環或王冠，飄浮在我的頭頂上方。經過仔細檢視，我看到小小的人們圍繞在皇冠的周圍，如同亞瑟王的圓桌武士。如果我「進入這個王冠」，就能和其他人一起坐在一張大會議廳的圓桌旁。我感覺到，我的顧問群是由各種年齡的人所組成，有些人的肉身此刻仍活在世界的某個地方，有些人則已脫離了肉身。與團體共同合作取得超意識的指引，是我比較偏好的方法。

與你的靈性顧問群合作

想像你的頭頂上有一張圓桌或一個飛碟。讓你的意識被導引到這個空間，獲得一個意象，你的靈性同儕正圍繞圓桌召開顧問會。找個位子坐下，注意你看到的人。你認識當中某人嗎？能否描述其他人的樣子？有沒有任何歷史上的人物出現？

你界定出自己目前最迫切的問題。接著，與顧問群坐在一起，讓你的靈魂力量進入集體心智中。你注意到，其他所有人也提供了他們的本質，所有靈魂的知識正融合在一起。

把問題放在團體中心並傳送出去，讓集體心智一起來思索。

完美的指引將透過心電感應傳送回你的心智，你可能會立即知道，或是在本週稍後得知。接著，你的注意力恢復到身體內，張開眼睛，在日誌裡寫下這個經驗。

如果你較偏好與智慧導師、摯友或是靈性教練，進行一對一的溝通，那麼你可能會想藉由觀想，與個別的指導靈交流，取得超意識的指引。這些一對一的協助者有許多類：歷史人物、神話人物、祖先、開悟的大師和聖徒、天使、天使長、仙女、提婆（devas）[3]、妖精、克奇納（kachinas）[4]、雨神、力量動物，甚至太空船指揮官。你甚至可以和一個原型人物說話，就像我與熱愛正義之靈對話一樣。在你還是小孩的時候，可能有些想像的朋友定期和你說話。遺憾的是，與無形的存有交流其實是一種直覺的技能、正常人類的能力，但我們長大後，被教導要去忽視或甚至害怕。

我的外甥女茱莉亞在三歲時，問我怎樣才可以夢到天使。我說這很容易，只要想著祂們，祂們就會出現。茱莉亞想了一下，說：「喔！好吧，如果我在想祂們，那祂們一定也在想『我』！」然後很開心地上床睡覺。我相信，這正是在靈性維度裡會發生的事。溝通是即刻的，舉例來說，你想起愛因斯坦，讓他在你的想像中顯化，那麼你也會在他的想像裡。

在準備會見指導靈之前，先設計好你的問題，明白知道自己希望得到什麼幫助。接下來，單純地想像一個場景，一位指導靈會在你面前出現，你到那裡去，召喚你的指導靈，看看接著會發生什麼事。如果你學習過蘇美人的歷史，可以觀想自己與恩基（Enki）[5]或伊絲塔（Ishtar）[6]在阿拉拉特山（Mount Ararat）會面。如果你曾經研究薩滿，可能會發現自己置身基瓦（kiva）[7]，接受力量動物的教導。前美國第一夫人希拉蕊・柯林頓（Hillary Rodham Clinton）曾經在珍・休斯頓（Jean Houston）[8]的指引下，想像自己和艾莉諾・羅斯福（Eleanor Roosevelt）對話，希望獲得關於擔任第一夫人的建言，結果引發小小的風波。

與歷史人物見面

想像自己輕鬆地坐在人來人往的路邊咖啡廳，這讓你感覺到，想與一位專家談談最迫切的問題。想像突然有位歷史人物從人群中走出來和你同桌坐下，說：「抱歉我晚到了。我聽說你想和我說話。我是______。我怎麼幫助你？」

注意這個人的臉孔、髮型、衣著、穿戴、身體的能量、情感的成熟度，以及眼中所展現的光芒。解釋你的情況，看他會給你什麼建議。讓經驗在你想像中自動開展，並在結束時向他道謝。回神過來，把發生的事記錄下來。

為什麼這位歷史人物會出現？是否有象徵性的意義？他是否擁有你內在想要啟動的特質？

薩滿之旅

薩滿（Shaman）與所有的形上學家和心理學家一樣，把生命歸結為三種類別或領域：上層世界、中層世界、下層世界。這三個世界直接呼應潛意識、意識、超意識心智。薩滿在工作時，通常是展開往上層世界或是通往下層世界的旅程，藉由接觸那邊的神靈獲取資訊，並帶回中層世界（即我們平常的實相）加以運用。往下層世界的薩滿旅程是進入地底隧道，而往上層世界的旅程則從山頂或樹頂開始。就讓我們展開旅程，與一位薩滿導師（力量動物）進行接觸。

與力量動物合作

想像自己置身山間的大自然。山邊有個通往地底隧道的巨大開口，進入隧道並開始前進。隧道逐漸向下彎曲傾斜，你朝地心走去。注意四周的牆、空氣的味道、潮溼泥土的感覺。

最後，你進入一個水晶洞穴，正中央有一團火在燃燒，旁邊地上則是一大盆水。坐在火邊，儀式性地清洗你的臉和雙手，淨化你自己，並說明想得到明確指引的意圖。

準備就緒之後，站起身找到洞穴另一邊通往上面的隧道出口。沿著曲折的隧道一路往上走，直到你再度呼吸到新鮮空氣為止。

環顧四周，你現在身處地球上一個全新的地方。當你在隧道口旁邊等待時，有個對你而言具有特殊意義的動物將會出現，與你認識，而且會教導你一門功課。

想像你可以融入這個動物的身體，並與牠和諧共處。讓牠帶你到某個地方，對你展示或說明某件你必須知道的事。你的力量動物可以透過心電感應與你說話，並將知識的形式直接傳到體內。你在學到功課之後，向動物道謝，送牠禮物，回到自己的身體內，將旅程記錄下來：「為什麼那個特定的動物今天會選上你？」

為他人找尋指引

你自己得到指引所運用的步驟，也可以用在你對其他人生命的觀照。可以與其他人面對面進行溝通，也可以不在同一地點而感應到他。但是，在你開始之前，要先弄清楚你的動機。為何你想知道他人的事？了解他人的某些事，是否能讓你的生命更加有愛？你是否在回應對方尋求協助的請求？是否得到允許去刺探他的私人生活？如果要和這個人分享訊息，能否保持中立來提供洞察，而不自以為是或希望得到特定的回應？若是如此，你已經踏出正確的一步。然而，假如只想滿足好奇或為了自我滿足，很可能會接受到扭曲的訊息。

遠距解讀

當你要為某個不在身邊的人取得超意識的指引，只需要想像他就可以。有時候，甚至只要感應他的名字，就足以接受到這個人身體的能量形式發出的訊號。

你的身體是讓人驚歎的機制，它是由統一的能量場中具有能量振動的粒子所構成，因此它有能力由這個能量場，直接獲得此刻存在於任何地方其他形式的知識。對身體而言，距離並不是阻礙。所以只要以想像的方式感覺到某人，你的身體就能給予讓人驚訝的正確洞見。

快速的身體印象

從你的認識的人或公眾人物裡，列出十個你不太了解或根本不熟的人的名單。逐一假裝你在他們的身體內，感覺他們特殊的頻率：情緒的強烈、躁動、平靜及積極的程度。在進入每個人之際，先讓自己的身體有片刻重新整理。站起來動一動，彷彿他們在你體內移動，接著再回到自己的自然韻律。寫下你注意到的事。

試著對一個朋友運用以下的技巧，在彼此同意的時間做解讀。你坐在家裡專注想著他，而他則在自己家裡想你五分鐘。之後，與朋友聯絡並分享你接收到的意象。

指引的符號

進入安靜、置中、協調，並且和你能想像到的、愛與真實的最高本源進行感應。想像你的朋友就坐在你對面，讓身體接收他的能量印象。想像你朋友的超意識智慧將給你的四個符號，說明他生命進程中目前的階段。放鬆心情，準備接受第一個符號，它將出現在你前面的空間。

第一個符號代表你朋友目前的生命階段。讓這意象從你朋友的能量中逐漸成形。接受你所收到的，仔細端詳這個符號，有必要的話也可以翻轉來看。請求超意識心智感受它可能的意義，在你的日誌裡描繪或用文字敘述這個符號。接著再度集中精神、保持安靜，等待第二個符號出現。

第二個符號代表讓你朋友退縮的限制性信念。讓符號出現在你面前，不要做修改潤飾。仔細檢查，詢問它可能代表的意義，然後將它記錄下來。再次集中精神，準備接收第三個符號。

第三個符號代表你朋友現在應該立即採取的行動。接受任何出現的意象，掌握所有的細節，詢問所有可能的解釋，記錄你的訊息。接著重新集中精神，準備接收最後一個符號。

第四個符號代表你朋友採取行動之後的結果。接收意象，仔細描述，尋求可能的意義，最後把訊息記錄下來。

與你的朋友聯絡，並分享你的結果。看看你們能否解釋其中的意義。

在課堂上做上述練習時，羅蘋的搭檔為羅蘋選出幾個象徵符號：①目前生活狀況：一隻貓只靠爪子掛在紗門上大聲喵嗚叫；②限制性信念：蓋上盒蓋的彈跳嚇人箱；③準備採取的行動：一匹尾巴飛揚空中騰躍的馬；④採取行動的結果：小孩子用手沾螢光顏料把自己塗得滿身都是。

當羅蘋和搭檔一起討論象徵意義，並將這些符號組成一個過程時，羅蘋把它連結到她面臨的困境：她打算搬離和大家族同住的南方小鎮。她是個音樂家及舞蹈家，希望搬到城市裡，接受更多訓練，並找到更多志同道合的朋友。羅蘋對這個指引的解讀是：強烈鼓勵她追尋熱情，放棄安穩但無趣的工作，以及承擔「變得狂野混亂」的風險。

排解疑難的提示：

當你內心的質疑者喋喋不休

與自己達成協議：信任所得到的意象。即使認為更好的象徵或答案就在不遠之處，仍然要接受所感受到的，讓內心的質疑接受由想像力來主導。

如果仍然感到懷疑，重複練習三次。第三次得到的回應一定就是答案，沒有討價還價的餘地。

面對面的讀心活動

如果有機會坐下來與人交流時，你的身體會強烈感受這種正面接觸與增強的現實感，且能立即地辨識更多小細節。你可以安排一小時來練習「閱讀」你的朋友辛蒂。為了減輕「表現」的壓力，你可以事先向她解釋，你會把接收到的畫面和想法傳達出去，然後你們再一起確定其中的意義和可能的應用方式。假設辛蒂有心參與這個「讀心行動」，就表示她的「超意識自我」正在告訴你的「超意識自我」該說什麼。她必須先同意把這些想法釋放到意識中，你才會得到對應的訊息。辛蒂得讓這些直覺引導產生意義才行。當你理好優先順序後，不妨進行校準和調頻的過程，並敞開心迎接她獨特的能量。讓你接收到的訊息，來自你倆靈魂最高層次的結合。

意識融合

校準你的身體與夥伴的身體，請求對方同意你用鑽石光能量體前來「拜訪」。想像這個能量體從你的物理身體分離出來，化成鑽石光能量體的形式，站到你自己身體後方。

接著走到你夥伴身後，以溫柔又充滿愛的姿態從後方融入夥伴的身體，一起共享夥伴的鑽石光能量體，最後兩者合一（提示：當你的能量與他人能量往同一個方向移動時，表示它們不會互抗，反而會更和諧並進）。

當你意識到夥伴身體的動能時，把注意力放在任何熱點或「保留模式」，也就是能量沒有流動，且充滿困惑與驚慌的地方。試著從這些熱點、器官或身體部位的角度出發，以第一人稱來發問，形容你為什麼及如何有這些感受？你需要什麼樣的幫助？你想對這個人傳達什麼訊息？例如，你可能會被吸引到這人的腳踝或雙腳處，那麼你可以說：「我覺得有點遲緩、有點冷，能量無法流動。我感受不到地面，也無法靠著連結地球來得到我所需的能量來源。我想感受這個行星的熱度，並且增加活動量。我想造訪更多地方，在那裡跳上跳下。但是現在我腫脹不已，水分滯留體內，我想排掉這些體內廢物，很需要腎臟幫我來——。」

將你夥伴的身體全部掃描一遍，試著把你注意到的地方描述出來。等你結束後，大聲感謝你的夥伴與其身體，溫柔地從中抽離，站在他身後，把傳達能量的雙手放在他的肩上，把對方所有能量全數歸還，只帶走你的能量。最後回到你自己的身體，打開雙眼，和夥伴分享這個過程。

不管是尋求或說出超意識的指引，都是一門藝術。這個挑戰在於它能幫助我們保持真我，對我們內在每一個洞察提出「恰如其分」的檢查，同時又能對那些不斷從我們虛無內心中冒出來的各種聲音與面向，保持開放。很多時候，你會覺得自己不斷下沉，充滿了不確定感。但沒人規定你得完全獨自前行，或只靠這唯一一種方法來自我教育。在某些時候，試著尋求新的角度來看待自己所處的情況，會很有幫助——然後注意出現在你眼前的信差是誰。

排解疑難的提示：
在解讀他人時，
你認為自己正在
進行投射

1. 如果你突然覺得，在他人身上看到的東西可能是真的，那麼你可能遇到了「配對圖像」或重疊模式，表示你可能和他做過相同的事，只是方法或程度不同。如果你在他身上遭遇到「負面模式」，指的就是你在潛意識裡否認，內心也拒絕加以觀察的話，這種感覺也會出現。若是這樣，你會出現負面反應，感知也會被扭曲。
2. 要意識到你腦海裡的問題：「我發現我聊到對母親的不信任，我知道這一直是我在處理的問題。我之所以對這人如此敏感，是否因為我很會在自己身上揪出相同的問題嗎？」
3. 透過你的直覺來具體了解這個問題：「這人是否對母親也有與我相同程度的問題？是基於不同或相同的情況？針對這問題她可以對我分享更多嗎？」確保你對夥伴沒有負面反應或過度正面的情誼。
4. 重新歸於中心，力求中立，用新的眼光看待問題。
5. 如果你沒法靠直覺來清除困惑，還在懷疑自己是否在投射，不妨直接和夥伴討論：「我感受到你對母親的不信任，但我知道我本身對這問題也有一定程度的在意，所以我想再次確認一下，就我注意到的這件事……對你來說是存在的嗎？」

今天就要有直覺！覺察內在和外在的指引

1. 注意三個你接受到的指引，它們是來自你內在的聲音，或是透過某個徵兆或其他人？運用這些指引，你得到什麼洞見？
2. 注意三個你今天提供給他人的指引，不管是透過語言文字或象徵性地透過你的行動。他人是否有意識地認知到這些訊息？你提供的訊息是否也有你需要傾聽的部分？

直接書寫，讓直覺不斷湧現

拿著你的日誌坐下來，保持安靜，放空你的心。選擇以下其中一個問題，思考片刻，懇求自己能從最深層的真實，獲得創造性的洞見。讓問題扮演磁鐵的角色，促使心中跳出第一個字，把它記下來，再讓另一個字跳出來，然後記下。任由想到的字出現，無須評判，無須多想答案會往何處去。不要衝過頭。在順隨筆意停止之前，不要停下，也不要回去看自己寫下了哪些字。輔助的技巧：用自我的靈魂、赤子之心或是未來的自我來書寫；用第二人稱，用自己的名字來稱呼自己，不要把它看得太嚴重！改變你的字體、改變速度和節奏，或是用非慣用的另一手來寫。

- 以熱愛正義之靈的觀點，寫下：「我的長期成長過程會是如何？目前我需要注意什麼事？」

- 「當我試著說出真相時，＿＿＿＿＿。當其他人告訴我關於我的事時，＿＿＿＿＿。」
- 思考一個你生命中的重大議題。列出與這個議題有關的問題。依照自然的順序排列它們，並準確地轉換成問句。接著，假想自己是一位大師，寫下對每個問題的解釋。
- 以身體的觀點，寫下：①「我很難放手忘卻某件事，因為＿＿＿＿＿。」②「我樂於放手忘卻某件事，因為＿＿＿＿＿。」
- 以你未來的自我，寫一封信給現在的自我，看看會出現哪些建議。
- 說明如何運用自己的個性和做事方法，不經意地把以下的訊息傳給其他人：「我在這個時刻出現在他人的生命中，我將給予他們什麼樣的指引？」
- 「如果我在我的領域裡是最偉大的專家之一，一個年輕人向我請教，他會問我什麼問題？我會如何回答？」立即寫下這一段對話。

1.編注：《太陽兄弟，月亮姊妹》(*Brother Sun, Sister Moon*)，一九七二年的電影，內容為天主教聖徒聖方濟的故事。

2.編注：聖奧古斯丁（St. Augustine, 354-430），基督教早期神學家，其思想影響了西方基督教教會和西方哲學的發展。重要的作品包括：《上帝之城》、《基督教要旨》和《懺悔錄》。

3.編注：提婆（deuas）是印度教的天神。

4.編注：克奇納（Kachinas）是印第安普韋布洛（Pueblo）、霍皮（Hopi）等部族，所崇拜的神靈，相傳也是他們的祖先。

5.編注：恩基（Enki）是蘇美人的水神。

6.編注：伊絲塔（Ishtar）是蘇美神話中的戰爭女神、豐饒與愛之神。

7.編注：基瓦（Kiva）是印第安人舉行宗教儀式的密室。

8.編注：珍・休斯頓（Jean Houston, 1937-）是新時代的美國心理學家，曾拜訪白宮，與當時的第一夫人希拉蕊會面，建議後者以觀想方式與一些歷史人物對話，包括後文提及已故的羅斯福夫人（1933-1945）。這項行為被公眾懷疑白宮舉行「降神會」，從事迷信的行為。

Chapter 9

日常生活中如何利用直覺

不管你是必須為事業找到新策略，或是想要解除偏頭痛的苦惱，直覺都能幫助你獲致成功、達成效果。本章探討直覺能有效運用於日常生活的五個領域：改善溝通、做決策、開啟創造力、自我療癒，以及顯化你的需求。記住：直覺不是古怪的念頭，而是讓人愉快生活、避免摩擦、可靠又有用的工具。

直覺的生活技巧

最近，我請幾個人描述他們每天如何運用直覺。

室內設計師賈芭拉說，她一天的開始是先回顧夢境，找出她應該專注哪些問題的內在訊息，接著將注意力轉到她的身體上，注意自己想要優先採取哪些行動。賈芭拉一整天都會注意周遭能量的流動：與她互動的人們表象下發生了什麼事？她是否與客戶協調一致，並遵守約定的時間？最後，她用當天剩餘的時間，來思考明天需要做什麼改變、哪些部分需要停止、哪些部分需要行動。

加倫是一位色彩與影像顧問，常常練習去信賴看似意外的「細微感覺」，來決定要不要進行某件事。她要求自己始終聽從內心的聲音，即使是生活中最平凡的小事。例如，當她尋找停車位時，她的理性通常會告訴她：「就停在這吧，雖然比較遠，要走好一段路，但這大概是附近能找到最好的停車位了。」下一秒，她內心的聲音響起：「去下個路口看看吧。」當她聽從內心聲音時，總會找到更好的停車位。加倫注意到自己經常憑直覺來評估別人，如靈光閃動般接收到關於他們的可信度、能力及配合度等訊息。同時，她也特別注意事物如何出現在她的現實生活裡，特別是巧合與主題重複。

凱伊運用她的直覺，來確定自己的頭腦不會凌駕於身體的需要，例如吃正確的食物、做運動，並且在需要平靜的週末，不過度參加社交活動。她還運用直覺來處理私人和公司的電話，比方說她傾聽微小的聲音：「『現在』就打給某某。」最近，凱伊感覺到該打電話給她懷孕的姪女，當她打過去時，姪女說：「我今天打三次電話給你，但都沒聯絡上。我真的很想聽聽你的聲音。」

喬治是一位心理治療師，他會安靜下來提出這類問題：「今天我有什麼重要的事？」在接下來一個小時裡，他記下心中出現的想法。喬治轉換模式時，會得到較好的想法，舉例來說，長期待在電腦前面之後，他會去散步，或是暫時放下心頭的事去看書。當他覺得「對某件事感覺不是很舒坦」時，他會和他的個案尋求一些指示。

由此看來，直覺為這些人忙碌的生活上了潤滑劑，幫助他們更快處理資訊、做出決定，與他人適當互動，並妥善照顧自己。直覺能以許多實用的方式，幫助你在繁瑣的現實世界裡前進，讓你的一天的生活更順利、有效率、輕鬆又有趣。在上一章，你學習了獲得超意識指引的方法。現在，我們要進一步落實直覺，看看如何運用它去處理生活中最常見的事情。

用直覺力改善溝通

有沒有這樣的經驗：有人看著你的眼睛，對你說：「下週我想和你一起晚餐。」這些話聽起來誠懇，但你卻不相信？或是，你給某人詳細的指示，他卻完全恍神，於是你不得不重新再說一遍？

人際溝通最大的問題在於，我們往往忘記了溝通有很多層次。當說者沒有將這些層面調整一致時，聽者會因接收到混亂的訊號而感到困惑。相反地，若將這些層次調整到同一個水平，溝通就可以變得毫不費力，甚至令人振奮。

溝通的所有層次

在你話語的背後，有很多看不見的動機、意圖、目標及情緒，它們與每個語句混合在一起，形成了符號和意象的匯流，從你的想像中湧出。其實你越是相信自己說的話，感覺就越真實，你所有的感官就越能夠啟動，你的身體就會像一把強力的音叉，把實相傳輸到談話對象的身體裡。**當我們與人溝通時，其實是同時間以自我的三個面向在溝通：身體對身體、心智對心智、靈性對靈性**。

溝通實際上開始於靈性的、超意識的層次，你意圖在彼此間找尋和諧、相似性或連結。我們大部分人沒有花時間去思索這個問題，比如說，你是否能覺察到，你與老闆或銀行櫃員的溝通，有靈性對靈性的層次？你是否會在說話之前停下來，弄清楚自己最高層次的意圖？是否曾經用意圖的靈性陳述來展開對話？例如，「我考慮了很久，我接下來的話也許太直率，但出自我最大的善意」、「跟你說了這些話之後，我希望我們不只是泛泛之交」，或是「希望你能理解我想表達的」？事前的定調有助於簡化溝通的過程。

靈性對靈性的溝通

下一次你參與重要會議、做簡報或是與伴侶對談時，在說話前先靜下心來，觀想並感覺他人內在清晰的亮光。讓你的靈魂接觸他們的靈魂，也就是向他們宣告你最真實的意圖：「我希望我們能愉快又有效率地一起工作」或「我想提供對你有幫助的訊息」，藉此讓他們也能與你分享他們的真實意圖：「希望彼此能達成協議」或「我願意了解你的想法」。你要讓自己確信，在靈魂的層次上，所有參與者都樂於建立雙贏的局面。寫下你的意圖，或許它可以做為你實際進行溝通時的開場白。

在釐清自己較高的意圖之後，你的溝通變得更為任務導向。當你想要與某人進行心智對心智的溝通時，先找出溝通的正面目標。它是要去釐清、教導、娛樂、療癒、保護或是支持？你的重點和特別關切之處是什麼？要如何說明你的重點？哪些是不用說的？

這一週，你觀察自己：你的談話有多少積極的意圖？是否使用不必要的言語或是釋放煙霧，造成他人困惑？是否說得太少，讓聽者去猜想？是否用最自然的順序來呈現訊息？你可能注意到，你腦海中有一大堆「自我對話」，而你跟別人說的話有太多負面的內容。注意到這一點，有助於找出

記住 出於恐懼而進行的溝通只會製造更多的恐懼。

你潛意識的主張。當你在批評、道是非、抱怨，或是過度解讀某件事時，先查看你的動機是什麼。

檢查你隱含的意圖，例如「他們『必須』喜歡我的簡報，並決定買一千罐維他命，否則我會丟掉這份工作」，或是「我要抖出許多事實，讓韋恩聽得瞠目結舌」，或是「如果我很風趣又拚命讚美她，今晚她一定會和我回家過夜」。在心智對心智的層次溝通時，要確定自己不被限制性信念所束縛，並且不會對聽者設下條件。

接下來，溝通的過程轉向身體的層次，變成用感官來感知。花片刻時間，觀想你要說的內容。把這個意象放在你的身體—心智，有意識地隨著言語傳達給聽者。如果無法用圖像來掌握你要說的話，那麼你是否能感覺到它的存在，是否了解它密切的運作，你的心是否放在它上面？

在身體對身體的溝通上，假如我要告訴你如何製作巧克力碎片，我會在心裡組織步驟，而且在告訴你資訊的同時想像並感覺自己正在進行每個步驟。我在我的想像中測量麵粉，將其過篩並感受它的質地。當我告訴你如何將奶油、糖、香草和雞蛋混合在一起時，我彷彿聞到了它們混合在一起的味道。如果我在說話的同時，想像自己在做餅乾，那麼我的身體就會把這微妙的體驗傳遞到你的身體。之後，我的話語將充滿了豐富的感官描述，燃起我們製作餅乾的熱情。我們的身體體驗越是真實，我們就能越快整合談話的內容。

直覺的一致性

如果你在溝通的層次上不一致，聽者可能就會誤解你、不相信你，甚至聽不到你說話。

以下是可能的情況。你的朋友娜琳說她不能和你一起看電影，你莫名感到一股憤怒。她的理由聽起來十分正當：「老闆把一個大計畫丟給我，我得整晚熬夜把它完成。」如果你有直覺，能穿透事物的表象，就可以看到娜琳傳遞給你的畫面是：她和男友正在豪華餐廳裡享受晚餐。其原因在於，你感受到娜琳的身體傳送了雀躍不已的振動給你。你知道自己被欺騙、被拒絕了。

或者，是否有人曾經試著解釋他們自己也不了解的事？你可能感覺到強烈的挫折，因為你的身體告訴你：「她說的根本不是真的！不能信！」

你可能會驚訝自己偶爾也具有難以置信的心電感應和靈視力。其實，心電感應和靈視力，是我們每天運用於溝通的直覺能力。我們能夠立即解讀人們的想法和情況。例如，我們的能量場裡，存在著與我們過去，甚至前世的經驗相對應的圖像和形式。如果你曾經是政治人物、神職人員或藝術家，那麼即便你現在已不是這些領域的專家，然而當你談論政治、宗教或創造力時，人們仍然會覺得你很有說服力。你說的話與你最深層的真實自我之間，將出現一種具有能量、直覺的一致性。在另一方面，如果你有正面的公眾形象、私底下卻有無法告人之事，那麼人們解讀你時，就無法完全相信你對自己的描述。

當你與某些人在一起時，是否變得特別風趣，或是覺得可以展現自我而特別自在？相反地，當你與另外某些人在一起時，是否會表現負面行為、變得卑微，很痛苦地覺得自己笨拙、缺乏吸引力？為什麼會這樣？因為你正以心電感應或靈視力的方式，解讀並遵從這個能量場裡的人所抱持的信念和態度。有些人關愛、包容，並相信他人的美善，當你與這些人在一起時，可以綻放光彩，而你馬上就會知道。

有些人會傳達無意識的訊息：「我是小公主，什麼都要給我」、「我不能忍受懶散的個性」，或是「遲到是全然缺乏責任感的行為」，身處在這些人的周遭，如果你沒有意識到隱含的溝通主旨，那麼即使是全世界最認真、最守時的你，也會不知不覺地在與他們開會時反而遲到，還把咖啡灑到自己襯衫上面。要避免無意識地與他人負面的信念建立一致性，你要對自己說：「對於這個人／這種情況，我知道的比表面上的還要多。我知道哪些事？」接著，把你的想法，不管是否奇怪，全部在心裡分類列表。一旦你覺察他人的偏見，就有辦法採取更具超意識的立場來行動。

為了最大限度地發揮你清晰傳達與接收訊息的能力，你首先要裝作每個人都能聽到你心裡默默做的評論，而且都能看到你能量場裡的圖像。讓自己不去介意，也不去想你不希望別人聽到的事。你要為自身建立一致性，接著去注意他人的一致性，或是缺乏一致性。

留意你在自己身上同樣可能會造成妨礙的情況。人們是否因為情感上或個人的因素，而影響了溝通？是否他們表面上說的是一件事，檯面下有另一個意旨。他們的話語背後有什麼意圖？他們所說的話，是否吻合他們投射出來的意象？他們的身體是否感覺到他們話語的真實性？

大聲說出隱藏的動態

在溝通時，你會從自己的身體找到別人如何接受你的訊號，你必須負責對這個非語言的回饋做出回應。舉例來說，當你很熱烈地與朋友討論午餐時，注意到有人坐立不安、有人目光空洞。你發覺到，你已經說了五分鐘，卻沒有人在聽，你像是對著空氣說話。或許，你說的話喚起喬安娜某個不愉快的回憶，她心思飄盪、被過去的情緒所占據。這時候，如果你客氣地把「在能量上很明顯的事」大聲說出來，將能大大釐清問題：「我感覺到有些不相干的事，好像我說的某件事引發一連串別的想法。喬安娜，你看起來好像想說些什麼，可以說出來嗎？」

或者在工作時，你向大家解釋一個複雜的流程。你很熱心地說明，但突然間你遇到困難說不下去。你的身體注意到，這群人已經沒辦法輕鬆地吸收這些資料。為什麼？你的直覺告訴你：吉姆已經到了飽和點，需要去晃一晃，整理他剛才聽到的內容；有些人需要去洗手間；尚妮想要提出問題，要不然她無法專心聽講。如果你說出這種隱藏的動態，大家都會振作起來：「我們停下來休息十分鐘。我感覺到，我們已經到了一個飽和點，有些人可能想問問題。等我們休息完之後，馬上討論這些問題。」

當某人與你溝通，而你是接收者時，你可以運用相同的技巧，說出隱藏的溝通動態，來幫助對方更有意識地與你在三個層次達成協調。為了釐清靈性對靈性的意圖，你可以說：「喬，我很感謝你想幫助我了解這個。」而在心智對心智的層次，為了讓彼此更加清楚，你可以說：「我試著了解你話中全部的意思，但是我不太能理解第一個部分。你能不能換個方式來說？」或是，「你能不能重複這個部分，並且更詳細說明實際的步驟？我覺得自己好像漏掉一些關鍵訊息。」在身體對身體的層次上，你也許可以問喬：「你能不能用一張圖，畫出可能的結果？」或是「你能不能舉出另一個例子，說明這怎麼運作？」

如何達到一致的溝通

1. 透過觀想每個人內在的光芒，**與你所面對的每個人體進行靈性對靈性的校準**。對自己說出內心最真實而深沉的意圖，不管最後看起來如何，努力觀想一個積極的結果。

2. **與你所面對的人或團體進行心智對心智的校準**，可以先明確在內心訂定正向溝通的目標（好比你希望達到釐清、教育、療癒、保護或支持的效果），以及實現目標所需的要點是什麼。注意溝通語言的分量，不要太多或太少。隨著溝通進行，觀察聽眾反應，確保對方了解你的意思。

消除來自恐懼和不安全感的隱藏動機或負面動機，不要強加預設給對方，讓他們自然體驗並對你產生回應。

3. 透過觀想你正在討論的主題，有意識地將圖像與文字傳送給聽眾，藉以**與你所面對的人或團體進行身體對身體的校準**。如果你得不到圖像，設法把你的言語轉化成現實畫面，在說出口之前盡可能著重在感官細節的具體化。溝通時請保持熱忱。

展現出你真正的本質，包含所有的專業知識、犯過的錯誤和缺乏經驗的部分，不要刻意隱藏關於自己的部分。盡量利用感官描述性的詞語，讓對方也能身體力行地得到相同的感受經驗。

4. **當感覺對了的時候，不妨大聲說出溝通過程中那些隱而不宣的微妙眉角**，這往往能一掃大家心頭的困惑，讓每個人回歸正軌。

心電感應的溝通

朋友賴瑞告訴我，他去劇院看表演，有位頭髮蓬鬆的女士坐在正前方，擋住了他的視線。賴瑞伸長脖子、左閃右移，滿心挫折，於是「在他的內心裡」，客氣地請求她稍微坐低一點。在釋放出這個想法三分鐘之後，那位女士放鬆肩膀靠上椅背，賴瑞終於能看到舞臺了。因此，如果你以後在快車道上開車，遇到在前面緩慢龜速前進、毫無自覺的駕駛，或是在餐廳裡正好坐在大聲講話的食客旁邊，你可以試試看這個技巧。我們似乎真的可以知道別人心裡的想法，如果你認定所有人都有心電感應：傳送並接收未說出口的想法，甚至是「需求波」，那麼你可以運用純粹的心智對心智的溝通，或許還能省下不少電話費！

試著練習以下的技巧，靠著心電感應，來清除你生活中與人溝通的障礙，可以帶來令人驚奇的結果。

傳球練習心電感應

閉上雙眼，保持安靜，讓自己歸於中心。想像在你面前寬敞的空間裡，有一張空椅子，最近和你有溝通困難的某個人進來，坐在椅子上，你們彼此只用眼神交流，沒說任何話。

注意你旁邊的地板上有一顆球。把它撿起來，設定你要與這個人玩簡單傳接球遊戲的意圖，然後把球傳給對方。注意你丟球的方式，你用了多少力道？注意對方如何接球，又如何把球傳回來。他是否很合作？如果不是，你重新設定讓遊戲順利進行的意圖，並持續與對方傳接球，直到雙方進行得平順。然後，把球放回原處。

告訴對方你一直想對他說的話，以及你必須對他說的話，讓他聽到並了解你說話的內容。

接著，讓對方告訴你他一直想對你說的話，以及他必須對你說的話，你要聽到並了解他說話的內容。

將手伸到椅子旁邊，挑選一個禮物盒，交給對方。看看你的靈魂送給他什麼東西。接著，讓你的搭檔送你一個禮物盒，並看看裡面是什麼。互相道謝後，讓對方起身離開。睜開你的雙眼，把經過記錄在日誌裡。

用直覺力做對決策

我們多半不會只有一條路可以走，不會只有一個方法可以達成目標。生命中不斷面對選擇，每個可能都有其價值，每條路在某方面都很吸引人。一個心智開放的人該如何去做？一如往常，運用直覺：信賴你的身體。

聽說索尼（Sony）的董事長是運用高度的直覺，做出重大決策。他把一個問題的可能解決方法當成食物，嘗試把它吃下。如果能夠輕鬆吞下食物、覺得非常美味或是感到滿足，便把它當成一種確實的訊號。不過，如果解決方案卡在喉嚨，在肚子裡像顆石頭，無法消化，那就絕對不可行。運用你的感官、憑直覺做出決策，能讓你迅速理解正在發生的事。

讓感官做出決定

想出一個你目前生活中的問題，然後列出幾個可能的解決方法。閉上眼睛，安靜下來，去感覺你需要解決問題的實際情況。

1. 想像每個可能的解決方法是一種食物，注意試著去「吃」每個食物時，發生什麼事，以及你的身體對每個食物感覺舒適的程度和自然的回應。之後，記錄你得到的洞見。
2. 想像每個可能的解決方法是一種音樂或聲音。心裡逐一想著這些解決方法，看看每個聲音聽起來像什麼。之後，記錄你得到的洞見。
3. 想像每個可能的解決方法是一種氣味。心裡逐一想著這些解決方法，注意它們所發出的氣味。記錄你得到的洞見。
4. 想像每個可能的解決方法都具有一種紋理。心裡逐一想著這些解決方法，並想像你閉著眼睛感覺它們。每個方法讓你學到什麼？並且進行記錄。

另一種運用直覺做決策的技巧，是使用個人的真正符號。藉由練習，你可以學會在參與商務會議、逛賣場或是用電話交談時，快速地使用你的象徵符號，進行直覺真實性的驗證。

用真正符號做決定

閉上眼睛、保持安靜，想像自己置於空間的中央。感覺你內在和周遭有著鑽石般的光芒——你自己的真正振動。讓這個能量充滿自我。

現在，在你面前寬敞的地方，讓一個符號（一個代表你個人真相的東西）顯現。接受你所感應到的，不要對你的想像做事後猜想。仔細檢查這個符號，轉動它、看看它的背面，從上方觀察。睜開眼睛，畫出你真正符號的圖像。

想一個你目前生命中的問題，然後列出幾個可能的解決方法。接著，閉上眼睛、集中自我，感受這個問題的實際情況。把第一個可能的解決方法拿出來，放在你面前觀想它或是感覺它。

接下來，把你的真正符號放在解決方法的上方，看看會發生什麼事。這個符號是否保持原本形式，或是出現變化？是否變得更明亮，或是更加真實？接受你所接收到的訊息。

將你面前的空間清理乾淨之後，將注意力轉移到下一個可能的解決方法，在心裡逐一把它們拿出來，並且把你的真正符號放在上面。然後，記錄哪一個選項的能量最為強大。

以下運用直覺做決策的技巧，可以給予你更多可能解決方法的細節。在這個練習當中，你可以採取不同的行動路徑，看哪個讓你的身體感覺最有活力，哪個維持最久且強而有力。

預想行動路徑

想一個你目前生命中的問題，以及幾個可能的解決方法。閉上眼睛，安靜下來，讓自己歸於中心。感覺問題的實際情況，然後開始思考第一個可能的解決方法，觀想它或感覺它。想像這個解決方法付諸實行，你就活在這個方法裡，進入到這部「電影」裡，感覺你的身體喜歡這個狀況的程度。是否有哪裡你感到緊張？是否感到舒緩？

接著，把這個情況投射到未來的六個月之後。注意你身體的第一個反應，覺得六個月後這個解決方法如何？是否感覺到事情哪裡出現改變？對你而言這是健康的嗎？

然後，把這個情況投射到一年之後。注意你身體的第一個反應，覺得這個解決方法如何？是否感覺到事情哪裡出現改變？對你而言這是健康的嗎？身體是否有哪裡出現緊張？

清理你面前的空間，重新歸於中心，心中開始想第二個可能的行動路徑。重複這些步驟，直到你覺得已試遍目前所有的可能解決方法。另外，別忘了試試「什麼事都不做」這個選項。

我的許多學生都運用「可能行動路徑」的練習而獲得成功。教我這個方法的戴爾・艾隆森博士（Dr. Dale Ironson）[1]告訴我，當他考慮買房子時，這個方法曾幫助了他。一開始，艾隆森想像擁有一棟特別的房子，他身體出現良好的反應、感覺適應完美。當他想像六個月之後的房子，他仍然感覺很好。不過，當艾隆森想像一年之後房子的情況時，卻嚇了一跳：他的喉嚨緊縮，讓他幾乎不能呼吸。如此劇烈的反應，讓艾隆森不得不針對房子可能存在、導致他呼吸道不適的化學物質，詢問房產仲介。結果顯示，這棟房子是蓋在有毒廢棄物的垃圾場上面。顯然，一年之後，極可能會遭遇危險物質外洩的情況。靠著詢問一個平常可能會被忽視的問題：「未來這個房子對我好不好？」艾隆森的直覺救了他。

用直覺提升創造力

《藝術家之路》（*The Artist's Way*）的作者朱莉亞・卡麥蓉（Julia Cameron）形容，創造力和直覺是「藝術家之腦」，她將之描述為「我們內在的發明家、我們心底的孩子、我們自己心不在焉的教授……它依賴圖像和形影來思考，它見到秋天的森林時會想：『哇！落葉繽紛、美麗！國王金黃閃亮的織毯！』藝術家之腦的聯想力自由奔馳……光憑文字，無法有效地觸動與激發藝術家之腦。

藝術家之腦是感官的：視覺和聽覺，嗅覺和味覺、觸覺。感官是魔法的元素，而魔法是藝術的基本材料。」[2]

要讓你的創造力運行，必須勇於做點傻事。我在日本工作時，印象特別深刻的是，一群一絲不苟的企業界人士在進行「發明家的圖書館」練習時，出現令人意外的特殊成果。他們結束靜心之後，畫出一些令人驚奇的創意：可立即拍照的護目鏡、可不斷產生熱能的陶製松果，以及一種在陽光下凝結，但在黑暗中變成液體的藍綠色果凍。

發明家的圖書館

閉上眼睛、安靜下來，讓自己歸於中心。在你前面有個寬敞的空間，想像山上有一棟巨大的建築物。沿著寬闊的路走向建築物高聳的前門，門口警衛會讓你進去。進到巨大的房間裡，注意擺著櫥櫃的無盡迴廊，在你目光所及之處仍在不斷延伸。櫥櫃上排列著無數的盒子，有各種大小、形狀和顏色。有些盒子大到必須用推高機才能拿下來，有些則小到必須很靠近才看得到。

讓你的身體來決定想走去哪裡，或是想在哪條通道轉彎。讓你自己在發明家的圖書館漫遊片刻，看著這樣式繁多的盒子，想像裡面裝了什麼。其中一個盒子很快會以特殊方式吸引你的注意。當注意到「你的」盒子，把它從架上取下，拿到走道的盡頭，在這裡有一間私人的閱覽室。

在閱覽室裡，打開盒蓋看看當中有什麼。把這個發明拿出來仔細檢查，找一找附在上面的說明書。這個發明叫什麼？該如何使用？用什麼材料組成？如果你不明瞭這個發明的意圖，或不知道該怎麼使用，那麼你只要按下按鈕，指導員就會現身說明。

回到你的正常知覺，並畫下你看見的這個發明的圖像。你可能寫下一些說明：這個發明如何象徵了你目前生命中的某種需要？

讓我們繼續探索藝術家之腦，保持輕鬆和實驗的精神。你是否曾希望成為一位偉大的音樂家、畫家、雕塑家或詩人？在你的想像中，你內心的藝術家無所不能。

打造自己的藝術館

閉上眼睛，安靜下來，讓自己歸於中心。在你前面有一個寬敞的空間，想像你在最喜愛的大自然當中有一棟僻靜的房子，例如林中小木屋、山間農舍、海濱別墅、沙漠裡有著岩石庭園的泥磚房，或是巴黎最高之處的小閣樓……這是讓你發揮創造力與觀照自我的私人空間。進去裡面，四處看看。

這裡有各種具創造力的房間：一間音樂室有你所有想像得到的樂器；一個廚房有最新型設備、各種新鮮食材和香料；一間畫室有大桌子、畫架、顏料、畫筆，以及各式各樣刷子；還有神奇的自然光。有一個地方，可用來做雕刻、泥塑、紙雕，或是金屬和珠寶的加工。有一間舞蹈室，牆壁鑲了整面的大鏡子、有整架的CD、一套音響設備。有一間木工工作室，以及一間攝影暗房。有一個房間，擺放了漂亮的手工紙，可以讓人用鋼筆書寫，還有全彩的電腦大螢幕，可以讓人敲打出想法。任何你想像得到的物品，都會在你的藝術館裡。

讓你的身體和藝術家之腦，引導你進入最先投入的創造力活動。進入這個房間，碰觸工具和材料，用觸覺和嗅覺感受它。完全浸淫在你選的媒介，讓自己展開全面的實驗。集中你的能量，然後釋放出來，盡情享受這個和你一起流動的自然運動。

當你結束藝術遊戲，回到正常的知覺，並在日誌裡記下你做的活動和你的感受。

你也可以運用象徵符號，啟動身體意識與更高的抽象靈感進行連結，刺激你的創造力。仔細觀察圖9－1當中的象徵符號，記住身體即刻的印象。某些符號是否讓你稍稍受到吸引，或是感覺排斥？是否感覺到快樂、緊張、期待、安心，或是被激發要採取某種行動？

圖 9-1 象徵符號幾乎是即刻傳達出概念、聯想、感覺及經驗

聯想練習

在日誌裡探索每個符號。

寫下一連串相關聯的字，盡可能快速，不要回頭瀏覽自己的清單。例如：照相機、鏡片、快門、底片、光圈、咔擦聲、閃光、視野、焦距、容貌、照片、格式。

接下來，寫下一連串的單字或詞句，傳達你從這個符號聯想到的情緒或感覺：私人觀點、享受、保存瞬間、與人和風景親近、神奇影像、迷人細節、完美結構。

最後，利用你列出的聯想，為每個符號寫出兩段句子的故事：「我的鏡頭快門一閃，保存了與蜂鳥親密的瞬間。我享受與牠纖弱神奇的軀體共處，並調整焦距進入牠快速鼓動的世界。」

在我們快速移動、邏輯思考、充滿壓力的生活中，另一個保持創造力源源不絕的方法，是每天寫一首俳句風格的詩。日本的俳句[3]是一種形式美妙的詩，用簡單的三行字，捕捉自己的感動時刻。在我最近的東京之行，我每天寫一首俳句來捕捉最根本的感受，當作創造力的練習：

油煙襯著警笛
傾盆雨中的卡車
開了花的雨傘！

戰艦層疊如廈
灰藍在灰藍的天
假的鳥鳴和衝浪

發臭的迪斯可舞廳垃圾
蔓延人行道的公車站牌
五十個通勤族排隊　眼也不眨

今天的街角　初生胖狗
出售　籠子裡
每個人都蹲下　喔　啊

療癒自我

你的直覺可以成為你帶來安慰與紓緩的工具，同時為情感與生理層面帶來更深層次的療癒。我曾在夢中經歷了生命中最真實且強大的療癒效果。我只是透過想像的力量，就讓自己得到無比的肯定，而這股來自神聖與超意識領域的能量與關注，確實在我身體裡流動著。

在夢裡，我把自己的心臟咳了出來，捧在手裡，心臟卻仍在撲通跳動著，不願意回歸到胸口。我大聲呼喊求救，卻無人回應。隨著時間分秒過去，心臟在我手裡慢慢開始變得虛弱，直到它裂成兩半。「拜託，誰來幫幫我！」接著，就在最後一刻，一個魁梧高壯的男子出現在眼前，祂足足有兩百五十公分高，祂威嚴有力，安靜而尊貴，散發古老智慧的光芒。

祂的皮膚如晴朗的夜空，黝黑中散發著冷冽而具有穿透性的靛藍光澤，往我身體裡照射進來。祂的出現，為我帶來無盡的撫慰力量。祂的眼睛像黑夜裡平靜深沉的湖泊，閃耀著來自外太空的黑色火焰。祂那閃著光澤的烏黑長髮散在背後，一路垂到腰下之處。「我是療癒天使。」祂對我低語，接著彎下身凝視我的雙眼。我被帶到一個超越任何記憶之外的宇宙，對於自己的真實自我感到安心。祂伸出長長的手臂，用巨大的手掌包圍著我的手，溫柔地把我破碎的心臟重新黏合。

心臟重新癒合後，祂輕輕地對驚魂未定的我說：「這並不是你的心臟，你知道吧？它原本屬於神，是神把它借給了你，也是神的力量讓這顆心再度跳動，神的真實脈動讓這顆心重新去愛。現在把你的心交還給神，它會再度得到完整與快樂，再度輕如鴻毛。神帶給你這個新生的禮物，你也將自己獲得的新生回饋給神。放鬆喉嚨，打開嘴巴，發出宇宙的長音：「啊——」

祂把這顆重獲完美的心放回它應該在的位置，一隻手放在我胸前，另一隻手慢慢地穿越我的額頭與頭頂。靛藍黑光滲入我的皮膚、骨頭、大腦和信仰。祂輕聲說：「此地，此時，讓我幫你忘卻一切。」然後我嘆了口氣，靠在祂身上，感覺自己從所有局限思維、過往記憶和那些不合時宜的感知所構成的牢籠中釋放出來，終於自由了。此刻我漂浮在宇宙意識的平靜黑海裡，清新而純潔，像等待出生的嬰兒，對於自己得以重新學習、重新去愛而心懷感激。

雖然這段療癒之旅是發生在夢裡，但它的過程清晰具體，至今仍然深深印在我的記憶中，彷彿持續發生不曾中斷。當我們內心對療癒的需求夠強烈，對於協助的渴望夠深刻誠摯時，即使我們知道自己還沒發出呼救，某種療癒天使也會伴隨療癒的眼睛、療癒的光芒、療癒的雙手、療癒的語言，在夢中或現實中翩然降臨。說到療癒，你可以在圖書館輕易挖出如山高療癒主題的書籍。我這裡說的只是冰山一角，希望可以藉此促使你進一步探索自然療癒的動機、能量、隱含知識，去找到新的力量。

唯有當我們願意打開直覺，願意謙虛受教卻不過度天真，站在需求深淵的邊緣卻又心懷真誠，你才能啟動最深刻的療癒經驗。正是這種帶著純真、信任和萬全準備的心，才能迎接療癒天使的降臨。在接下來的練習中，花點時間在內心培養出這種情緒或療癒態度。

記住 每一個時刻、每一個地點、每一個經驗都是完整的，充滿了我全部的愛。

召喚療癒天使

坐在鏡子前（如果有戴眼鏡，請摘下），盯著鏡中自己的雙眼，開始思考：「我是誰？」以及「是什麼讓我感到痛苦？」藉著深入探索自己心理、情感或身體的痛苦，你將能開始明確感受到你需要療癒的部分。

當你找到傷口時，閉上眼睛，讓自己置身其中。專注在感覺、無助、困惑和迷茫，還有你想要自行療癒這個傷口的渴望。感受你想要從自我的存在中，消除這種局限的需求。渴望著療癒天使的降臨。心懷單純，排除任何預設的形式，向療癒天使發出呼救。你可以具體說明，希望在內在與外在的世界中都能邀請祂降臨。

利用你的想像力創造一個畫面，並且接受以光、觸摸、言語和教導形式的療癒。之後，寫下你的經歷，並在這一週保持覺醒，觀察你生活中是否出現了療癒的顯化。

每個人都擁有不同形式的療癒力量，在需要時被召喚到行動中，進而創造奇蹟。神話學家兼心理學家珍．修斯頓（Jean Huston）曾分享了一個很有戲劇色彩的故事，敘述她如何在短短一個週末的時間，透過專注的觀想和靜心，遏止了一個潛在癌症的生長。

我的客戶瑪麗貝絲告訴我，她在切菜時把手指割出了一道深口。經過最初幾秒的驚嚇後，她迅速鎮定下來，把自己的超意識心智導入傷口，把愛與關懷注入受傷的組織細胞裡。她開始照料傷口，讓右手對左手說話，「對不起，你是在幫我，我卻沒注意到你，我下手太快了，不是故意要傷害你的。從今以後我會更尊重你。」她對那些迅速被切割而感到措手不及的細胞說話：「沒事的，你們不必感到害怕，放手讓它去吧，我會幫你們重新癒合，你們會重聚的。」她觀想並感受能量在手指的那一小部分流動著，然後放鬆整個身體，確認一切恢復正常後，回去繼續做晚餐。隔天，那個傷口幾乎完全癒合了。

也許在我們的DNA的編碼裡，早就寫進了我們需要的知識庫，以便可以治療身體系統中的任何疾病。想像一下，那些最初造成痛苦與病症的微小偏差，也可以輕鬆把它們轉移到完美的位置——無需額外費工，只要試試這個練習，就可有助於療癒生理上的各種問題。

快樂的細胞

想像你身體那些感到緊張、痛苦和需要關注的部位，閉上眼睛，靜下心來，專注自我。感受一下這區域有多大，把部分意識投入在這個區域，就像一個調查記者帶著相機，拍攝該區受損細胞的影像，並且把影像投影到前方的螢幕上。再把存在你DNA記憶庫裡那更完美、快樂、健康的同款細胞影像，投射到這個影像的旁邊。

仔細觀察兩種影像，找出那些不健康且承受壓力的受損細胞彼此互動的方式。它們是否相互合作？還是正在吸收與排泄著所需的東西？它們的振動層次是否出現異常？是否正在抱怨彼此？你可以聽到這些細胞發出的聲音嗎？接著再去觀察那些健康快樂的細胞如何運作。試著去觀察和感受兩種細胞群在開放性、合作、信任、給予和接受之間程度的差異。注意這些細胞的最佳頻率層次，你能聽到這些細胞發出的聲音嗎？

將你的能量振動層次調整到和這些健康細胞相同，當你這麼做時，觀想健康快樂細胞的影像重疊並融入到緊張細胞的影像中。把高頻率振動導入低頻率振動中，並加以提升，最後看到你螢幕上所有影像全部合成一個健康且運作良好的群體。

將你意識中那個「調查記者」部分的注意力，投入到身體所需的部分，並且把快樂細胞的影像和頻率擴展到那個區域裡所有的細胞。想像所有細胞聚在一起振動及搖晃、交換能量、自由地施與受。想像它們傳送出來的聲音就像合唱團的大合唱。保持一段時間的穩定注意力，再透過心電感應將這能量傳達給這些細胞：「這是你們最自然的狀態，你們永遠不必離開這種體驗，此刻我將有意識地記住這種感覺，作為未來支持你們維持現狀的力量。」

唐望曾經告訴卡斯塔尼達，安寧的感覺是必須去培養的。「安寧是人必須刻意尋求，才能達到的境界，而我只知道去尋求茫然、不快與困惑的感覺。他嘲弄地笑著，向我保證說，為了達到使自己悲慘的境界，我必須以最強烈的方式去努力……『關鍵是你強調的是什麼，』他說：『結果我們不是使自己更悲慘，就是更強壯。兩者付出的努力是一樣的。』」[4]

顯化你的需求

有些人教我們，如果能控制自己的思想，學會操縱自己的能量，就能讓任何東西顯化。確實，有些法則掌管著更高心智藍圖，是我們進入實體世界的創造性能量。如果與這些法則協調作用，將具有強大的力量。以正確的步驟循序漸進，運用適當的意圖和專注力，然後你就會得到想要的結果。但是，認為有更多的錢、更大的房子、更盡心盡力的伴侶，或是更苗條的身材，可以讓我們擁有更好的生活，很可能是嚴重錯誤的想法。因此，我一直對於所謂「豐盛意識」(prosperity consciousness) 及其「現在就要全部擁有」的人生哲學，抱持著懷疑的態度。它們顯然漏失了一種更重要的觀點。

記住 我現在所有的，正是我已經要求過的。

所以，當我們談到顯化，首先要提到正當地運用意志。如果把自己的意志加諸於生命，目的是要強化我們的自我、維持自己的安全感，就可能會失去與靈性層面的聯繫。但另一方面，我們也不應該盲目地接受命運，對自己的生命完全不表達意見。我們不希望變得自大傲慢，但也不想成為受害者。我們不希望把物質世界當成全部的目的和結果，但也不希望活得像禁慾的苦行者，否定生理需求的重要性。

許多個案告訴我，神奇的顯化或是無法顯化的故事，即是根據這兩種大不相同的態度。許多人學著自立自強，憑著努力在世上奮鬥。這種英雄式的自我肯定有時候有效，但到頭來，所投注的意志力和能量越來越無法達成相同的結果。這種類型的人都是被命運所逼，往往在失去了人際關係或健康之後，放棄他們的企圖心與物質主義，接受無形領域的協助。

其他的個案則完全仰賴別人和「天命」，來獲取他們所需，或是認定現有事物就是他們需要的。這些人學著盡量不要有個人的願望，坦然接受偶然出現在他們身上的線索、機會及連結。對於發生在自己身上的事，都不認為是自己的功勞。到頭來，往往因為生活品質低落，導致他們覺得缺乏動機、感到憂鬱，自認是他人和命運的受害者，最後只得相信並追隨自己的渴望。

如果你生命的經驗絕大部分來自其中一種觀點，那麼現在便應該整合另一個觀點，以更加平衡地理解什麼是創造力。我們能在硬闖難關與謙卑靜待更高指引之間，找出一條平衡的生命道路。在這條重新整合的道路上，我們將會接納來自於更高的話語，如果我們接受到真正的符號，就該朝這個願景採取實際的行動，因為不會有別人來幫我們做。依據信念來行動，接著讓它顯化，就是把信念帶入我們現在的實相裡，而我們也了解這是我們想要的。隨著我們的信任與行動，一路上可以從有形的和無形的來源，得到我們需要的幫助。

如果你想顯化的是有更多的錢，如何運用直覺來幫助你在現實中實現它呢？首先，你必須界定金錢的數量，並轉化成實際的言語：「我今年想要增加百分之五十的收入，也就是十五萬美金。」下一步，把這個想法從你的新皮質移到中腦，並且找出一個方法來連接和依附這個概念。「任何」東西增加百分之五十的感覺是什麼？如何轉化成感官經驗？觀想一堆有一千五百張的百元美鈔。實際把玩具紙鈔堆起來可能更好，再把你的雙手放在鈔票堆裡。

或是想像一下，一年多了五萬美金能夠提供你什麼樣的體驗。運用想像力來補充這個想法，讓身體感覺到它的真實。你會不會到印度去旅行？買艘遊艇？塞滿你的衣櫃？你能想像，擁有這麼多的錢是正常的嗎？

或者，把這個金錢目標想像成能量的特質。如果你比真實的自我增加了百分之五十，多做百分之五十你喜歡做的事，你的生命感覺起來會怎樣？什麼樣的想法會讓你感興趣？你的習慣會有什麼

記住　如果某個想法進入了你的想像中，就代表你有辦法將它顯化。

改變？態度和能量的水準會變成什麼樣子？

最後，把這個想法放入你的爬蟲類腦，讓身體接受更多的刺激、平衡、能量、變化，以及更多的愛與創造力。由於你的身體只會把當下當成真實，所以現在就要像已經有了這筆錢，並且擁有這些體驗，去做任何你「在這個實相」必須做的事。也就是說，在你擁有這個實相之前，先進行想像中的體驗。

要注意的是：在潛意識允許你顯化一個不同或更大的實相之前，你必須放棄抱怨，拋開自己不受欣賞與被剝奪的感覺。這是提升直覺運用以帶來創新的方法。首先，想像被他人理解、欣賞會是什麼情況。你生命中現在擁有的，是你上週思考事物的結果。你現在所想的事情，將會創造出你下週的體驗。其次，開始去理解、欣賞你擁有的，要與它同在，且無須改變它就能樂在其中。這種感覺很好；你會覺得完整，擁有你所需要的，而且所有現存的都是好的。第三，讓你的滿足和完整滿溢出來。主動地表達你對他人、自然及神的感謝與欣賞。或許你可以向他人「提供」你要求他們給你的事物？一旦考慮清楚、準備就緒，以下的技巧可以幫助你把新的事物，帶入你真實的生活。

心想事成是可以模擬演習的

選擇一個你希望很快顯化的事，或許是個特定而具體的東西，例如一部新筆記型電腦；或許是一種生命狀況，例如新工作或新情感關係。在你開始進行靜心前，先在日誌做些準備工作。如果你要的是一部筆記型電腦，想像它的圖像，寫下價格，到店裡看看、感覺一下，試用與理解它。記錄下來，描述你使用的情況。讓身體熟悉筆記型電腦是你生命裡正常的部分。

如果你想要一份新工作，大略規劃出你工作時的感覺。想像你的同事，描述這些人的樣子，以及辦公桌和工作空間。描述你負責的任務與激發你的挑戰，以及早上熱切想去上班的心情。首先創造情緒上的真實感，再填入讓身體愉悅的感官細節。你也許不知道確切的工作內容，但你內心深處明白，你需要自我表達以及與他人互動，才能感覺完整和快樂。

閉上眼睛、安靜下來，讓自己歸於中心。感覺自己對這個物體／狀況的渴望，並注意為何需要它來豐富你的生命經驗。想像在你前面有一個寬敞的空間，觀想你想要顯化的目標／狀況的能量體或能量藍圖。首先，感覺它核心的振動，讓身體去了解它，就像兩隻友善的狗兒互相熟悉。將你的能量場延伸到這個藍圖之中，擁抱它，讓彼此變得輕鬆親密。讓這個物體／狀況變成你能量場中活生生的一部分。

現在，開始設想這個物體／狀況的能量，它在你的想像中越是透明，它在時空中就離你越遠。這個能量越顯得扎實厚重，距離當下及你實際身體的距離就越近。集中精神在這個能量藍圖上，將專注和生命力投注其中。當你這麼做的時候，你就從更高的層次獲得「相對的資助」，知道神性也投入關注，來幫助你實現想法。觀察這個物體／狀況被填滿了運動的粒子、分子、形狀、顏色、聲音及紋理，它看起來越來越真實。

你對自己和神性說：「『現在』我已準備好和這個東西並存。我願意接受它帶給我的成長和新的體驗。我要讓我的身體使它立即顯化。」設想你、你的身體、這個物體或狀況共存的意象，把它與「現在要得到、現在就擁有」的指令，濃縮成一顆小藥丸，想像它從中腦的中心管道進入爬蟲類腦的核心，把藥丸留在這裡。你的爬蟲類腦會很開心地展開行動。接下來，讓你的注意力脫離這個過程，去進行你生命裡的下一件事。注意觀察它的實現，是透過內在的行動，還是外在的行動。

我已勾勒出幾個應用直覺和想像力的方法，讓你每天的生活更加流暢、更能發揮功效、更感覺愉悅。就在完成本章的現在時刻，我剛好收到一封遲來的電子郵件。在東京的麗莎回覆我關於每日直覺應用的問卷調查，她說：「我的盆栽在渴的時候會告訴我。之前我在澡盆裡放熱水，總是調不到最適當的水溫，但如今我不需要用手去試水溫，只要『感覺』一下便知道能否跳進去洗澡。有時候，我打開一本字典或一本書，結果就在正巧需要的時刻，翻到正確的頁數！我知道這聽起來很瘋狂……」其實，這一點也不瘋狂，麗莎找到了自得其樂、享受日常生活的方法。

今天就要有直覺！
啟動你的心電感應

信任你對某人的心電感應。注意他們話中隱含的意思，就當自己聽到了一樣，大聲回應他們沒有表達出來的想法，看看會出現什麼情況。

直接書寫，
讓直覺不斷湧現

拿著你的日誌坐下來，保持安靜，放空你的心。選擇以下其中一個問題，思考片刻，懇求自己能從最深層的真實，獲得創造性的洞見。讓問題扮演磁鐵的角色，促使心中跳出第一個字，把它記下來，再讓另一個字跳出來，然後記下。任由想到的字出現，無須評判，無須多想答案會往何處去。不要衝過頭。在順隨筆意停止之前，不要停下，也不要回去看自己寫下了哪些字。輔助的技巧：用自我的靈魂、赤子之心或是未來的自我來書寫；用第二人稱，用自己的名字來稱呼自己，不要把它看得太嚴重！改變你的字體、改變速度和節奏，或是用非慣用的另一手來寫。

- 回想一個你最近被誤解的經驗。把你區分為靈魂、心智體、情緒體及身體，不同層次的你：「對其他人真正想要說的是什麼？」

- 列出你通常用了哪些字詞或句子，以至於你和他人出現以下的狀況：消極、無意識、延宕、限制性思考、醜惡、愚蠢，或是欠缺尊重。試著去除這些詞句。
- 挑選一個讓你惱怒的人，從你身體的觀點寫下缺乏一致性的部分：「我收到的混雜訊號是＿＿＿＿。」
- 為來自東、西、南、北方、甚至上方的朋友，寫下到你房子的路標。盡量簡單、清楚、明確；提供足夠的資訊，但不要太繁雜。運用適當的感官描述，像是「如髮夾般的大轉彎」而不只是「U字形轉彎」。
- 以未來自我的觀點寫下：「現在的自我對於目前即將面臨的重要決定，感覺且知道的是＿＿＿＿。」
- 以療癒天使的觀點寫下：「為了有效療癒（我的母親、父親、小孩、老闆、我的貓、我最好的朋友等），我首先會＿＿＿＿，接著我會＿＿＿＿和＿＿＿＿。」
- 以身體的觀點寫下：「我現在正在為了不遠的未來顯化＿＿＿＿的過程，進行的方式是依據＿＿＿＿。」

1. 編注：戴爾・艾隆森博士（Dr. Dale Ironson），著有《靈性轉化與療癒》（*Spiritual Transformation and Healing*）一書。

2. 作者注：Julia Cameron, *The Artist's Way* (New York: Tarcher Putnam, 1992), 13, 21.

3. 作者注：傳統的俳句由三行各自為五、七、五個音節的句子所組成，往往與四季節令有關。我以傳統美國式的風格，並沒有太過於注意形式上的嚴格規定。

4. 作者注：Carlos Castaneda, *Journey to Ixtlan* (New York: Simon & Schuster, 1976), 183-84.

Chapter 10

讓直覺來去自如

在充滿懷疑的世界裡，本章協助你保持你尚屬初生的認知方式。幫助你了解在直覺開發上的典型偏差，以及扭曲效力和減緩靈性成長的錯誤步驟。如果你和我們一樣，偶爾落入陷阱，本章提供你重要的訣竅，讓你可以拂去身上的灰塵，重新進到流動之中。

恭喜！你已成功完成直覺開發過程的基本內容，現在你應該能夠在許多方面，信任並運用你的直覺，創造一個更順暢、更完整、更有收穫的生命。在重複練習以獲取直覺一段時間之後，你一定也理解到，直覺在你需要時出現是多麼輕鬆，直覺的生活方式如何提升你日常現實的靈性面向。

不過，在此同時，你可能親身體驗到，你的直覺偶爾會因為潛意識的恐懼，而產生扭曲或阻礙，然後當你回歸慈悲與理解時，直覺便很快地重新恢復流動。我希望在現階段，你仍然期盼在生活的各個領域裡繼續運用直覺，但是你得銘記在心，要將這個新的感知技巧磨練至理想境界，需要花費很多時間和精力。

當你隨生命之河順流而下時，途中總有暗藏的險灘和障礙。在討論提升溝通能力時，我曾經提到，大聲說出隱藏的動態往往可以立即清除一些問題。這也適用於處理直覺開發上一些可能的盲點。討論它們，甚至當成笑話來說，你就不會在漩渦裡打轉，浪費太多的時間和精力。

注意阻擾直覺的障礙

如同其他通往更高意識的方式，開發直覺必然也會犯一些判斷上的錯誤——畢竟，要認識自己作為靈性存有，需要從我們的日常意識中進行相當巨大的轉變。也許這就是為什麼每條靈性道路都有盲點，很難一下子看到全貌。人都會犯錯，但我們可以學習辨識出感知上的「錯誤」，加以改正或是不予理會，很快地繼續向前邁進。

的確，即使你把事情搞砸，最壞的情況也不過是你的成長將因此停滯一段時間，以及可能阻礙到其他人的成長。不過，有更強意圖和更有意識的你，會更難以忍受對他人造成「任何」程度的痛苦、困惑，甚至不便。因此，為了加速成長，不受錯誤所阻礙、耽擱，你必須密切注意焦慮的信號，努力生活在深層自在的狀態。接下來，我們看一下幾個會阻擾清明直覺的障礙。

迅速見效的處方和簡單答案

現今，我們這一代受到環境制約，成為注意力短暫的消費者，必須在短期內回應強烈的刺激。因此，我們期待自己可以立即開悟，如果一種技巧不夠有趣或是沒有立即效果，我們馬上就會轉臺。例如，如果你嘗試一個直覺的決策技巧，卻無法觀想出答案，或是覺得真實信號開始變得不可靠，你可能會有挫折感，而放棄特定的直覺運用。然而，一開始出現模糊的結果，或是由你某個非主宰的感官提供資訊，甚至啟動某些不熟悉的感官組合，其實都很平常。你可能要花些時間，讓自己熟悉這些新的感知方法。

我看到有些人缺乏耐性，特別是新時代運動的人，從一個技巧跳到另一個技巧，用各種方法來淨化自己，例如吃特殊飲食、誦念真言、用靈擺占卜做決定、聞芳香精油、照射有色燈光、探訪古代力量場所等。這些技巧和工具都是提升覺察的傳統工具，如今也可以幫助我們。但是，別忘了這些都是達成目的的手段，不應該與真正的內在工作混為一談。你的自我，才是力量最強大的工具。

許多人也可能為了獲得更高知識而受到引誘，接受一些權威人物，像是教會、印度導師、薩滿、來自大角星的太空船指揮官，或自稱麥基洗德修會（Order of Melchizadek）[1]的大祭司，為他們規劃簡明扼要的教條。當你無法信任自己的直覺時，在所有情況下只需知道要遵照哪些規則，當然會大感輕鬆。不過，如果進行得太快，從一個方法跳到另一個方法，找尋完全不是自己構想出來的解答，也可能讓你陷入一堆麻煩。

所有靈性道途的第一階段，包括直覺在內，都是針對自己的性格進行謹慎且持續的評估。我們的性格正是犯下許多錯誤感知的起點。會讓我們犯錯的，往往是我們未曾意識到的。排除我們思想和行為上的恐懼，並不是一件特別愉快或是簡單的工作。事實上，大多數人盡可能不去面對他們的黑暗面，即使面對時，也往往以為一次迅速進入下層世界就可以解決。如果你曾努力清理你的潛意識心智，應該知道我們需要經過多次的循環，才能化解成千上百、大大小小相互連結的困惑和障礙，需要對自己持續不斷的慈悲和耐心才得以清明。光是想像神奇的魔法、光說不練，或是盲目追隨他人的規則，都無法達成開啟直覺的目的。

想利用直覺來滿足控制慾、偽善、野心

在開啟直覺時，如果在我們表象之下潛藏著恐懼，那麼某種形式的自我還會意圖用狡猾的方式，來維持舊狀態，好讓自己覺得安全。這些隱藏的自我會產生各種行為，範圍從比較無害的個人偏見、希望獲得別人注意，到自大炫耀的控制慾。當你可以透過直覺獲得他人的訊息之後，會不會忍不住想要炫耀，或是運用這個技巧來強化自己在工作上和朋友之間的地位？

瑪姬啟發直覺之後，發現對人體精微的能量極為敏銳。她可以感覺出哪裡是熱點和冷點、哪裡電波太強，而且可以用手去導引和平衡能量的流動。瑪姬以此來療癒人們的方法相當成功，於是決定以此維生。隨著信心逐漸增強，她顯現出想要掌控一切的態度。她總是很肯定造成個案痛苦的原因，用權威的方式做出評斷。

她會滿面笑容對個案說：「你真是一團糟，不過我可以幫你。」雖然這可以讓不少人感到安心，但她其實是想要巧妙地贏得別人對「她」的注意，反倒讓個案的療癒過程變得複雜。個案在接受療癒時，必須額外承受一種對自己「瑕疵」本質的評斷。雖然瑪姬有天賦也很會表演，但真正的療癒仍必須透過自己的靈魂和神性來進行。你的「多樣面孔」當中，是否也有一個解答者或救世主？

你或許可以從感知到他人的偽善、猶豫不決或表裡不一，察覺到自己的盲點。如果你因為他人的問題而有所感觸，相同的情況可能會以不同形式存在於你身上。要注意以下這些人：自稱有道

德或靈性、但行為卻違反一般常識原則的人；冥想打坐、認真閱讀佛理，卻貶低女性的人；建議別人淨化生命、卻私下談論個案是非的靈性諮詢師；嚴格奉行素食、卻認為吃蛋或雞肉的室友帶給自己威脅的人；自稱是聖母瑪利亞的唯一代言人；一定要根據高等星系存有的建議才能做出決定的導師；歧視同性戀、猶太人、政黨及有色人種的基督徒。你是否曾經把這種性格分裂的人當成榜樣？他們真的能告訴你如何更有技巧地生活？

察覺你的自以為是

列出五件會讓你惱怒的事。當你想像每件事情時，注意自己想對惹惱你的人大喊什麼。把你怒吼的內容記下來。

你自己會怎麼做這些惹「你」惱怒的事？這些行為是否會出現在你其他的生活領域裡？舉例來說，假如你的皮夾被偷讓你很生氣，那麼你會不會在朋友聚會時，故意搶你丈夫的風采？

你還要注意，貪婪和野心將對你的直覺成長造成不一致性。人們對於訊息或物慾會產生貪婪之心，你是否買一大堆書擺在床頭卻完全沒看？有沒有認識一些人亟欲學習心理學或靈性方面的最新理念？如果你對直覺的成長過於野心勃勃，那麼你可能會衝得太快，以至於無法完全地整合及消化你的見解和功課。

過於依賴某些方法

當你開啟直覺時，可能為了尋求安全感而依賴特定的學派或方法，就像有些人依賴他的車子或伴侶一樣。例如，你可能對告解的正確性深信不疑，而不願意去體驗創造性願景的好處。或者，你也可能對於和其他實體合作抱持偏見。

我認識一位佛教僧侶，當我提到要清除前世肇因的情緒，他便否定我大部分的說法，並認為這是新時代的概念，比不上傳統的靈性體系。我認為對某個方法的評價太高，可能讓你盲目而自以為是。依賴性將減緩你靈魂的進化，並且使得其他的方式很難教導、培養你，讓你趨於完備。如果你過於強調形式，不論是單一或是多個，不論是一個技巧或是一套信仰體系，那麼你將錯失任何心智都難以解釋的、直接而神祕的溝通方式。我們追求直覺的方法，是在專注力與適應力之間得到一個生動的平衡。

擺脫依賴

1. 這一週要送出五件事物。其中一件是你真正喜歡的東西，有一件則不具名。寫下你送出很在乎的東西和不是很在乎的東西時的感受，也寫下贈送東西時具名和不具名的感受。

記住 你正面評斷或負面評斷的每件事，都是你。

2. 列出在你的身分認同中，你希望別人認可的五個面向。例如，形容你「配合度很高、眼睛很漂亮、口才便捷，還有＿＿＿＿＿。」想像你滿意並歡喜自己人格中的這些側面，如果有人讚美它們時，你會感到驚喜。寫下當你不再需要別人特別注意時，你的行為可能出現哪些改變，特別是對於他人的行為。

逃避、成癮、否定和曲解

為了避免恐懼與處理潛意識情緒上的痛苦，我們會創造出成千上萬種分散注意的絕妙方法。你們一定認識有人生活是為了追求浪漫、為了與眾不同或出人意表。在通往直覺的道路上，人們能夠全神貫注於心理學和形上學的細節，而避開真實的世界，例如誰在童年時期虐待你、你的犧牲與遭受背叛、前世今生、夢中的情境、來自天使的訊息，甚至是被外星人綁架的想法等，很能滿足這種人的需要。

我們必須注意，追求光彩與浪漫背後隱藏的議題，因為逃避俗世平凡生活，代表我們忽視來自深植於日常現實、我們身體所提供的指引。我見過有人在開始靈修後，人格特質出現劇烈的改變。有個喜歡喧鬧，活潑、愛耍寶的年輕人，加入印度教的聚會所之後，突然變得充滿喜悅、成熟、溫和、謙卑、幾乎不說話，將所有金錢都捐出去，恭敬地舉手為所有人禱告。一位務實的女企業家，參加了美洲原住民的汗屋儀式（Sweat Lodge）後，把名字改為瑪莉・閃電，當人們說完話便會大喊一聲「哈」！並開始穿戴民族風的佩飾，穿有流蘇的裙子，在辦公室裡焚香，還和她的女性朋友一起玩鼓。這類完全投入特定靈修方式的作法可能很有啟發性，但也可能阻擋了我們真實表達的自然流動。

諷刺的是，即使是對療癒和知識的追求，也可能讓人失去直覺。例如，「說不定如果我一直參加討論會，閱讀最新的書籍，進行治療，會見城裡最新的療癒師和通靈者，最後我會找到神奇的仙丹妙藥。」有些人沉溺於參加此類聚會，他們的社交生活也完全圍繞著人類潛能的開發。此外，有些人追求完美的健康。他們幾乎經歷過各種病痛，從念珠菌感染、寄生蟲病，到慢性疲勞症候群，而且精通順勢療法、針灸、草藥、大腸水療法、芳香療法、氣功、巴哈花精療法，以及西瓜解毒療法。還有，一週不吃紅肉，接著下週只吸收蛋白質；然後不吃穀類或糖，再來不吃乳製品和調味料。如果你的注意力緊緊鎖在控制飲食的枝微末節，就沒有太多時間去感受深層的情緒。由於酒精、藥物及香菸成癮被認為是不好的，因此我們會誤以為沉溺於理應有助成長的「好」東西，是理所當然的。

我們也要省察對於重大變化和奇蹟的渴望。我最近在餐會上遇到一位女士，她在海邊散步被一棟房子深深吸引之後，發展出一段她覺得非常失敗的關係。因為幾天之後，她在同一處海邊遇上並結交了一個女孩，這女孩正好就住在那棟房子裡，不久之後，她又在一場會議裡遇到一位男子，這男子正好是這女孩的父親。「這就是共時性！」她認為：「這『一定』代表什麼涵義，這『一定』很重要。不然，為何那棟房子特別吸引我？這一定有很強烈的關係。」

我也認識一些人，他們之所以陷入災難般的關係和風險，是因為他們出現曖昧的預知夢，似乎提供他們真實人生的提示：「但是，他穿的是紅襯衫，而且名字是丹尼——就和我夢見的一樣。」或許，我們的潛意識之所以會注意到有女兒、住在海邊房屋的男性，或是穿紅襯衫、名叫丹尼的男性，並非因為他們是我們的靈魂伴侶，而是因為他們代表著我們潛意識裡未竟之事，或是我們不該去做的一些事。

假謙卑、純自我犧牲、彌賽亞情結

不管你出生何處，當要努力開啟直覺和靈性生活時，你無意識地會帶著文化上的宗教信仰。在直覺開發上，你最終需要重新檢視自己的宗教信仰，重新掌握那些配合自身最深層道德觀和常識的部分。你可能依舊傾向於信仰佛教、猶太教或基督教，不過你信奉的戒律已經透過超意識的選擇，進一步釐清和內化。

如果你沒有認真考慮宗教信仰，一些無意識的看法可能會干涉你對自己靈魂的體驗。例如，西方的宗教觀普遍認為，我們生來便是有所缺陷而且不完整，應該謙遜卑微、不該有自我意識。我們也被教導不應試圖透過努力得到開悟，而要全然將自己託付給更具神性的人物，而犧牲自我和為他人受苦則是高貴的行為。另外，許多東方宗教對集體性和空無有很高的評價，因此基於不同理由，一樣不鼓勵過度強調自我，甚至靈魂。

當你試圖跨越宗教的局限，進入形上學與直覺的研究時，你將發現有些普遍原則存在於人性的本質當中，不分文化或宗教。對這些原則的研究是中立的，幾乎符合科學，而這也是所有的宗教最初所關切的。不過，當你開始練習校準這些自然法則，把直覺運用到你的日常生活時，必然會出現這樣的念頭：「我是否過於自我主義，以為自己是誰，能夠直接取得這個訊息？我自以為是誰，能夠為他人療癒？」也有人比較狂熱：「我什麼也不是；我要事奉所有的人，我什麼都不需要！我只是上帝意旨的工具。」

這類的謙卑經常導致「彌賽亞情結」（messiah complex），也就是一種試圖成為聖徒或救世主而形成的虛幻自我形式。當你必須去幫助人，當你無法允許他人親身去體驗痛苦，試圖要解救他們時，你內在的清明很容易受到扭曲。有些人運用經過偽裝的自以為是，透過自我犧牲，來爭取一種古怪的價值感。然而，這種暗地裡的優越感，卻剝奪了每個人獨一無二與神性的連結，把清澈的直覺認知陷溺在個人的意志力中。

犧牲式的服務既無助於幫助者（他的接受能力將逐漸枯竭），還會無意識地讓「受助者」背負罪惡感。因此，當你與對方之間出現過與不及的情況時，要注意你們之間的失衡：太多的個人力量與太少的功勞；過度的謙卑與太少的責任。

拯救行為

1. 列出五個你看到別人受苦、難以忍受的狀況或條件。詳細寫下身體出現的情況，以及你在何時、何地感受到他人的痛苦。如何盡量減緩你的不適？在每個狀況裡你能否忍受別人體驗痛苦，接受他們應得的一切而不去干預？想像你自己並非幫助他們的正確人選，有沒有什麼人或事可能會更合適，為什麼？

2. 列出你在生命中暗地希望有人幫助你的情況。你會有什麼感覺？救助你的人會為你做什麼？想像自己的靈魂將為你提供管道接受救助，你的靈魂可能創造出什麼？在每個案例中，是否準備要接受救助？不管協助是來自他人或是自己的資源，是否同樣接受？

靈性的相互依存

在開發直覺的初期階段，感覺脆弱、孤單是很自然的。當你踏入未知領域時，需要一個靈性上的摯友，或是一個靈性家族，或是把無形界的事物擬人化以獲得安全感，都是很尋常的。有時候，我們為了獲得注意，會透過連結來尋找特殊性，彷彿與一個無形的形體或是靈性導師做朋友，讓我們可以在靈性上更有信心和安全感。但是，對於他人實體或非實體的依賴，可能阻礙我們尋求自己的智慧，使得我們得到的指引變得迂迴轉折。

卡拉是一位著名靈媒的祕書，似乎愛上了透過這位靈媒與人溝通的無形形體。卡拉與這位靈媒分道揚鑣之後，她宣稱自己現在可以與這個無形形體溝通，並使用一個略為不同的名字來召喚它。卡拉為自己建立一個新的人格，並創造一個情境，讓她可以安穩地強化自信、結交夥伴，透過與另一個世界的溝通受到人們注意，提供個案生活上的建議，又不需負太多責任。我不禁好奇，如果她回到學校，運用自己內在的智慧，最後成為牧師或是有資格的諮詢顧問，可以給她的成長帶來多少更直接的幫助？

附身與主權的錯置

關於直覺最常見的恐懼是，擔心自己面對未知的世界時，會成為負面力量和惡靈的受害者。在我直覺發展的早期，我作了很多不尋常的夢，例如關於其他星球、古代圖書館、星際教師、太空船等。我每天早上起床時，總是有些關於星系、奇怪的外國語言、神聖的幾何圖形，以及史前的宇宙事件在腦海裡，我花了數小時記錄下來。不久後，我開始頭痛，並且連續不斷打二、三十個噴嚏，我以為是過敏。但是，在年度的「生命解讀檢查」中，老師透過靈視力，看出我被某個無形形體「附身」，我覺得很不可思議。

老師向我解釋：「你已與這些靈體訂立契約，並且同意它們體驗你的身分，因為它們對此感到好奇。它們也提供你其他維度的訊息做為交換，這是你感到好奇的。這是個公平的交易，不過我建議你好好檢視一下『自己』的訊息。你身體本能地試圖擺脫，藉著不斷打噴嚏，把它們移出你的能量場，彷彿這會影響到它們的連結。你感到頭痛，是因為它們透過心電感應，從你後頸部和爬蟲類腦跟你聯繫。頭痛的來源靠近頭骨的底部，你是否確定自己接受的訊息值得消耗能量？」

老師讓我自己決定，而我則決定從此之後，直接尋求自己的超意識指引。我與我的超意識一起「用意圖」傳達一個訊息給這些形體：我現在要百分之百接管我的空間；很感謝祢們，不過契約現在已經完成。不久之後，我的噴嚏和頭痛都停止了。那天晚上，不再有來自其他世界令人心癢的資料進到我的夢裡，我重新恢復清明。由於這個經驗，以及看到個案發生類似「附身」的問題，因此我理解到，在一些情況裡，無形形體會如共鳴一般，與你分享情緒和靈魂的經驗。關於這種現象，必須知道幾項重要的事情。

首先，附身永遠是雙方面的協議或契約。我不認為這是好萊塢讓我們相信的剝奪個人主權的一個邪惡計畫，你可以在任何時候結束契約。其次，沒有任何人，甚至沒有任何無形的形體，能夠幫你進行靈性的功課，而你也無法幫它們進行它們的功課。最快速的靈性成長，會出現在直接尋求超意識為你指引的時候。第三，被無形的形體附身與被有形的形體附身，並沒有太大差別。如果你很容易吸引方圓百里內無家可歸的遊民和流浪貓，或是你發現自己經常捲入朋友和親人的麻煩，你在非物質的領域裡可能也會經常陷入混亂的局面。你可能需要更持續地將自己歸於中心，注意自己的界線範圍和意見。第四，如果你把主權交付他人，認定外在世界比你更大、更強或具有敵意，你將招引有形或無形的控制狂和吸血蟲。因此，你要訓練感覺的連結和統一。第五，附身和執迷並沒有太大的不同，後者是一種極端形式的依附。這種心智自動、固執地專注在單一焦點上，與你把自己的主權交付給他人一樣，會阻礙你內心的清明。最後一點，你是你的世界的主宰。沒有你的同意，沒有人可以影響你。如果你認真地向某人說「不」，他在能量上就不可能留存於你的實相之中。要訓練自己從超意識的觀點，做出有意識的選擇。

賦予和見證權威，是一種強大的靈性行為，也是保持直覺開放和運作的主要關鍵之一。權威是神聖的，這種帶有創造性的智慧可以帶來新的生命。這種神性的力量存在於一切事物之中，只要你夠專注，它就會在任何時刻、任何地點顯現給你。所謂的「專注」，即包含與顯示權威。權威一次只出現在一個地方、一個時刻，因為這是你意識心智運作的方式。千萬不要錯誤地以為，你生活中的權威不是完全出現在內心，就是外在世界。這可能會導致統治或受害者的權威問題。權威無處不在，但唯有你有能力賦予這種令人敬畏的生命與愛的力量應有的尊重。只要你看得到權威，你就會得到指引。

賦予權威

1. 列出五個你賦予很多權威的人。你如何讓他們影響你的經驗品質？你如何讓他們主宰你的行動？如果你從他們身上收回權威，讓他們只做自己，你與每個人的關係會出現怎樣的改變？
2. 列出五個你賦予很多權威的情況或文化信念。你如何讓這些情況或信念影響你的經驗品質？你如何讓它主宰你的行動？如果你收回權威，你的生活在遇到這些情況時會出現什麼樣的改變？

界線的問題

如果你過於在意他人和外在的世界，而且不斷拿別人與自己比較，就會無法習慣感受自己的身體，或者辨識自己特定能量的基調。如此一來，你將陷入自我懷疑的困擾，並且會出現如何定義你是誰的麻煩，也難以辨識哪些事物不適合你，甚至對你有危險。如果個人的自我界線不夠明確，沒有完全占有自己精神和情緒上的空間，在實體上就可能受到入侵。也許不會像聽起來這麼可怕，不過它可能讓你倍感困擾，因為你會把別人的需求和議題，跟自己的混淆在一起。

如果你注意力不集中並且不在你的身體中，當人們透過心電感應閱讀你時，他們會清楚地發現你的身體在那裡，但「你」卻不在。這讓很多人感到擔憂，他們想知道：「他在哪裡？我不知道該如何跟他相處才好。和他在一起安全嗎？」然後他們就會站出來尋找你、推擠你，試著讓你勃然大怒。他們會不斷地逼近，直到你終於出現並反擊，直到你變得明確可識別，他們才會放鬆下來，因為這時他們才能知道你的立場，並且可以與你進行實際的互動。

當你更能接受微妙形式的訊息時，也可能出現自我界線不明的問題，因為當你尋找直覺的洞見，你的意識心智便會向外延展、追尋越來越精細的資料。這時候，你很容易覺得自己正流入不同的狀況或是趨向不同的人，從他們的內在取得直覺的感應。如果你流入他們的內在，在無意識中會認定自己正從自我向外流出。這可能讓你感到空虛，同時不經意之中，把自己錯誤地認同於你流入的人或事之中。如此一來，你就成了人形的變色龍。在能說善道的人之間，會變得雄辯滔滔；在防衛心重的人之間，會開始自我防衛；在充滿活力的人之間，則變得喜歡自我表達。如果你和愛抱怨的人、受害者、憂鬱的人相處太久，也會覺得心情沉重。這種變換形貌的傾向，最終會阻礙你創造力的流動，可能導致嚴重的能量枯竭和心理問題。就如同一位朋友告訴我：「你知道變色龍是怎麼死的吧？坐在花格子布上！」

直覺的倫理

為了讓直覺能在最理想的狀態運作，奉行一套簡單的倫理學是很有幫助的。如同佛陀所教導的，消解過去的業而不產生新的業，是技巧嫻熟的生活方式。如果你選擇合乎倫理的道路，不只能夠獲得生活的清明，也能夠為世界的清明做出貢獻。以下整理出幾個可以幫助你維持正軌的原則。

記住 直覺的訊息會流入你內在，你無須為知道更多而脫離自我。

1.要明白你最深層的動機，並依循它來行動。真實的動機來自於你的超意識心智，通常會有三個層次的表現方式：①體現你的靈魂，②體驗創造的純粹喜悅，③協助他人克服盲點和障礙，讓他們同樣能做到這三件事。

2.要尊敬你自身進程的智慧。全然臣服於你生命的智慧，沒有其他道路更適合你。你有自己的生命計畫、獨特的才能以及特殊的風格。要忠於自己，不要複製他人的模式，否則你就會變成他們。因此，當你面對嘲諷、懷疑及迷信，只需要面帶微笑，並繼續相信你自己。

3.尊重所有靈魂和所有形式的生命。所有創造出來的存有，都有同樣美好和擁有存在的權利。看看你的同胞、動植物的兄弟姊妹、昆蟲和岩石的親人——不管多麼奇形怪狀、多麼愚昧或多麼孱弱，在造物主的眼中都是有價值的存有。我們有限的腦力，無法完全理解我們的死敵和英雄存在的理由。或許，天使和得道大師匿身在我們當中。當你懷疑時，問問自己：「在這樣的情況下，耶穌基督、佛陀、克里希那（Krishna）[2]、瓜達露佩聖母（Guadalupe Virgin）[3]、達賴喇嘛、德蕾莎修女和其他悟道者，會如何行動？」

4.幫助他人和查看他們的私人生活，永遠都要徵求同意。雖然在更高維度裡，所有的靈魂都知曉所有的事情，但是在實體的世界中，我們仍無法達到這種壯麗的統一意識狀態。我們必須尊重彼此的界線與歧異。為了不驚嚇到別人，很重要的是你得配合他們安全感的需求，調整到他們感覺自然的韻律和速度。如果你進行得太快，或是帶著一套新規則闖入他們的真實世界，那麼他們出現冷淡或是狂暴的反應便不足為奇。所有的人都希望成長和分享，如果他們理解該怎麼做，而且知道不會威脅到自己，則多半會採取適合的步驟。

5.視手邊的情況，不要給予過多或過少。猶太教艾賽尼教派相信擁有太多和擁有太少都是同樣罪惡。在這兩個極端的情況下，創造力最理想的流動將出現堵塞。但是，如果你所擁有的正好符合你的需要，生命就會完美流動。同樣的情況也適用於療癒、諮詢，或是與陌生人、朋友、親人溝通新知。在進行療癒或諮詢時，如果你提供的能量和資訊超過個案身體和心智所能吸收的，可能反而讓情況惡化。如果你給得太少，不滿意的結果可能產生疼痛、負面思考或不必要的大驚小怪。平衡是關鍵。宇宙不會浪費能量。在人際關係上，如果你對某人前進兩步，而他們只對你踏進一步，就是在能量的平順流動上有一步的價值被排拒。給得太多，則可能會覺得受冒犯。運用你真實與焦慮的信號，來了解何時該停、何時又該前進。

排解疑難的提示：

當你辨認不出自己是誰

當你和別人關係親密，或是正為他進行直覺感應，而你困惑於感覺到的究竟是出於你自身或是出於對方，這代表你們融合了。檢查一下，你是否因為追求訊息而脫離了自身，是否覺得能量過度擴張、筋疲力竭或是「在彼方」？查看一下對方是否為追求訊息而進入了你的內在。是否覺得擁擠、透不過氣或太過悶熱？

暫停一下，重新讓自己歸於中心；從他人身上收回你全部的能量，回到你皮膚之內，也把他的能量全部送回。呼吸、感覺自己的心跳，感受自己神經的刺疼。你的身體掌握一個一致、獨特的振動，去感受它，讓自己覺得自在。注意自己此刻自然的感受是什麼樣子，感覺其他人存在於他們自己的空間、他們的實相裡，並予以接受。

現在，重新審視你所處理的訊息，這是否符合你深層的舒適感？在不離開你中心的情況下，讓新的洞見在內心出現。讓自己在沒有其他人的能量支持下，了解自己要怎麼做。

6.練習用正確的字眼來表達。演說具有把無形的世界具體化，把願景的景象賦予生命的力量。要注意遣辭用字，如果你的對話裡摻雜削弱力量的語句，像是「不知道」、「沒辦法」、「我不會」、「我絕不」、「萬一」、「但是」、「或許」等，這會造成前往清明境界的阻礙。如果你抱怨、道人是非、不斷描述目前狀況有什麼錯誤，那麼你的生命將充滿抑鬱、失落，以及對一切的否定。如果說粗話，或是用晦暗、醜惡的文字詆毀神聖，那麼你的生命將不會出現奇蹟，也不會有美。試著談論那些存在的事物，不要談論虛構的事物，談你「正在」做的事，談你「真正」知道、現在「喜歡」和感興趣的事。說實話；說出真正的本意。如此一來，你的實相將顯化你靈魂真正的議題。

觀察你的語言

1. 寫出你的「髒話列表」。其中有多少是和信仰相關？有多少和身體功能相關？有多少和異性或同性相關？寫下這些髒話如何影響你的世界觀？你在罵髒話時，身體會有什麼反應？
2. 寫出你的「無助語言列表」，也就是那些阻礙你學習、決定和行動的詞彙與慣用語。當你用這種方式說話時，你的身體會發生什麼變化？
3. 寫出本週你八卦或抱怨的對象。你所說的話背後隱藏的真正問題是什麼，讓你會這樣大聲把它說出來？你希望對方從這些話裡得到什麼？
4. 寫出本週你說過貶低他人的話。如果換作其他人對你說這些話，你會有什麼感受？

7. 在需要時尋求協助；在自己受感動時提供幫助。別人的觀點有時可以幫助放鬆你的感知，讓你轉換成需要的洞見。我們必須自己做出決定，但我們不能完全靠自己，他人可以帶來具有能量的

記住 你關注什麼，你就會成為什麼。

新觀點，帶領我們對自己產生新的看法。你甚至可能會發現，偶爾拜訪治療師、醫師或是直覺諮詢顧問，可以加速你心智成長的過程。當受到他人的幫助時，無論是在物質還是非物質世界，都可視為「測試心智」的機會。根據自己的價值體系、常識和直覺訊號來檢視你所遇到的一切。如何判斷一個人是否開悟？我個人的經驗是，某人進化的境界越高，你在他們面前就會更加自在，並且可以完整地表達自己，因為境界較高的人不會助長依賴。在可以信任的人身邊，你覺得有安全感、受到認可，同時也開啟自我提升的機會。

當其他人提供協助時，你應該考慮接受。我們都需要施與受，接受讓他人有機會給予，使得接受本身就是一種禮物。如果你忍不住想和喬治分享心得，或幫茱蒂按摩肩膀，或幫老先生提行李，那麼你要相信自己，說出你的意願。人們永遠可以拒絕你。當你不是真心很想做或是覺得有罪惡感時，就不要自願去做。不要因為恐懼或優越感而提出幫助，給予是讓自己愉快，服務別人就是服務自己。

幫助的方法

列出本週你想要幫助人、動物、植物或地球的具體方式。只列出你真正想要做，並且會樂在其中的事，動手做吧。

印度詩人卡比爾（Kabir）說：「假使你用力刷你那層道德皮膚直到它發亮，但你內心沒有音樂，那又如何？穆罕默德的兒子成天咬文嚼字、旁徵博引，但他的胸膛並沒有被愛染黑，那又如何？」[4]道德只是向我們點出一個簡單的事實，那就是如果照著這個普世準則來生活，遵循著它行進的方向一起走，那會是省時省力又皆大歡喜的方式。如果我們能夠只按照掌控自然運行的和諧秩序來生活，不需要外部規定來維持秩序，那該有多美妙？到了那時候，倫理自然存乎己心，而到時我們的胸膛將會被灌注滿滿的愛。

進入直覺的流動，安住其中

我的直覺告訴我，直覺將是人們未來的關鍵技巧，將對我們個人與社會的世界觀帶來深遠的轉化，包括我們彼此聯繫與顯化實相的方式。要創造這樣的未來，並且優雅地進入其中，我們必須現在就要有不受扭曲、直接認知的能力。我們的意識必須變得透明而流暢，這樣我們就可以潛入宇宙的量子和能量波中游泳，就像海豚在快速移動的船隻旁邊跳躍一樣。

在看待未來時，大多數的人仍是透過以往的信仰體系，透過以局限、受害及苦難為基礎的現實去看待。我們對即將來臨的世界仍無法掌握全貌，因為我們的視線依舊不清。但是，當我們擺脫怕犯錯的恐懼時，經歷的生命就不需要一再地逃避犯錯的苦痛經驗，生命將不再是選擇「最不引人反感」的選項，將不需要如偏執狂般密切監視周遭環境，我們的能量將自由地釋放出來，直接參與我們的生命。當經驗更多合一時，生命不再是看似毫無目的、毫無意義的一連串事件；相反地，生命會像是一個巨大的創造力，即刻帶來我們所需要的事物。

在直覺的世界裡，我們的生活將少了許多目前習以為常的阻力。了解事物將不會像現在這樣困難，將變得更容易取得所需，而且免費、不受制於機器。你知道的事如此之多，知道得如此之快，創造的過程將會加速，愚昧無知將不再是藉口或障礙。想法會滑入現實，而不是經歷艱苦的勞動過程才能誕生。這是真的，時間會顯得異常快，甚至可能根本不存在。沒有過多的執著和自我，我們的感知就會變得流動，充滿可塑性，去任何我們需要去的地方，思考我們需要思考的任何事情，當我們需要改變時就改變——為了我們自己的善，和整體的善。我們甚至可能感覺到自己不再受到重力的影響，好像我們不是由固體物質所構成，而是光的能量。

你可能已經了解，當你信賴直覺時，一扇門就會開啟，而湧出的生命將為你帶來永久的改變。面對如此自由的供應、共時發生的奇蹟以及自然的餽贈，你怎麼可能繼續維持限制性的信念和困難？在直覺抓住你之後，除非個人固執的意志，你才可能繼續維持負面心態。所以，你放手大膽前進吧，解放你稜角分明的實相，以及你認知世界的既定方式。你就是靈魂！在你內在的深處，你知道如何「隨著」生命運動。跳進來！潛泳、拍浪、飛撲、打水，起起伏伏，抱持熱情與和平，流動而入、流動而出，做你自己，成就一切，把握機會，踏上拓展直覺的旅程。

今天就要有直覺！
整天當你的靈魂

1. 今天早上的第一件事，保持安靜並讓自己歸於中心。尋求更高的願景來觀察今後的餘生會做些什麼。你的靈魂在最高的層次裡，正為這個目標在做什麼？那個行動如何轉化成今天的經驗？你的靈魂這一天的意圖和目標是什麼？「它」希望「你」體驗什麼？在手背寫上「我＝靈魂」，而且一整天要記得自己就是靈魂，把它說出口，並與他人互動。
2. 完成你靈魂今天的目標。如果需要什麼事物，讓靈魂的智慧展現出來並帶來給你。擺脫心智上的限制性信念和習慣。

直接書寫，
讓直覺不斷湧現

拿著你的日誌坐下來，保持安靜，放空你的心。選擇以下其中一個問題，思考片刻，懇求自己能從最深層的真實，獲得創造性的洞見。讓問題扮演磁鐵的角色，促使心中跳出第一個字，把它記下來，再讓另一個字跳出來，然後記下。任由想到的字出現，無須評判，無須多想答案會往何處去。不要衝過頭。在順隨筆意停止之前，不要停下，也不要回去

記住 現在這一刻的我就是全新的我。

看自己寫下了哪些字。輔助的技巧：用自我的靈魂、赤子之心或是未來的自我來書寫；用第二人稱，用自己的名字來稱呼自己，不要把它看得太嚴重！改變你的字體、改變速度和節奏，或是用非慣用的另一手來寫。

- 將批評你的人、睿智的長輩，與你受過傷害、尋求認同的自我之間的對話寫下來，並記下你的盲點。
- 從你內化的父母親權威角色的觀點，寫下：「我期待自己可以、但不期待別人的是＿＿＿＿。我期待別人可以、但不期待自己的是＿＿＿＿。為什麼？」
- 「我的偏見是什麼？我使用哪些巧妙或不巧妙的方式來吸引別人注意？我保持掌控的方式是什麼？」
- 「從我開始展開『直覺道路』之後，有什麼改變和成長？」
- 以情緒自我和身體自我的觀點寫下：「什麼樣的情況會令我枯竭？為什麼？」
- 寫下一段稿子，說明你如何向抱持懷疑的陌生人，解釋你的直覺經驗。

• 從你靈魂的觀點寫下：「對於他人和這個地球，我最真實的動機是什麼？」

1. 編注：麥基洗德修會（Order of Melchizadek）是一個隱修會。根據《希伯來書》記載，麥基洗德被描述為非凡的人，他「無父、無母、無族譜、無生之始、無命之終」，而使他有幾乎像神一般超然的地位。天主教徒認為祭司的傳統是來自麥基洗德。
2. 編注：克里希那（Krishna）是印度教中主神毗濕奴或那羅延的化身。
3. 編注：瓜達露佩聖母（Guadalupe Virgin）在墨西哥的聖母畫像顯靈。這個畫像被保存在墨西哥城的瓜達露佩聖母聖殿。
4. 編注：卡比爾（Kabir）是十五世紀印度聖者及神祕主義詩人。引文出自：Robert Bly, ed., *The Soul Is Here for Its Own Joy* (Hopewell, N.J.: Ecco Press, 1995), 89.

附錄一　開發直覺所需要的練習

如果你想要進一步體驗直覺，可以按照個人偏好，進行以下的練習。這些練習都是本書之前篇幅所提到過的。

靈魂活動

花時間想一想你的「靈魂活動」。寫下最吸引你、讓你想完全投入的事。什麼活動可以讓你在進行中學習，得到收穫？能否回想工作中類似這樣不費力的情況？工作能否就像遊戲一樣？能否神奇地從一個步驟進行到下個步驟，而一切似乎都很順利？詳細描述，情緒上和肉體上參與靈魂活動是什麼樣的感覺。

放鬆你的陽性心智

把你的頭腦─心智當成肌肉，像拳頭一樣收縮握緊。同時，雙手握拳，緊閉雙眼。讓頭腦─心智感覺又硬又緊，持續到你覺得快要顫抖為止。然後，突然放鬆放軟，讓手腕也變得鬆垮無力，把雙眼張大。不要將焦點放在任何特定的物體上。甩動雙手、腦袋放空。張開嘴放鬆下顎，同時輕輕發出「達、達、達」的低吟。持續一分鐘不要給自己任何建議，讓專注力變得柔軟。

父母親組成的信仰體系

寫下你父母親的世界觀，為他們列出最能代表各自世界觀的格言或諺語。你可能聽過父母反覆述說一些特定的短句、表達對其他人特定行為的不滿，或是說出一些願望。觀察父母過去曾選擇去做或是避免去做哪些事，對哪些事感到滿意或是不滿意，從中判斷出父母生命中奉行「該做」的是什麼？如果沒做到，父母會無意識地擔心發生哪些事？現在寫下一段文字，描述雙親各自對生命本質的基本看法是什麼，他們的信念如何影響了你？

轉化你的看法

1. 列出你有負面觀感的五個人。把每個人逐一帶入你的意識裡。將注意力完全放在個人身上，不要評判對或錯。如果讓你的靈魂來解釋為什麼這個人做出這種行為，可能會出現什麼樣的解釋？
2. 對於你有負面看法的五種情況，進行同樣的過程。你的靈魂對事情發生的原因，有什麼樣的解釋？

超意識的洞見

寫下一個讓你對自己或生命改變看法的神祕經驗。也許是一場夢境，也許是只有發生幾秒鐘、但感覺卻像永恆的「真實時間」。這些經驗往往讓你體會意味深遠的愛，或是感覺冥冥中有天意安排，不過也可以是你看到或聽到某個事物的平常經驗。

發掘你的潛意識

1. 在你的日誌裡留下幾頁的空間，讓你可以持續增補潛意識障礙的清單。一開始，盡可能快速列出你抱持病態好奇心的事，或是你無法面對或是不願考慮的事。接著，列出讓你感到莫名憤怒和強烈苦惱的事。
2. 把雜誌上給你莫名吸引力或是排斥感的圖像剪下，貼在你日誌的這個空間裡。讓這些文字和圖片引發你對過去、現在經驗的聯想，寫下彼此之間的關聯。

發現你不是你的部分

思考自己的生命，把焦點放在浪費你時間和精力的部分。對以下的陳述各自列出三個答案，並確定說的是內心話：

- 「我再也不想當＿＿＿＿。我想要當＿＿＿＿。」
- 「我再也不想要感到＿＿＿＿。我想要感到＿＿＿＿。」
- 「我再也不想做＿＿＿＿。我想要改做＿＿＿＿。」
- 「我再也不想創造＿＿＿＿。我想要創造＿＿＿＿。」

你的原始情緒

描述你生命中探觸到潛意識心智底部原始情緒的三次經驗。你是否感到恐懼？憤怒？怨恨？悲傷？在日誌裡詳細描寫出來。是什麼觸發這樣的經驗？你得到什麼樣的結論？描述你對生命本質、物質世界、善與惡、苦難所抱持的最深層信念：「我相信＿＿＿＿。」關於這一切，你可能受困於哪些假象？

淨化房間裡的能量

在你曾經待過的許多空間當中，有沒有一種空間讓你感到格格不入、汙穢、不太對勁，或是在某方面帶來負面感受？你是否曾在派對隔天一早進入自己的客廳時，感覺眾人殘存的能量仍停留在那裡？或者你曾經搬進一棟前任房客生病或死亡的房子裡？以下是你可以做的事：

1. 如果可能的話，打開一扇門或是窗戶，焚燒一些具香氣和淨化作用的藥草，像是鼠尾草、香柏或乳香。或者，噴灑或揮發一些芳香精油，像是迷迭香、尤加利葉、檸檬或松脂。同時，心中抱持意圖，讓與你自身最高善念不相容的能量全部散去。
2. 在房間裡坐下，閉上眼睛，讓自己歸於中心。觀想一整排的鑽石光芒從房間正下方的地心發出來，看著光緩緩穿透地板。隨著它逐漸上升穿過房間，讓所有陰影和混濁的能量，都被吸收並轉化成閃耀的光。
3. 用這鑽石光芒洗滌房間的每個角落、每個分子。想像從海洋或山林吹來的清新微風淨化了空氣，想像一百個風鈴叮咚響起的聲音。現在，這個房間將幫助你追求至善與創造力。

感謝的讚美詩

在你的日誌裡，列出一份感謝名單，寫下一首詩或一封信給地球、宇宙或是造物主，來表達你對生命的感謝。把你從自己身體和周遭環境觀察到的、讓你感到愉悅、美麗及讚歎的事物細節都涵蓋進來，用你的陰性心智來書寫。

正念

挑一個平凡瑣碎的小事：刷牙、洗鍋子、打掃走廊、開啟電腦、寫張支票。在你開始之前，先停下來對你的身體和靈魂說：「我們現在開始要讓鍋子變乾淨。」接著，展開行動並說：「我們現在把鍋子拿起來，打開水龍頭放熱水，將菜瓜布沾上洗潔劑，並且用左手拿著鍋子，用右手刷洗。啊，看吧！鍋子的這邊現在刷乾淨了。現在，我們要把鍋子的最後一個汙漬擦掉。鍋子完全乾淨了。」感覺每一個步驟，注意你的身體如何以孩童般的單純，深深享受每個步驟。一行禪師說：「洗盤子就像是幫小佛陀沐浴。」

心不染塵

寫下你在生活中沒注意到，而錯過、忽略的人或領域。你如何提升自己，不要在這些領域裡或是面對這些人時，犯下錯誤？

發出神聖之音

閉上眼睛，把注意力集中在頭部的幾何中心之處。覺察自己的呼吸，做一個緩慢深長的吸氣，並把能量蒐集在皮膚底下。在吐氣時，放鬆下巴，從胸腔和腹腔中緩慢、均勻且大聲地發出「啊啊——」的聲音。在整個吐氣過程中，持續發聲，音量逐漸變小。然後，閉上嘴巴並吸氣，再從嘴巴吐氣，這一次嘴巴呈圓形，發出完美的「喔喔——」聲。嘴巴內要接近正圓形，而嘴唇則像完美的O字形，讓發聲能夠完美、宏亮。再一次吸氣、吐氣，並發出長而平滑的「嗚嗚——」聲。讓嘴唇變窄並且嘟起，盡可能把發音的時間拉長。再一次吸氣、吐氣，這一次閉上嘴巴，讓牙齒閉合，舌頭填滿整個口腔。發出深沉厚重的「嗯嗯——」聲，讓氣流均勻振動通過你的骨頭、牙齒、鼻、舌及嘴唇。

將整個過程緩慢進行幾次。然後吸氣，集中精神。吐氣時，陸續發出以下四種聲音，並使它們彼此融合：啊啊——喔喔——嗚嗚——嗯嗯。一開始先打開嘴巴，接著慢慢收起變圓，再縮成一個小圓圈，最後完全閉上，把聲音傳入你的身體裡。緩慢地一再重複，注意每個聲音在身體裡的共鳴。讓你誦念的這套真言逐漸消散，時間到了便化為寂靜。

關注外在的意象

舒適地坐在一個光線充足的鏡子前面，雙眼睜開，放鬆臉部和眼睛四周的肌肉。把注意力集中在頭部的正中央。注視鏡子中你的眼睛，把注意力集中在你眼睛釋放出的能量。專注去了解（不是字面上的意義）：「我是誰？」讓鏡子中你眼睛的能量進入你自己。保持開啟和接受的狀態，

把注意力集中在眼睛，注視五分鐘，接著再嘗試十分鐘。

平衡你的三個腦

保持安靜，閉上雙眼，把注意力放在皮膚底下。吸氣時，想像你的能量往上流入脊椎，經過你的後頸部，進入你的腦幹，並且以溫暖（可能是紅色或粉紅色）的光亮充滿你的爬蟲類腦。放鬆你腦部和頸部接合的區域，讓溫暖的光亮蓄積並柔和地膨脹，如同水果逐漸成熟。讓這光亮培育並療癒你的腦，讓腦放鬆且開啟。隨著光亮擴展，讓光像氣球一般緩緩升起，向上且向外移動，充滿中腦。

把注意力集中在你中腦清澈、明亮的中心點。想像來自爬蟲類腦的粉紅色光亮進入中腦，並在裡面運行流動，逐漸變成閃耀的金黃色。讓這光亮培育、療癒及放鬆中腦，並將它開啟。看著金黃色的光向上且向外擴展，升到新皮質。

現在，把注意力集中在你頭部上方。注意金黃色的光亮從中腦升起，變成明亮如電波的藍光。感覺腦的最上層隨著能量和知識一起振動，並由

這藍光培育和療癒這裡的組織、迴路，以及腦神經的傳導物質。

讓藍光傾流而下、逐漸注滿你的整個腦部，變成一道透明而光滑的鑽石光芒，並且向外發散到頭部之外，有如光環。保持同樣姿勢靜坐，想像資料從較下層的兩個腦往上傳送到新皮質，以及理解從上層的腦往下輸送到下層的兩個腦。讓這種交流輕鬆而自然地進行。

拓展注意力的範圍

1. 想一想你昨天做了什麼。依照你集中注意力的時間長度，將這些活動從最長到最短依序排列出來。集中注意力最長的時間是多久？其次？接下來呢？

2. 想一想那些打斷你注意力的事情。它來自外在的刺激，例如電話聲、你的小孩嗎？列出最常打斷你的外在刺激。或者，它來自內在的力量，例如某種莫名的躁動不安，讓你想站起來到冰箱找零食？列出你最常打斷或分散自己注意力的方式。

3. 觀想你正在集中注意力，然後又分散注意力的情況。在你打斷注意力之前，身體有什麼感覺？是否表面底下暗藏了一個你想逃避的事實或經驗？你能否記得是什麼觸發了你分散注意力？如果繼續保持注意力，可能會發現什麼？

清理你能量的路徑

想像皮膚有很多孔隙，而你的身體組織是透明的，讓身體的每個細胞、分子、原子都感受到彼此的相互合作。想像數以萬計、細小如波紋般的光線，從四面八方進入你的身體，而每束光都有特定的路徑，從身體另一邊穿出重新回到空氣中。放鬆自己，讓自己感覺懸浮在這張神奇、安全、慈愛，用光線交織成的網。

用你的心智之眼觀察一些光絲，看到能量波正從宇宙最高最遠處，朝你傳送過來。讓這微小的資訊波進入你的身體，並且繼續波動，把振動傳導給周圍的粒子。讓這些能量／資訊波繼續從你身體的另一邊穿出，它們也許會因為穿透你實體本身而有所改變。當它們脫離你個人的力場時，就把能量釋放出去。這些離開你的能量波，就是你給宇宙的愛之禮物。

靜坐一段時間，只觀察能量波或光線從身體不同部分穿透的路徑。注意自己有沒有想要停止並抓住能量波的傾向。如此一來，會發生什麼情況？你的身體是否有任何部位曾停止波動，而堵塞了你的迴路？現在，讓這些波動通過，並且清理任何可能的氾濫、混亂或「死亡」。你只管清除阻塞的雜物，並導引它在自然的路徑上流動（提示：你必須讓能量波完成整個流動的路徑，才有辦法知道這些波能夠帶給你什麼智慧）。

與你的器官對話

保持安靜，注意身體的內在。哪個器官吸引你的注意？或許你感覺到腎臟區域的悸動，或是察覺肺部正發出淡綠色的光。不論哪個器官引起你的注意，用你游動的眼神關注這個器官的區域，並且用你全然關注和關愛的氛圍包圍它。

注意這個器官的能量狀態，是緊張、高亢或是昏昏欲睡？你察覺到什麼樣的情緒？它是否顯得有壓力、受驚嚇、陷入愁思或是寂寞？

詢問這個器官：「有什麼事情是你要告訴我，但我還沒聽進去的？你最擔心什麼事？關於我正在處理的問題，你有什麼了解？」讓這個器官與你說話。在器官說完之後，向它道謝，並且詢問下次如何讓你知道它需要再和你說話。

肯定語句

1. 從你安靜的中心位置，說出：「我，＿＿＿＿（名字），是無限的慈愛。」當你說話時，仔細發出每個字的音、體會它的意義，並把它當成事實。接著說：「我，＿＿＿＿（名字），是無限的智慧，我是無限的勇氣，我是無限的能量，我是無限的美，我是無限的力量，我是無限的耐心，我是無限的創造力。」持續進行，想一些神性特質，讓自己聯想並產生變化，把它當成真實，並且宣告擁有這些特質。

2. 寫下一段肯定語句，關於你的真實本質和生命最深的意圖，彷彿正在向上帝應徵工作。當你描述每個內容、每句特定的聲明時，你必須確定自己知道它是真實的。如果你不相信，就不要寫下來。現在看看，你會想要聘用自己嗎？

祈禱

對你最喜愛的靈性人物或是神性本源，寫一段祈禱文，內容要個人化而且有意義。向祂懇求你最想要的事物，並說出你想要給予的東西。說出你想感謝的事物與你的意圖。

訊息是什麼？

1.想像有一天，你所有的工作都必須做兩次，所有購買的東西都必須退回去，而大部分人不注意你或是誤解你。停下來。感覺並描述你身體出現的情況。表面之下有什麼情緒正暗潮洶湧？這個訊息是什麼？

2.想像你贏得一筆可觀的樂透獎金。停下來。感覺並描述你身體出現的情況。表面之下有什麼情緒正暗潮洶湧？這天事件的訊息是什麼？

3.想像你跌倒扭傷右腳踝，接著同一週又有點感冒，眼睛不斷流淚，全身腫脹疼痛。停下來。感覺並描述你身體出現的情況。表面之下有什麼情緒正暗潮洶湧？這週事件的訊息是什麼？

4.想像在餐廳裡，你把皮夾留在公共電話旁便回到餐桌，等到衝過去找皮夾時，你的錢、身分證件及信用卡都被拿走了。停下來。感覺並描述你身體出現的情況。表面之下有什麼情緒正暗潮洶湧？訊息是什麼？

培養驚奇

1.寫下這一週讓你驚奇的某件事或某個人，揭示了什麼生命內容或是哪些過去你不為人知的一面？接著，寫下這一週你讓自己或他人驚奇的事。

2. 這週特別強調這些字：喔、哇、呵呵呵、打開、現在、那怎樣。注意你的心對於發出「喔」字音的驚歎詞，有什麼反應。

個人的象徵符號

1. 列出你正面的性格特質、對自己感到滿意的部分。這些特質要說明你做事的方式，以及你內在的狀態。在這些詞句的後面，列出代表這些特徵的意象。比如說，對於「自由」，可能會列出「馬、老鷹、風」；對於「勤奮」，可能會列出「螞蟻、蜜蜂、水獺、槌子」。
2. 挑選一個企業代表你的性格特質。當你「在從事那一行」時，希望有什麼樣的感覺？希望別人注意你什麼地方？為自己設計一個商標。
3. 挑選一個你想在伴侶或潛在的靈魂伴侶前，用來代表自己的性格特質。為自己設計一個商標。
4. 設計一個靜心的符號或曼荼羅，幫助你專注於自己的本質。

夢境回想的儀式

你的身體喜愛儀式。當你啟動潛意識的記憶，配合身體的刺激時，夢境往往比較容易回想起來。寫一張筆記給夢中的自我，把它摺起來放在枕頭底下，並且告訴你的潛意識：「明天早上我會再看一遍筆記，這將會觸發我的記憶。」

你可以握著一杯水，傳送你要記得夢境的正面意圖，然後把它放在床邊。告訴你的潛意識：「明天早上當我起來喝這杯水，這將會觸發我的記憶。」

持續進行小小的儀式，讓你的身體了解你是認真的。不要只嘗試一、兩次之後就放棄。

解讀徵兆

回想一下，列出過去幾個月內，你覺得有點古怪、帶有超現實色彩的三次經驗。或者，你最近是否看到某些可以視為徵兆的事物？有沒有一群雁子排成V字形，從你頭上由右往左飛過？是否被蜘蛛咬傷、扭傷腳踝，或是收到罰了六千元的罰款？這其中的共時性事件是否點出某種主題？三個很久以前的老朋友，是否這個月突然在城裡出現？

每個徵兆的出現，是要回答什麼問題？本源透過這些符號，要告訴你什麼？

會見來自超意識領域的存有

想像你在明亮滿月高掛的沙漠裡紮營，感受自己面對迫切的問題，希望獲得幫助的渴望，或者期待得到更高的教導。請求本源從超意識的領域，為你派遣一位合適的教師或是引導者。

讓這個形體現身在你的面前。在交談之前，讓你的身體完整體驗祂們的能量。你是否覺得自在舒適？設定一套規定，讓其他的存有依此與你互動，並確定自己感覺安全且樂於接受。

開始展開對話，最初你或許可以先自我介紹。接受祂今天帶給你的訊息、指引或教導。當你覺得完成了，感謝這個形體，並給祂一份禮物——你的想像力會知道該送什麼。回神過來，把一切都寫下來。

選取感應的印象

列出五個你很熟悉、但很久不曾見面的人。接著，很快地列出你感覺到他們身體或心理狀態的三件事。

接下來，你想像從這五個人的內在，透過他們的眼睛往外看。列出你看到的三件事物。

想像你從這五個人的內在，思考他們的想法。列出他們目前全心關注、希望得到幫助的三件事情。

四元素

閉上眼睛，想像你搭檔的能量充滿在你面前的空間。這個能量場將出現你需要的意象。

首先，看看你的搭檔談論和運用土元素的方式。想像一條隧道或一個地洞，或大或小都無所謂。讓一個存有從洞中出現；祂就是土元素的守護者，會帶領你安全地進入土的領域來教導你，你的搭檔在保持體能、安全、穩重及財務保障上需要知道的事。你在獲得資訊之後，向搭檔敘述這些資訊，然後清除土的意象。

第二，看看你的搭檔談論和運用水元素的方式。想像大量的水，一個湖泊、河川或海洋。讓水元素的守護者迎接你，讓祂帶領你安全地進入水的世界來教導你，你的搭檔在處理情緒，變得更靈巧、有直覺、具陰性特質或是更具接受力時需要知道的事。分享你得到的訊息，接著清除掉水的意象。

第三，看看你的搭檔談論和運用火元素的方式。想像一個個旺盛的營火，讓火元素的守護者迎接你，讓祂帶領你安全地進入火的領域來教導你，你的搭檔在擁有具創造力的熱情、淨化、去除雜念、轉化形態及放棄執念上需要知道的事。分享你的洞見，接著清除火的意象。

最後，看看你的搭檔談論和運用風元素的方式。想像飄浮在高空中，隨風騰雲駕霧而起。在你移動的同時，讓風元素的守護者迎接你，祂帶領你安全地體驗風的領域來教導你，你的搭檔在溝通、啟發、智能、適應性及保持愉快心情上需要知道的事。分享你的洞見，接著清除風的意象。

回到現實，睜開眼睛，與你的搭檔討論這些資訊代表什麼意義？有什麼重要的建議？

你隱含的溝通議題

1. 這一週集中意念，注意你的負面溝通和它背後的理由。注意你內心負面的執念、你對外界的負面評論，以及你的批判意識所引起的負面自我對話。什麼造成你想要損傷他人？你是否嫉妒？受傷害？為什麼給出你的力量？什麼讓你不能接受？如果有人坐在旁邊聽你說話，他會有什麼感覺？如果他說出心底話，他可能會對你說什麼？為什麼你無法接受你所批判的部分自我？你能否用讚美來代替指責？

2. 直率地檢視本週你說過的所有話語背後的動機。其中，有多少是因為沒有安全感促成你這樣說話？你是否需要得到他人注意，才能感到自己被接受或是做對事情？如果每次成功完成溝通，可以從中得到什麼收穫？你的談話是否是為了掌控？要記住：「對於一件事情，如果無法動機清楚地說出正面看法，那就什麼都別說。」

全然透明和誠實

1. 列出你擔心被「大家」知道、關於你的所有事情。想像一下，所有人都知道你列出的全部內容、但仍然能接受你。整合你感受的方式。把自己當成你做過的所有事情的組合體——不論是好是壞。在你內心裡，單純地顯現本來的你。

2. 將你覺得自己天生擅長的事情，列成一份清單。本週當你談論這些主題時，放鬆意志，用你氣場中的圖像來幫助你溝通。

3. 這一週，當你談論自己不擅長的主題時，在發表意見之前預先聲明：「我對此很感興趣，雖然我不了解其中的很多事情，不過以下是我的看法。」

傳送心電感應的訊息

閉上眼睛，歸於中心。想像自己走出肉體的身體，進入能量體。在脫離肉體時，你進入以太的領域，在這裡能量和知識的傳送都變得快速。

想出一個你想要傳達訊息的人，相信自己能夠與他溝通。盡可能詳細地觀想他，同時呼喚他的名字：「麥可，我現在召喚你來感應我。」你看到他的能量體出現在你面前，進行眼神的交流。

在內心清楚構思你的想法，並且走向他，平靜而直接地在他左耳旁說出你的訊息，問：「你是否聽到，並理解我說的話？」

向這個人道謝，想像兩人各自回到肉體的身體，並重新連結到現實。稍後，寫下你在清醒的現實或是夢境裡所接受到的任何回應。

組合公共場合的對話

這一週保持耳朵靈敏，蒐集你在餐廳、地鐵站、收音機、電視、自己小孩、市場、加油站，或是街頭路人的對話裡，聽到的一些隻字片語。將這些不相關的詞句，甚或只是有趣的單字，立刻記下來或是錄音。一週後，把這些材料拼在一起，創作出一首詩或是一段文字，讓詞句成為你想像力的觸媒。要記住，寫出來的東西並不需要合乎道理。

意識流向

讓你的心智放鬆，就像是鬆弛的肌肉，並且清除所有的念頭和意象，等待一個新的意象出現。取出你接收的第一個意象，讓它變成其他某個東西，接著再取出這個東西的意象，讓它再變成其他某個東西。你接收的第一個意象可能是一個梯子，變成了一隻長頸鹿，又變成一棵樹，又變成一顆綠色氣球，再變成一隻鸚鵡，再變成一個迴紋針，再變成一個掃過你書桌的小型龍捲風。這不斷持續下去，你自得其樂進行五分鐘，讓整個過程活潑而流暢，就像一部鮮活的卡通。

耐心

1. 列出這一週內讓你缺乏耐心的五件事，也就是你在生活上希望能有立即結果的五個領域。你希望如何轉變這些令人挫折的經驗，讓它們提供你更多有深度的見解？如果投入更多時間和注意力在這些事上，你可能會有什麼收穫？

2. 列出這一週有人對你感到不耐煩的五次經驗。如果他們能花更多時間與你相處，他們可能會學到什麼？他們之前在你這裡錯失了什麼益處？

如果……
我會比較好

1. 針對每個句子，列出五個你與他人比較之後所得到的答案：
   - 「如果＿＿＿＿我會更有吸引力。」
   - 「如果＿＿＿＿我會有更多朋友。」
   - 「如果＿＿＿＿我可以賺更多錢。」
   - 「如果＿＿＿＿我會更快樂。」
2. 對於每一個陳述，列出一個源自你靈魂的答案。

藉口與雙重標準

1. 生活中，你什麼時候會聽到自己說「是的，不過……」？列出這一週，你為了避免做某些事，而給自己找的五個藉口。你在逃避什麼？如何將它合理化？如果沒有找藉口而完成每件事情，可能面對什麼情況？可能學到什麼？

2. 列出你對於自己的行為出現雙重標準的五個領域。你是否會靜心，不過喝了太多酒？是否解決問題很積極，不過避免回電話給某人？為什麼會抱持這些期待？你如何把這些領域矯正過來，從中可能學到什麼？

將施與受達成平衡

1. 寫下你給予別人過多的一次經驗；描述這個人與你自己的反應。為什麼這沒有奏效？現在，寫下某人給予你過多的一次經驗；描述你肉體和情緒上的反應。為什麼這沒有奏效？

2. 寫下某次經驗，別人給你太少，或是他給的某個東西並不符合你的需要；描述你肉體和情緒上的反應。為什麼會這樣？現在，寫下你給予他人太少，或是你給予的某個東西並不符合對方需要的一次經驗；描述你的反應。為什麼會這樣？

附錄二　在商業領域運用直覺的祕訣

一、直覺受阻礙後，重新開啟的五個方法

當企業文化把心智活動局限在邏輯、分析、掌控、精明、線性推估、進攻與防禦策略、抽象概念思考時，就無法以啟發的方式來解決問題。企畫案的結局，往往是留下了情緒和靈性屠掠的大批殘骸。在邏輯與直覺之間取得平衡的創新思考方式，才能為更多的創造流動與絕妙心智鋪路。

1. 當你進入恐慌、憂慮、執迷、煩惱、批評、嫉妒、仇恨／反擊、冷漠、堅忍、無力招架、筋疲力盡的狀態時，你在心智、情緒及肉體上都會出現收縮。

當你收縮而凍結時，將無法收取來自超意識心智的新資訊。這時候，你處於求生模式，只會在意你認為需要靠此存活的事物。這會讓你的思考變得脆弱而遲鈍。

藉由刻意將你的意識轉換到相反的狀態，你就可以重新開啟直覺：

- 恐慌、憂慮、執迷↓從容、放鬆、歡樂
- 報復、反擊↓培養、想要學習和教導

・無力招架、筋疲力盡↓休息、恣意玩樂
・煩惱、批評、嫉妒↓寬容、欣賞、允許
・冷漠、克己禁慾↓參與、讓自己易受影響、自發性

1.不論你落入哪種求生模式，要請求內在的自我盡快提醒你，注意自己已經出現收縮，也就是緊繃的「內在姿態」。做個深呼吸，然後把氣吐出來，彷彿自己在說：「喔，好險。」再呼吸一次，抖動或搖動你的頭、手臂、肩膀、大腿。伸展、步行、活動。改變姿勢、擴胸、敞開你心臟的區域。讓更多閃亮的能量進入你的眼睛，彷彿正向某人表達你的喜悅。

2.舉例來說，你如果變得很挑剔，回想一下上次你受人欣賞的體驗。詳細想像細節，讓身體再次感受相同的經驗。注意身體新的姿態和感覺，再回過頭來看目前煩擾你的問題。能否把這樣的感受應用到目前的狀況？

2.你進入衝突的狀況、變得極端、選邊站、採取防禦姿態、愛批判，把負面想法投射在對手身上，拒絕用其他觀點看事情。

當你選邊站，意識出現分裂時，你無法獲得世上另一半的資訊。這導致真正的直覺無法出現，因為你需要的答案也許就在你拒絕查看的部分。

1. 藉由看待你與他人相似的地方，或是你們在不同人生領域上的類似位置，你就可以放開心胸。如果你的對手害你少賺，那麼或許是因為你的服務或產品收取過高的費用，或是你對員工要求太高、付的薪水又太少，形同欺騙。如果你不同意某個團體要你花更多錢在安全防護上，那麼或許是因為你曾經批評伴侶沒有用更明智的方式管教子女。藉由站在對方的立場來設想，你能夠獲得重要見解，找出雙贏的局面。

2. 開拓你的觀點：立場並非只有正反兩種，可能有數十種。將你手邊的問題列出更多不同的立場。在這眾多的想法當中，不存在衝突，而是有整合成一個更大觀點的可能性。

3. 你仰賴意志力，來完成工作、解決一天的問題、熬夜加班，以此掌控現實生活。你的眼光只放在目標和最後期限，靠著腎上腺素拚命衝刺。

當你完全靠意志力來獨自運作，就進入控制模式，而無法體會直覺的聯繫、偶然及共時性。你過於嚴肅認真，錯過了有趣的巧合和靈光乍現所帶來的幫助。藉由定期從邏輯、任務導向的陽性意識，轉換成圓融、智慧導向的陰性意識，你就可以放開心胸。

停止你前進的動作，讓意識在此刻完全休息。暫時擺脫驅策你前進的目標。世界充滿活力，一切都在正常運轉。讓你的能量從頭部緩慢流入胸部、腹部、骨盆、大腿、雙腳。讓你身體的其他部分覺醒，並集中專注力。開始覺察到能量和意識的光球，從身體向四面八方散發光芒。擴展你的感知範圍，讓你注意到的所有東西都包含在自己的空間裡。安定下來之後，感覺你的身體和靈魂接下來想要做什麼。不要管「應該」做什麼！注意你已經知道了多少你應該知道的事。

4.你只依據實體的變數和行動來定義與解答問題，憑著聰明才智來完成任務。

當你只憑藉智力和體力做事時，你能夠輕易解決與目的無關的問題，但也會錯過關於內在世界、可為你節省時間、精力及金錢的關鍵洞見。藉由探查你期待發生的「內在藍圖」或是能量模式，看看事情的結果如何預存在藍圖中，以及藍圖如何包含它將顯化的所有知識，你就可以開啟心胸。

歸於中心，安靜下來，把你想要解決的問題、你認為它應該如何解決的方式，召喚到心中。接著，運用直覺從外在表層來感受它的內在。你的靈魂真正想要體驗什麼？什麼不受你的意志力掌控，試圖在這裡顯化？在能量界或思維界裡，是否有些條件可以被改變，讓流動的發生變得更平順？在追查想像力自然流動的過程時，是否有些地方停滯阻塞，需要你特別注意？注意傾聽，允許更多非線性、神奇的共時性事件發生，讓正確策略從靈魂真實的意圖中浮現。

5.你過於關注過去。或相反地，過於關注未來。

當你把心智放在未來時，會永遠覺得做得還不夠，永遠不會覺得滿意，所有的事情似乎都在加快速度。當你停在過去時，會感覺焦慮，因為你的速度緩慢，已經和隊伍脫節。不論處在哪一種情況裡，你都無法接收超意識的訊息，因為靈魂只能活在當下，並透過身體與你說話。

藉由將你的意識完全帶回到現在的時刻，你就可以敞開心胸。

> 歸於中心，進入你當下的身體，對一切處之泰然。問題和答案，同時存在於此時此刻。過去的解決方式不見得適合今天的問題，而未來也並非真正存在——它現在只是一個潛在可能而已。在這安靜的時刻，詢問超意識心智需要知道什麼，想要處理什麼，需要體驗什麼樣的經驗，要學習什麼樣的教訓。

二、每天檢查五次，開啟直覺減輕壓力

學會全身全腦的認知方式，你心智的清明、態度、動機及生產力都將提升。過度「絞盡腦汁」，特別是只用左腦思考，不僅耗費心力，而且會帶來不合人性的解決方式、平庸、缺乏包容、

負面消極、挫折及情緒宣洩。所以，要養成盡可能開啟及擴展知覺的習慣。

1.在工作日開始與結束的時刻。

在你出門工作或是在桌前準備展開任務之前，先歸於中心，將身體投入在此時此地。與這一天連結，感受即將出現的善，致力於讓你生命中的所有人感到喜悅，並致力於學習。接著，看看你想從哪裡開始，哪些應該在今天之內完成。在離開辦公室、回家之前，進行同樣的步驟：這一天過得如何？帶著滿足和愉悅的心情離開。

2.在會議前與會議期間。

在會議開始之前，先歸於中心，把身體投入在此時此地。與這場會議的最深意圖連結，與其他人在靈魂層次連結，並且感覺自己期望每個人在會議結束時有什麼感受，接著開始進行會議。在會議的過程中，定時查看情況，去清除原先沒有預見的障礙。

3.發覺自己疲倦而無法思考時。

要留意自己眼睛疲倦、頭腦厚重或是呆滯的時候。歸於中心，把身體投入在此時此地。利用呼吸，把能量和光亮注入任何顯得黑暗和沉重的地方，可以使你的能量水準提高百分之十。接著，轉動及移動你的身體，到外面走一走，從邏輯思考轉換到運用某個感官模式的創造性過程。去處理意象、氣味、形狀或質地。如果有必要，可以打個小盹或休息一下。

4. 當發覺自己受挫或焦慮時。

要留意自己情緒緊繃和壓抑的時候。歸於中心，把身體投入在此時此地。利用呼吸，把能量和光亮注入任何顯得黑暗和沉重的地方。改變你的姿勢，要微笑讓臉部放鬆，可以使你的能量水準提高百分之十。到外面散散步，並想像一個運用雙贏策略讓情況反轉的情境。

5. 當有人對你說話時。

當有人對你說話時，歸於中心，把身體投入在此時此地，體驗內在深沉的寧靜。把閃亮的能量送到你的眼睛。關注對方，把對方當成一個靈魂，而不只是一個人，並且認同對方的智慧，給予應有的尊重。接受他們的想法，讓這些意念沉潛到內在。開放地思考所有的事物，讓你的回應從你核心內在，隨著周邊的空間輕柔地浮現。

三、用直覺避免自己與工作受妨害的五個祕訣

在工作場所裡，將暗藏的議題宣洩出來，會引發錯誤、浪費時間，造成不必要的頭痛，使得職場變成令人不愉快的環境。停止內在的妨害，是增加公司效率的有力武器。

1. 找出你和他人的「是的，不過……」與猶豫不決，化解這種想法，克服它們，從你和別人猶豫不決的理由當中，找出「垃圾裡的禮物」。

仔細觀察你的進度在哪些地方無法向前邁進。在一週內，具體記錄這些逃避的事物。在什麼地方，你會說「是的，不過……」，導致你停止行動？進入你想像中的每個狀況，不要有任何顧慮，持續採取行動。經歷整個過程，讓自己去面對這些障礙，用各種方式克服它們。記錄你需要做什麼事、做這件事到底值不值得，或是你是否真的想要去做。每一次的猶豫不決都有個好理由。你往往需要將失落於某處的資料，納入你的思考中。在理解你的猶豫不決之後，就更有辦法協助他人處理問題。

2.要能分辨出犧牲與真正的給予／服務之間的差異。一旦發現自己並非只想給予，就要排除掉犧牲自己的動機和行為。

仔細觀察你認為對你而言是不公平、貶抑或造成損失的地方。你覺得在哪些地方不被認同、被視而不見、不受尊重，沒有得到應有的評價？接著，回到你最真實的靈魂動機，例如幫助他人、與他人愉快相處，要創造、讚頌、體驗生活中的美好。重新掌握你的行動，為自己著想、為一個真正的理由而做。讓別人體驗他們自己的經驗，你只需要為自己經驗的品質負責。不要再把自己當成受傷害的人，去要求別人給予你需要的東西。

3.要真實、誠實。尊重他人，同時真誠表達自己，而不是為了取悅他人、希望獲得接納，或是意圖控制他人。

仔細觀察你在哪些地方放棄表達想法和事實、改變行為去取悅他人，或是運用過度的力量去影響、控制他人。要扭轉這種情況，你可以試著多說一句平常不會說的真話，或是比平時更有創意或是脆弱一些。

4. 要能夠接受讚美，同時感謝和幫助他人。

仔細觀察你在哪些時候忽略別人所給予的讚美。下一次，要全心全意接受這些讚美，並真誠感謝對方。找尋適當機會，去讚美和鼓勵別人的好表現。練習每天對別人說出你內心的想法。

5. 練習去理解所有人都支持你，不管他們如何行動，而你也支持每個人，這一切都是從靈魂層次自願發生。同盟與麻煩製造者之間，有完美的互補關係。

養成一種習慣：確認自己受到他人的支持。許多人的努力讓你能夠存活，而你的貢獻同樣也幫助了其他人。因為抱持感恩之心，你覺得自己有一個煥然一新的動機，去好好完成工作。

四、直覺如何讓你「感覺到」某件事

在許多狀況裡，你可能沒有注意到自己的直覺正在運作，因為資訊是以巧妙而快速的方式出現。你有一種奇怪的感覺、變得神經兮兮，或是出現莫名的恐懼。你在閱讀時，突然變得多疑而挑剔，或是在做你「應該」做的事情時，突然腦筋空白、無法維持注意力。通常，最後的結果是，你發現一個錯誤、一個遺漏的重點或是一個警告。如果公司裡所有人都被教導，要注意這些「感覺」，並培養出「感覺」各種任務的能力，那麼這家公司的知識商數（knowledge quotient）將會出現戲劇化的提升，效率也會快速上揚。

1. 注意「有趣的數字」

當你查看財務報告和預算時，讓身體去感覺有哪裡不對勁。或許，數字的部分在頁面上抖動，或者一瞬間顯得很突出或是模糊不清。

2. 注意幾乎隱形的警告

當你的研究結果不符合自己預想的可能情況時，到底是哪個部分有狀況？當你閱讀一份報告資料時，什麼時候會覺得不完全、太粗淺或是有意扭曲？你可以信任本能，也就是一種關注實體層次的直覺，去感覺哪裡需要再次確認。當你的心智向前邁進時，要去感覺此時出現的巧妙掛勾或暗樁。如果心智活動停滯，而且沒感到真正滿意，通常就是某個地方有問題。

3. 選擇方案的團隊成員時

你應該選擇怎樣的成員組合和哪些特定的人，組成一個企畫團隊？閉上眼睛感受這個方案的目標，也就是什麼樣的能量具體表現了你建立的團隊。想像一張圓桌，有如「亞瑟王圓桌」一般，有許多位子需要填滿。透過以太傳送召喚，誰是第一個出現並坐下的人？誰是下一個？而誰來挑選領導者？

4.分配有限的資源時

當你必須分配有限的資源，例如成員、金錢、時間、空間等，資源應該分配給誰，比例又該是多少？閉上眼睛感覺所有變數的整體關係。在最高層次上，一切事物都運作完美。要確定：較高的完美將會反映在你選擇的分配方式上。關於公關、廣告、行銷及包裝設計的費用，是否都有明確的金額？想像需要資金的各個部分，都在你前面的辦公桌上呈現立體的形狀。將預算經費視為一個貯存能量的水池，位於這些物品的上方。把各種形狀的物品打開，讓它們貯存執行任務所需要的能量。注意看它們大小和形狀的變化。當形狀轉換完成之後，查看每個物品前面的標籤，它顯示了所需要的百分比。此外，還要注意形狀和變化所隱含的符號學，這可能為事情實際上如何進展帶來一些洞見。

5.決定事情優先處理順序

當你需要閱讀堆積如山的資料、列出電話訪問的名單，或是為眾多問題提供解答時，到底哪份資料、哪個電話或哪一個問題要優先處理？然後呢？再下一個呢？閉上眼睛，注意你手邊工作的不同類別。有些是否很急迫地呼喚你？有的是否說「你應該」考慮我？有的是否只是感覺起來很有趣？讓你的身體來決定應該先「接觸」哪一個。如果你有一大堆電話要打，並決定優先處理這件事，那麼你查看上面的名字，看看哪些會從紙頁上跳進你的眼簾。先打這些電話，信任你的眼睛和雙手會幫助心做出正確決定。

五、察覺你工作中的焦慮訊號

你可能曾有這樣的感覺，因為無法解釋的理由，而對某個狀況感到不適，必須採取行動。當你感到某件事有些可疑、沒有掌握到事情的全貌，或是覺得胃部突然下沉時，你必須停下來，深入探索這些焦慮訊號出現的原因。如果你不願意傾聽「微小聲音」，那麼你和公司將要為此付出代價。

1. 在你的辦公室、部門或是生產單位走一走，讓身體傳達所接收的印象。

在你與各種人交談的過程中，你所體驗到的微妙收縮會指點你，某個員工是否需要休息、重振士氣、改正缺失，或是獲得讚美。相信你的焦慮訊號會指出，在何時和何處干預以避免浪費，或是何時應該靜觀其變，讓員工或是一個流程自然修正。

2. 評估一個員工的表現時。

微妙的收縮會提醒你，某個員工在他的職位上不開心，或是該鼓勵他們成長、繼續接受教育，或是建議他們另謀高就的時刻已經到來。

3.你正在開會，而焦慮訊號提醒你，大部分人已經心思飄散，沒有聽你說話。

當流動停止時，你不要勉強繼續進行會議，而要停下來、幽默地大聲詢問：他們都到哪兒去了？他們此刻在想些什麼？如此一來，可以將會議重新帶到焦點上，並建立起彼此的關聯。你的直覺會知道，什麼時候需要說些話才能清理流動。

4.兩個員工給你相互衝突的報告，說明為何他們的方案或部門存在問題。

或者，有人向你抱怨另一個人不良的態度和行為；而被抱怨者則責怪抱怨者。你的焦慮訊號會提醒你，誰在說謊、誰在操控，或是誰在溝通上帶著情緒偏見？哪些只是說長道短、聊是非？哪些則需要立即採取行動？

5.到了年中，每個人都在努力讓新產品線完工時。

你的焦慮訊號提醒你，策略雖然獲得每個人的支持，聽起來也很完美，但卻無法及時達成想要的結果。這些人工作是否夠努力？如果你的答案為是，那麼行政管理系統有沒有問題？如果答案為否，那麼問題到底在哪裡？突然間你有奇特的想法：有人即將缺席，可能是病得很嚴重或是死亡。你不知道這是否真的會發生，但已找到支援的員工來預做準備。

六、工作中真實訊號的五個應用

你可能比較習慣去注意事情出錯或是脫序的時刻。不過，你也會發現事情順利的時刻。它們似乎被賦予魔力，讓人感受到自在的流動、共時性、適當的時機及合作，這種經驗具有令人愉快的特質。其實，面對困難而非逃避，最容易產生流動的路徑。其原因在於，這種過程會產生更大的超意識覺察。當一個過程正確時，你的真實訊號將提醒你。當你感受到舒張，有種恍然大悟的感覺時，務必停下來深入了解，什麼引發了真實訊號。什麼東西發揮作用？要向它學習，印證它的效應。接下來最適當的步驟又是什麼？要立刻行動！

1.在你的辦公室、部門或是生產部門走一走，讓身體傳達所接收的印象。

當與不同的人共事時，讓你經歷的精微擴張來告訴你，這個員工是否誠信地生活和工作，並且做得很出色。相信你的真實訊號會指出，何時何地要為某人樹立榜樣、給予額外獎勵或報酬。

2.調整組織的日常運作，也調整所有的個人和團體對於擴展的自然渴望。

你感受到的真實訊號，會提醒你新的方向、經驗和努力的目標，這會帶給你不受束縛的行動與下一階段的成長。

3. 仔細觀察員工的工作和生產狀況。

你接收到的真實訊號顯示，哪些流程整體而言對所有人都有效，哪些流程則是最適合某個特定的次團體。

4. 從員工或是客戶獲得回饋或資料時。

你安靜坐著，問自己如何處理這份資料。你的真實訊號會給你流動和光亮的感覺，顯示出整合洞見的最好路徑。

5. 你和你的團隊對一連串的新想法展開腦力激盪，所有人似乎都對這些可能性感到無比興奮。

你的真實訊號與整個團隊的真實訊號，會顯示哪些想法目前最適合，哪些想法則可能要稍後再提。

七、直覺幫你維持流動狀態的五個方法

就像真實訊號一樣，我們經常忽略自己正處於流動狀態。基本上，我們會把注意力放在避免問題與改正問題，而非推動正順利進行的事情，尤其是正在順利進行的時候。當流動消失，計畫遇

到阻礙、資訊無法釐清問題反而製造混淆，或是合作的關係破裂時，你的公司將損失金錢或喪失士氣。因此，在事情順利時，每個人多注意一下順利的感覺有多美好，我們或許就可以斷除一種壞習慣：預期問題會不斷出現，於是招來問題。藉由養成一種好習慣：將流動的經驗明白告訴自己和員工，你就能夠提高流動持續的機會。

1.要能掌握公司、部門、團隊或是個人職業生涯的願景，並適切地描述目前的願景。

事物隨著時間發展，當願景不再完全正確時，動機將出現扭曲，生產力也將變得不穩定。直覺幫助你確定，在願景、員工、客戶與行動和過程之間存在著一致性，幫助你定期檢查願景，並予以更新。

2.當員工被要求去做與他們的基本人性需求、道德價值及人生目的相衝突的事，他們會中止良好的表現，並開始造成破壞。

直覺可以幫助你，找出並排除員工所遭受的不人道狀況，例如超長工時、犧牲陪伴家人的時間、無法恢復活力和保持健康，或是受到主管和同事的虐待。

3.當團隊只受到外在目標驅策，他們創造的產品往往是片面且粗淺。

透過在目標中建立健康情緒和靈性要素，直覺可以幫助你強化員工的動機，並改善產品或服務的品質。而且，藉由找出並排除團隊工作的錯誤核心假設，直覺還可以幫助你改進創造力的流動。

4.當員工覺得不受尊重或遭受虐待，工作表現會不合標準。

有些員工帶著童年不健康的情感包袱，去看待每一件事。直覺可以幫助你，找出並處理團隊成員的個人情緒問題和偏見，否則它們會干擾及阻礙生產力。

5.你的計畫案進行到一半，卻碰上一堆意想不到的障礙。

直覺可以幫助你接受在表面下實際發生的事。溝通與理解之間是否有落差？是否錯過關鍵訊息？是否有隱含的議題？例如喬因為必須取消假期而憤怒不已，瑪莉因為無法得到團隊男性成員的肯定而暗地傷心？是否有一些不當的安排？例如山姆其實不是某項任務的適當人選，或是終極目標對整個團隊並沒有太大的意義？

八、用直覺形成優勢的五個方法

直覺的最大好處之一，是能夠提供你整體的圖像，不管這個圖像是關於未來、某個同事的潛能，或是公司最確切的經營理念。藉著不斷擴展你意識的泡泡，你能夠了解一個複雜過程如何在時間中開展，或是未來五年內你與競爭對手如何在相互關係中定位自己。

1.創造可以完美符合企業願景的品牌名稱、形象識別、商標或口號。

閉上眼睛，細想你見到公司所達成的最佳狀態。你／企業所代表的最重要特質是什麼？讓代表這些特質的符號，以及描述這些特質的文字浮現。把它們畫在紙上，讓它們互相混合，以找出適當的文字、圖像、聲音、節奏及情緒基調的組合。當你看到和聽到正確的組合時，身體就會傳遞真實訊號，而能量也會流動。你可能看到某個東西「被點燃」，或者似乎受到鼓勵。

2.追蹤和預期趨勢，找到正確的時機。

閉上眼睛，進入我們包含所有年齡層所形成的文化意識之流。這個流動狀態具體代表的形狀是什麼？你看到的一個分叉圖形可能代表「窩居在家」，一個波浪裝飾可能代表快速成長，一個U形反轉可能代表一個被忽略的步驟。現在，聯想一個產品或市場區隔，讓它變成一個能量的路徑，以它特定的方式來表現。它進展的方式說明了什麼？

觀察一項趨勢、一個時間表或一場新的行銷戰，看待整個路徑，去感覺它必須發生的階段。讓時間表上的第一個階段成為一個光點，接著是下一個，再接著下一個——這些光點隨心所欲、自然而然地相互保持距離。接著，回過頭來看看，這些光點之間的每個區隔應該包含幾天或幾週，然後設定每個光點的日期。

3.為新階段的擴充估算定價、銷售、費用或獲利。

想像一個帶有價格刻度的溫度計。要求你直覺的自我，告訴你溫度計上顯示的一個約略數字，舉例來說，它代表了下個階段的銷售範圍。信任自己，並記下你得到的數據。試著把數字再調高一些，當數字太高時，你的焦慮訊號會告訴你。記錄你身體感覺中最自在、最能與答案連結的點在哪裡。

4.蒐集關於任何行動路徑的正反意見。

想像你解決一個問題時，可能採取的幾個行動路徑。接著，讓自己分別置身在每個路徑的實相之中。你的身體有什麼樣的感覺？是擴張、還是收縮？第一印象是否告訴你，按照這個路徑可能出現的情況？接下來，把過程延展到未來的六個月，再延展到一年。你的身體出現什麼情況？是擴張還是收縮？你接受到的印象告訴你，這些不同的過程會如何開展？你覺得進行這些路徑適合嗎？

5.預期任何過程的問題點與早期辨識出不穩定的跡象。

閉上眼睛，感覺自己進入一個你參與的過程。你是否正在找尋工作機會、試圖處理一條新生產線的問題、籌備一場年度會議，或是針對一個新的概念進行研究？想像從頭到尾的過程，以及它的自然流動和起伏轉折。讓過程中的問題點像警示的紅燈一樣出現。把注意力集中在這些紅燈上，讓場景、語句或感官資料出現。保持你的注意力，理解可能發生的情況。你和你的團隊必須牢記哪些事情，才能盡量減少這些挑戰的出現？

九、幫你用直覺直指問題核心的五個問題

一天當中，總有許多次，你的工作流程、部門及企業，能夠因為良好決策的效應而獲得利益。直覺能夠幫助你找到感知的清明和視野，以做出更正確的選擇。

1.如果所有參與者的靈魂會說話，而且計畫案與最終結果的靈魂也會說話，那麼核心動機和核心學習的內容會是什麼？我們能否完成這些要求？

2.我的身體對這個決策是否感覺自在？如果它是一塊食物、一個聲音、一種味道、一樣質地，它會是什麼樣子？這又能告訴我什麼？

3.如果我對這個問題感覺到身體的收縮，會是在身體哪個部位？我如何向他人描述（例如讓我脖子疼痛，讓我覺得肚子不舒服，讓我想睡覺）？這些經驗能告訴我什麼？

4.在我感覺到的收縮之下，隱藏著什麼特定的狀況和顧慮？我是否感覺到目前的狀況可能野心太大、可能能量不足、可能進行得太快，或是還沒有落實在應用上？

5.我能否聽到隱藏在表面下，沒有表達出來的意見、信念、顧慮或警告？如果把某件事大聲說出來，可以移除掉不自在的感覺或壓力，那麼這件事會是什麼？

十、幫你用直覺設定順序的五個問題

讓你的事業有效率的另一個方法是，更輕鬆地判斷出做決定和行動的順序，以及訊息的重要性。

1.手邊的所有任務當中，哪一件最吸引我的身體？

在各種可能要做的工作當中，哪一項工作最吸引你，可以提供你感官刺激的體驗、全神投入的可能性，或是讓你從中學到有趣的事？

2.哪一個路徑／任務，當我感覺它時，最容易讓我靠近？哪一個會抗拒我？依照投入、參與的難易度順序，將任務列出來。在那些抗拒我的任務中，是否有理解上的遺漏或是錯誤的假設，讓我無法進行？是否需要用不同的方式來看待，建立一個新的脈絡，讓任務成為流動的一部分？

3.哪一個路徑／任務，當我感覺它時，它需要更多的愛、關注及治療？它會轉化成什麼？我能夠提供什麼幫助和服務？

4. 哪個行動讓我體驗到最大的熱忱？我如何感受他人的熱忱？哪個活動提供了最豐富的內容、最大的娛樂價值？

5. 當我查看每一個路徑／任務時，哪些是我獨力進行？哪些有其他人的加入？他們是誰？

十一、讓你知道何時該用直覺解決問題的五個提問

運用直覺，可以幫助你盡快找出創新、雙贏的解決方法。藉由移除障礙讓感知清明，超意識心智會帶著一些令人讚歎的事情出現！

1. 我是否追求某個特定的結果和未來願景？能否把它釋放出來，並對一切抱持開放的態度？

2. 我或他人是否有隱藏的議題，因此而扭曲了我們的見解和願景？我們能否公開這些議題，並且終止或化解它們？

3. 我是否不依賴或不抗拒過去的方法、狀況及結果？如果我發現自己心存依賴，是否樂於拋棄依賴的心理，並且藉由其他更好的運作方式獲得驚喜？

4. 哪些選項讓我的身體感到最真實、最自在？哪個選項能產生自然的熱忱？如果我延展這些行

動的路徑，它們會導向什麼結果？查看從我「舊式」思考中產生的路徑，它們會導向什麼結果？我比較喜歡哪一種？

5. 什麼能夠為所有參與者、社會、地球，甚至看不見的實體，創造出雙贏的經驗？

十二、幫你用直覺發展職涯的五個問題

職場生涯的進展是靈性成長的一部分，而且深受期待。隨著你內在的改變，自我的更多面向浮出表面，興趣也會改變。相對地，你的自我表達需要因此而改變。直覺可以幫助你發現新的方向。

1. 我事業的成功與現階段的個人進程有什麼關聯？我是否需要拋棄一些舊事物和／或嘗試新事物，來催化成長？

2. 什麼樣的新技能和興趣想從我的內在浮現？我是否想要接受更多的教育？我的進化有哪些全新的管道？

3. 關於薪資、地點、同事、工作時間、家人和同事的支持、創意度、合作方式、個人自主性，技能的組合、關注焦點的組合（個人、關係、團體、創意、分析、生產力），我心目中理想的工作情況是什麼？

4. 什麼時候是我離開現在的工作，開創新局的適當時機？

5. 各種工作機會有哪些可能性和缺點？用你的身體和靈魂來回答這個問題，而不是用你的心智進行分析。

附錄三　用直覺活出真正自我的技巧

一、用直覺感覺靈魂的五個方法

你很容易迷失在忙碌的「自我心」(egomind)，在世界的表面漫遊，忘記了靈魂層次對你真正重要的是什麼。我們必須學習認同自己的靈魂，並勤加練習。這意味著你必須隨時記得去選擇真正的你，建立新的思考習慣。要選擇做你的靈魂，要能體驗出靈魂與自我心之間的差別，並且清楚知道你比較喜歡哪種狀態。

1.把你的意識完全帶入現在的時刻。靈魂透過你身體的每一個粒子進入世界，為你而存在。這些靈魂粒子，或者說光點，只存在於當下。如果你的心智投射到過去或未來，你就會失去與光芒的聯繫，無法體驗你的靈魂。

2.把注意力放在身體上與身體內。由於靈魂透過你身體的每一個粒子進入世界，要了解靈魂，你必須將你的意識和你的身體融合起來。把注意力放在身體上，接著潛沉進入，讓身體隨著刺癢和振動變得活潑，並體驗到自己充滿了覺察。你在身體上面對的覺察，就是第一層次的靈魂智慧。

3.思考你的核心動機。深度感覺你想要的東西，彷彿你正在體驗它。接下來，把它放下並問自己：「為什麼我需要這個？」接著再問：「為什麼我的靈魂需要這個？」當你找出做事情的幾個核心動機時，會察覺到自己所為何來，同時也會更尊重及喜愛自己。

4. 刻意回憶並重新體驗你心開啟的時刻。當你發覺受困，就要回憶你曾為英勇表現或無私行為，而感恩、讚歎或感動的時刻。想像你養的可愛小狗、露出笑臉的嬰兒，或是眼睛散發光芒的情人。當你注意這些事情時，就會回到當時的意識狀態。當你的心開啟時，所產生的經驗便說明了靈魂存在的象徵。

5. 刻意轉換到歡樂、喜悅、熱忱、天真、誠摯的狀態。回憶你對生命感到豐富、愉快、心智開放、樂在學習、被取悅或是意外驚喜的時刻。心智開放的中立態度與正面的預期心態，就是靈魂的特質。

二、靈魂感知的五個特性

為了辨認你從靈魂的層次獲得感知的時刻，你需要理解這種深層意識的特質。

1. 靈魂是流動的；靈魂感知總是反映著自然的流動。靈魂不會抗拒去擁抱新事物，也能輕易放手與其分離。

2.靈魂能看到並選出最適合的事物。每一種情況，都有一個完美合適的答案、行動或見解。靈魂是中立且自然而然受到吸引，不會浪費時間或能量。

3.靈魂是成長導向的。靈魂充滿熱忱地持續進化。它會告訴你：「我對這個東西感興趣，我正在創造，我一直在學習。」如果靈魂停滯，是為了下個循環的擴張增添燃料。

4.靈魂在多元性中尋找統一。當靈魂很自然地看到交互連結與相關類似性時，會產生出和諧、智慧及創造力。同時，靈魂也珍惜獨特性和自由意志，並重視多元性，因為靈魂本身就包含了人格的所有可能性。

5.靈魂創造出雙贏的解決方法。靈魂不了解犧牲的概念。它源於這樣一個事實：「當你的生活支持你成為完整的自我，它也支持我成為完整的自我，反之亦然。」

三、區分靈魂與自我意識聲音的五種方法

我們每天都在內心跟自己對話。當自我意識正在主宰你的思維時，記得學著抓住自己，你就能更輕易地回歸到靈魂的感知中。

1.靈魂會談論存在的事物。它說：「我正在做這個，我在體驗那個。」靈魂無法超越此時此地，

去實現不存在的虛構現實。自我意識則說：「我不想，我不能，我不會。」然後反覆陷入過往，或那些負面的、潛在的、未來的，卻可能永遠不會發生的現實中。

2.靈魂傾向正向導引。它說：「事情該怎樣，就怎樣。」「凡事必有其目的。」「一切都很好，就算出現變數也無妨。」但自我意識會說：「這樣不行，我應該、我必須、我非得加以控制。」

3.靈魂代表正面的力量。它說：「我喜歡，我享受，我樂在其中無法自拔。」自我意識則是負面居多，常端出醜陋、瑣碎、苛薄的態度加以批評和論斷。

4.靈魂的聲音有助於建立了解、同情與同理。它說：「我珍惜，我發現價值，我理解，我感同身受。」但自我意識造成痛苦。它說：「我被誤解，我被忽視，我不願平空給予，我憎恨，我不願容忍。」

5.靈魂是充實的，受到豐富經驗的滋養。它說：「我自由給予，我樂於幫助，我時間充裕，我擁有我需要的一切，所到之處都是豐足。」自我意識充滿犧牲之情，它說：「如果我給了你，自己就會匱乏。」「我的需要永遠得不到滿足。」「我感到空虛、寂寞、被遺棄。」

四、連結自我、他人與生命靈魂的五個肯定語句

肯定語句可以讓你的意識跟普世原則保持一致，使你回歸純粹靈魂的形式去感知與生活。

1. 我擁有源源不絕的資源，我可以自由接收我所需的想法與知識、所有財務支持、所有機會、所有幫助和所有的愛。

2. 我看得見，也樂於問候你的靈魂。你說出來的話和採取的行動，也都來自於我的更高意識，並與我有所關聯。

3. 從我的身體、空氣中、牆壁中、樹木中、汽車中、泥土中、每天的節奏中、當年事件的發展中、所遇見的每個人中，以及其他維度中，都看到靈魂的存在。只要用心發掘，我就能在一切事物中找到靈魂。

4. 我天性快樂、樂觀、純真、開放、有創造力、充滿玩心、愛歡慶、真誠、幽默、活力充沛、智慧滿滿。我相信微笑比皺眉容易。

5. 我現在可能還不知道答案，但內心某部分早已經有數，等適當時機到了答案自然會浮現。在需要的時候，我知道我終會找到答案。

五、用直覺接受靈魂指引的五個步驟

為了接受自我靈魂層次的指引，你需要運用想像力，來提升身體、思考及感覺的頻率層次。

1. **想像你的靈魂有如一個光體，站在你的背後**。它把能量的手放在你肩膀上，彎腰對你耳語，傳達一個訊息或某種指引。靈魂對你說了什麼？記錄下來，並藉由直接書寫來擴展靈魂的訊息。

2. **想像你的靈魂有如一個光體，站在你的背後**。它把能量的手放在你肩膀上，接著溫柔地走進你的肉體，滲透到每個部分和每個細胞，並且在你體內安定下來，逐步地與你融合。現在，你的眼睛是靈魂的眼睛，雙手是靈魂的雙手，聲音是靈魂的聲音。讓你的靈魂從內在來導引你，首先帶你去散步。靈魂想要去哪裡？靈魂引起你注意和思考的事情是什麼？如果遇到一個人，靈魂會如何導引你們的互動；它會說什麼？接著，擴展這個練習到更複雜的活動，像是參加宴會、上班，或是到市場購物。

3. **列出你最迫切的疑問、議題或是掛慮的事**。接著，把問題寫下：關於如何＿＿＿＿，我需要知道什麼？或者，幫助我了解，造成我＿＿＿＿的潛藏動能是什麼？或者，我要如何有效改變？然後，運用直接書寫的過程，以靈魂的觀點來進行描述。

4. **在未來一週，傾聽你對別人說的事**。注意你在以下情況裡的談話內容：你提供建議、解釋或教導某件事、提供回饋時，甚至是你和朋友聊天，提出一個出乎意料的論點時。寫下你聽到自己所說的話、所提到的主題，這些內容是你的靈魂給你的訊息。

5.在未來一週，傾聽別人對你說的事。注意其他人在以下情況裡的談話內容：他們提供你建議、解釋或教導你某件事、提供你回饋時，甚至是他們和你聊天，提出一個出乎意料的論點時。寫下你聽到他們所說的話、所提到的主題，這些是你靈魂給你的訊息。

六、從靈魂設定目標時，要牢記五件事

你越是以靈魂來生活，就越會發現你的動機在改變。你不再只是為了獲得安全感和肯定，或是為了個人的歷史定位，而去處理事情。這意味著你設定目標的方式將會改變，而你想像及渴望的目標類型也會改變。

1.靈魂想要達成這個目標的理由是什麼？能為你和他人帶來什麼樣的經驗？靈魂永遠在追求平衡、圓融、智慧及慈悲。你的目標如何幫助你體驗這些事情？

2.開啟自我，並盡可能擴展你的觀點。盡可能精確描述你看到的願景。接著，回到此時此刻，並提問：「在我觸手可及的範圍內，什麼任務需要優先完成？」每個充滿願景的大目標之內，都有許多任務導向的小目標，對靈魂而言，它們同樣有趣。

3. 達成目標的各個步驟，是否與達成結果一樣，都帶給你同樣的喜悅和成就感？最後的結果未必能夠適當完成，除非朝向目標的每個步驟，都對整個願景具有象徵意義，就像是最終經驗的較小全息圖。一趟旅程的結果蘊含在它的第一步之中。

4. 我將心力投注在最終的結果，或是投注在達成目標的策略上，導致我可能干預了真正想要發生的事嗎？我是否有盲點，讓我錯過了重要的提示或資料？

5. 我的願景是否在最近一兩天出現改變？是否需要對這個過程進行重新評估？如果我的直覺告訴我要完全放棄目標和行動，我能否決定這麼做？

七、從事創造過程時，與靈魂保持聯繫的五種方法

靈魂不只在你取得願景時出現，而且在發揮創造力的每個步驟或是顯化過程中，也都會在場。你先採取行動，再與靈魂進行檢視，然後在感覺到靈魂時有所行動，如此一來，你將學會留心每一件你所做的事。

1. 當你構思開啟一個創造過程時，要讓自己花點時間培養、發酵，就像樹上的果實逐漸成熟。不要貿然投入，而是要與靈魂豐饒的資源維繫久一點，再久一點。如此一來，你的視野會開展，而你需要的資訊和能量會內建在剩下的顯化過程中。

2.當你進行創造的過程時，從最有滋味的行動開始，這將滿足你的好奇，並投入最完整的專注力。讓自己享受這股浪潮帶來的活力，以及輕鬆流動的體驗。

3.當你行動時，時時與靈魂進行檢視。我是否依然維持愉悅的感受？我是否被取悅？我的專注力是否完全投入？是否留心體察？靈魂不只蘊含於最後的結果，更蘊含於每個時刻。

4.一旦完成具體的結果，你是否讓自己充分享受獲得它的神奇？這是存於物質的靈性，也就是你專注力的特質化成具體的形式。你能否將發生的每件事和完成的結果，予以內化？

5.在結果顯化之後，你能否放手，回到「空無」的意識，也就是無垠廣大的體驗，並且從中獲得喜悅？能否讓自己對舊事物感到乏味，而對新事物感到不確定？能否回到「是」的體驗，而不是「做」和「有」的體驗？在你休息的期間，能否依然抱持信念？心智專注在三度空間的現實裡，而事物在這裡隨著因果關係而發生，因此心智需要休息，直到靈魂為它重新補充能量。

八、問五個問題，發現你不再需要且可以釋放的東西

隨著發展，幫助你學習初級生命階段的功課，已經感到乏味。當事情似乎變得陳腐、遲鈍或黏滯時，你的行為和信念可能已經過度成長，而你需要擺脫它們，就像蛇蛻去舊皮一樣。

1.對我而言，什麼行為已經成為第二天性？哪些事情只是出於習慣去做？這些活動或行為當中，哪些人依然為我的成長和幸福帶來重要啟示？有沒有其他更有意識的方式更適合我？我可以改變這些行為的哪些部分，或是完全排除？

2.什麼思考模式會持續進入我的心智，壓抑或阻礙我的靈魂想要做的事？這些信念或想法到底屬於誰？我是否從家人或伴侶身上選擇了它們，並內化成為自己的想法？現在，我是否對這些想法感到乏味，而把它們歸還給真正的擁有者？

3.有什麼「應該做的事」仍盤據我的生命？如果這些命令不存在，我可能如何行動？現在，我可以拋棄哪件事情？

4.我做了哪些無意識的「承諾」，像是「我會永遠……」或是「我絕對不會……」。如今，這些承諾對我來說還是必要的嗎？我能否有意識地結束並擺脫它們，知道我已經學會了這些我想要融入自我的行為？

5.我有哪些行為仍停留在孩童時期的模式，使自我的形象顯得不夠成熟？這些行為模式是否牽涉其他人，我是否在無意識中把某人當成父親或母親？我對哪些模式已經感到乏味，已經準備好全部去除？

九、問五個問題，發現你的潛能和興趣

隨著靈魂接管你的人格，你的興趣、價值觀、動機及行動可能都出現改變。你也可能發現新的才能從內在浮現，這些甚至是你過去從沒想過自己知道該如何做的事。

1.從小時候開始，我一直從事哪些興趣或活動？這些活動如何進化到下一個層次？

2.什麼興趣和活動讓我如此完全投入，以至於忘記時間？我如何將更多的興趣融入到工作中？哪些平常被我忽略的事物，如果我對它們付出同樣的關注，是否有可能成為我長期的興趣？

3.在任何一週內，我做的事有多少集中在我的感官？你從事的活動當中，哪些涉及視覺、聲音、觸覺、味覺及嗅覺？請列出一份清單。接著，增加至少十種體驗各個感官的方式。嘗試進行其中的一些活動，看看會出現什麼新想法。

4.我主要的活動、才能、技能及興趣是什麼？如果我同時結合兩項或多項活動，可能出現什麼情況？會產生什麼新體驗？哪些活動可以讓我體驗到同時運作多種感官的經驗？

5.想要學習的五個新事物，分別是什麼？想去參觀哪五個新地方？想閱讀哪五本書？想去嘗試哪五種經驗？想要去認識哪五種新類型的人？想要進行哪五個創意計畫？想要培養哪五種新習慣？

十、應付世界的混亂，靈魂要你了解的五件事

在社會清除集體潛意識心智的同時，外在的世界卻比過去更加混亂。在這個混亂下，你的靈魂平靜而清明。在其他人分崩離析的時刻，你能夠成為保持清醒的支柱，對世界是一個重大的貢獻。

1.你真實的「原調」始終存於你的內在。你能夠在任何時刻重新歸於中心，回到它的頻率。對於每個狀況，你都能立即辨別出最正確且最適合你的答案。

2.當其他人經歷風暴、重大事故及創傷，你無須進入他們的實相給予憐憫。你可以堅持你對靈魂真實本質的了解，選擇你喜歡的振動和意識狀態。接下來，如果你想要提供協助，它將來自真實，並有實在的基礎。

3.混亂有一部分是由兩極化、二元論的心智所引起的，會阻擋意識的自然起伏和流動。當你在兩面中選擇一個，沒有認知到其反面也存於你的內在時，你就會在兩邊擺盪，直到你能同時掌握相對立的兩極，而不失去注意力。

4.恐懼造成你身體、情緒及心智的收縮，也可能引起混亂。當你收縮時，意識和能量無法流動，就無法感受靈魂、接收明智的指引、沒有安全感，並且腎上腺素激增。在這種狀況下，你無法清楚理解更高的感知。你的優先任務，是定期釋放你肌肉和心智的緊張。

5.在每個尖叫、哭嚎及怒吼之下，都是宇宙和諧的聲音。每個痛苦的哭喊最終都會散發，開展形成存在的宇宙之聲。主動傾聽這些表層聲音底下的聲音，想像它有如敲打音叉，你得感覺並傾聽深層的振動，便能更快速、順利地解除緊張的狀態。

LH 006

其實你都知道答案

啟動直覺導航，無往不利的萬用手冊

作　　者　潘妮・皮爾斯（Penney Peirce）
譯　　者　謝樹寬、李郁淳
執行編輯　簡淑媛、賀郁文
編輯協力　吳愉萱
裝幀設計　犬良品牌設計
內頁排版　陳佩君
校　　對　林　芝
內容行銷經理　呂嘉羽
業務主任　楊善婷

發 行 人　賀郁文
出版發行　重版文化整合事業股份有限公司
臉書專頁　www.facebook.com/readdpublishing
聯絡信箱　service@readdpublishing.com

總 經 銷　聯合發行股份有限公司
地　　址　新北市新店區寶橋路 235 巷 6 弄 6 號 2 樓
電　　話　(02)2917-8022
傳　　真　(02)2915-6275

法律顧問　李柏洋
印　　製　沐春行銷創意有限公司

一版一刷　2024 年 6 月
定　　價　新台幣 550 元

國家圖書館出版品預行編目 (CIP) 資料

其實你都知道答案 : 啟動直覺導航 , 無往不利的萬用手冊 / 潘妮 . 皮爾斯 (Penney Peirce) 作 ; 謝樹寬、李郁淳譯 . -- 一版 . -- [臺北市] : 重版文化整合事業股份有限公司 , 2024.06
面 ;　公分
譯自 : The intuitive way : the definitive guide to increasing your awareness
ISBN 978-626-97865-7-2(平裝)
1.CST: 直覺

176.41　　113005836